执拗的拓荒者

回忆

沈从文

季羡林 巴金 等著

中国文史出版社

# 百年中国记忆·文化大家

主　编：　刘未鸣　韩淑芳

执行主编：　张春霞

编　辑：　（以姓氏笔画为序）

卜伟欣　牛梦岳　李军政　李晓薇

赵姣娇　高　贝　徐玉霞

沈从文（1902—1988）

1935年，沈从文和夫人张兆和（右二）、长子沈龙朱、
九妹沈岳萌（右一）的合影

1935年，沈从文与夫人张兆和在苏州的合影

1969年，沈从文与夫人张兆和在湖北咸宁五七干校的合影

金风飘木叶黄芦满桥畔敕道连营长驱入寇破

寇防破寇防入戎引挥绵裡园玄射级雁宇横空

掀飞翔大好山河半沦亡七年扬力抗杀山沙

起拔汤秉金直破千军浪拔剑横眸士兼壮士

秉壮敲腹豪誓将马革沙场舆渡杀沙山蕃

碎骨衡疆华孩戊自此将目此将乐誓

呈图筑飘荡仍皇阅阖荆棘莫蒙邪从并

世界放光芒

吴正巳三千壮士出征

三千蒙雪苦吴豪急定登征舆会高此壶来

风尼破贼吴致吃日待春雷

夜必成苏涛以遣之

华生大神州洋此山谷秋男兜卫马堂肯阻高

捂人生日朝寂仍有叱人妻诸与养牛案北志

绮勿戍敏能下三峡江河尚里收饮马长城北卫

勒敢刚缚能之敦黄鹄一蟀编九州粤方渡

及时诗傻自有由振约公能禄佃聽和文笔

二七年北敏府顺立中学

沈从文手稿

沈从文旧居

CONTENTS 目　录

# 第一辑　故旧之思：不沮丧，无机心，少俗虑

## 第二辑　桃李情浓：不长于讲课，善于谈天

## 第三辑　眷属缅怀：天真得像个孩子

## 附　录

第一辑

**故旧之思：不沮丧，无机心，少俗虑**

# 怀念从文

巴　金[*]

## 一

今年5月10日从文离开人世，我得到他夫人张兆和的电报后想起许多事情，总觉得他还同我在一起，或者聊天，或者辩论。他那温和的笑容一直在我眼前。隔一天我才发出回电："病中惊悉从文逝世，十分悲痛。文艺界失去一位杰出的作家，我失去一位正直善良的朋友，他留下的精神财富不会消失。我们三四十年代相聚的情景还历历在目。小林因事赴京，她将代我在亡友灵前敬献花圈，表达我感激之情。我永远忘不了你们一家。请保重。"都是些极普通的话。没有一滴眼泪，悲痛却在我的心里，我也在埋葬自己的一部分。那些充满信心的欢聚的日子，那些奋笔和辩论的日子都不会回来了。这些年我们先后遭逢了不同的灾祸，在泥泞中挣扎，他改了行，在长时间的沉默中，取得卓越的成就。我东奔西跑，唯唯诺诺，羡慕枝头欢叫的喜鹊，只想早日走尽自我改

---

* 巴金（1904—2005），原名李尧棠，字芾甘，四川成都人。著名作家、文学翻译家。新中国成立后曾任中国文联副主席、中国作协主席等职。

造的道路。得到的却是十年一梦，床头多了一盒骨灰。现在大梦初醒，却仿佛用尽全身力气，不得不躺倒休息。白白地望着远方灯火，我仍然想奔赴光明，奔赴希望。我还想求助于一些朋友，从文也是其中的一位，我真想有机会同他畅谈！这个时候突然得到他逝世的噩耗，我才明白过去那一段生活已经和亡友一起远去了。我的唁电表达的就是一个老友的真实感情。

一连几天，我翻看上海和北京的报纸，我很想知道一点从文最后的情况。可是日报上我找不到这个敬爱的名字。后来才读到新华社郭玲春同志简短的报道，提到女儿小林代我献的花篮，我认识郭玲春，却不理解她为什么这样吝惜自己的笔墨，难道不知道这位热爱人民的善良作家的最后牵动着全世界多少读者的心？！可是连这短短的报道多数报刊也没有采用。小道消息开始在知识界中流传。这个人究竟是好是病，是死是活，他不可能像轻烟散去，未必我得到噩耗是在梦中？！一个来探病的朋友批评我："你错怪了郭玲春，她的报道没有受到重视，可能因为领导不曾表态，人们不知道用什么规格发表讣告、刊载消息。不然大陆以外的华文报纸刊出不少悼念文章，惋惜中国文坛巨大的损失，而我们的编辑怎么能安心酣睡，仿佛不曾发生任何事情？！"

我并不信服这样的论断，可是对我谈论规格学的熟人不止他一个，我必须寻找论据答复他们。这个时候小林回来了，她告诉我她从未参加过这样感动人的告别仪式。她说没有达官贵人，告别的只是些亲朋好友。厅子里播放死者生前喜爱的乐曲。老人躺在那里，十分平静，仿佛在沉睡，四周几篮鲜花，几盆绿树。每个人手中拿一朵月季，走到老人跟前，行了礼，将花放在他身边。没有哭泣没有呼唤，也没有噪音惊醒他。人们就这样安静地跟他告别，他就这样坦然地远去。小林说不出这是一种什么规格的告别仪式，她只感觉到庄严和真诚。我说正是这样，他走得没有牵挂、没有遗憾，从容地消失在鲜花和绿树丛中。

# 二

　　100多天过去了。我一直在想从文的事情。

　　我和从文见面在1923年。那时我住在环龙路我舅父家中。南京《创作月刊》的主编汪曼铎来上海组稿,一天中午请我在一家俄国西菜社吃中饭,除了我还有一位客人,就是从青岛来的沈从文。我去法国之前读过他的小说,1928年下半年在巴黎,我几次听见胡愈之称赞他的文章,他已经发表了不少的作品。我平日讲话不多,又不善于应酬。这次我们见面谈了些什么,我现在毫无印象,只记得谈得很融洽。他住在西藏路上的一品香旅社,我同他去那里坐了一会儿,他身边有一部短篇小说集的手稿,想找个出版的地方,也需要用它换点稿费。我陪他去闸北新中国书局,见到了我认识的那位出版家,稿子卖出去了,书局马上付了稿费。小说过四五个月印了出来,就是那本《虎雏》。他当天晚上去南京,我同他在书局门口分手时,他要我到青岛去玩,说是可以住在学校的宿舍里。我本来要去北平,就推迟了行期,9月初先去青岛,只是在动身前写封短信通知他。我在他那里过得很愉快,我随便,他也随便,好像我们有几十年的交往一样。他的妹妹在山东大学念书,有时也和我们一起出去走走、看看。他对妹妹很友爱、很体贴,我早就听说,他是自学出身,因此很想在妹妹的教育上多下功夫,希望她熟悉他自己想知道却并不很了解的一些知识和事情。

　　在青岛他把他那间屋子让给我,我可以安静地写文章、写信,也可以毫无拘束地在樱花林中散步。他有空就来找我,我们有话就交谈,无话便沉默。他比我讲得多些,他听说我不喜欢在公开场合讲话,便告诉我他第一次在大学讲课,课堂里坐满了学生,他走上讲台,那么多年轻的眼睛望着他,他红着脸,一句话也讲不出来,只好在黑板上写了五个字:"请等五分钟。"他就是这样开始教课的。他还告诉我在这之前，他每个月要卖一部稿子养家，徐志摩常常给他帮忙。后来，他写多了，卖稿有困难，徐志摩便介绍他到大学教书，起初到上海中国公学，以后才到青岛大学。当时青大的校长是小说《玉君》的作者杨振声，后来他到北平工作，还是和从文在一起。

在青岛我住了一个星期。离开的时候，他知道我要去北平，就给我写了两个人的地址，他说到北平可以去看这两个朋友，不用介绍只提他的名字，他们就会接待我。

在北平我认识的人不多，我也去看望了从文介绍的两个人，一位姓程，一位姓夏；一位在城里工作，业余搞点翻译；一位在燕京大学教书。一年后我再到北平，还去燕大夏云的宿舍里住了十几天，写完了中篇小说《电》。我只说是从文介绍，他们待我十分亲切。我们谈文学，谈得更多的是从文的事情，他们对他非常关心。以后我接触到更多的从文的朋友，我注意到他们对他都有一种深的感情。

在青岛我就知道他在恋爱。第二年我去南方旅行，回到上海，得到从文和张兆和在北平结婚的消息，我发去贺电，祝他们"幸福无量"。从文来信要我到他的新家做客。在上海我没有事情，决定到北方去看看。我先去天津南开大学，同我哥哥李尧林一起生活了几天，便搭车去北平。

我坐人力车去府右街达子营，门牌号数记不起来了，总之，顺利地到了沈家。我只提了一个藤包，里面一件西装上衣、两三本书和一些小东西。从文带笑地紧紧握着我的手说："你来了。"就把我接进客厅。又介绍我认识他的新婚夫人，他的妹妹也在这里。

客厅连接一间屋子，房内有一张书桌和一张床，显然是主人的书房。他把我安顿在这里。

院子小，客厅小，书房也小，然而非常安静，我住得很舒适。正房只有小小的三间，中间那间又是饭厅，我每天去三次就餐，同桌还有别的客人，都让我坐上位，因此感到一点拘束。但是除了这个，我在这里完全自由活动，写文章看书，没有干扰，除非来了客人。

我初来时从文的客人不算少，一部分是教授、学者，另一部分是作家和学生。他不在大学教书了。杨振声到北平主持一个编教科书的机构，从文就在这机构里工作，每天照常上下班，我只知道朱自清同他在一起。这个时期，他还为天津《大公报》编辑《文艺副刊》，为了写稿和副刊的一些事情，经常有人来同他商谈。这些已经够他忙了，可是他还有一件重要的工作：天津《国闻周报》上连载《记丁玲》。

根据我当时的印象，不少人焦急地等待看每一周的《国闻周报》。这连载是受到欢迎、得到重视的。一方面人们敬爱丁玲，另一方面从文的文章有独特的风格，作者用真挚的感情讲出读者心里的话。丁玲几个月前被捕，我从上海动身时《良友文学丛书》的编者赵家璧委托我向从文组稿，他愿意出高价得到这部"好书"，希望我帮忙，不让别人把稿子拿走。我办到了，可是出版界的形势越来越恶化，赵家璧拿到全稿，已无法编入丛书排印，过一两年，他花几百元买一位图书审查委员的书稿，算是行贿，《记丁玲》才有机会作为《良友文学丛书》见到天日。可是删削太多，尤其是后半部那么多的××！以后也没有能重版，更谈不上恢复原貌了。

55年过去了，从文在达子营写连载的事，我还不曾忘记，写到结尾他有些紧张，他不愿辜负读者的期待，又关心朋友的安危，交稿期到，他常常写作通宵。他爱他的老友，他不仅为她呼吁，同时也在为她的自由奔走。也许这呼吁、这奔走没有多大用处，但是他尽了全力。

最近我意外地找到1944年12月14日写给从文的信，里面有这样的话："前两个月我和家宝常见面，我们谈起你，觉得在朋友中待人最好、最热心帮忙的人只有你，至少你是第一个。"这是真话。

我记不起我是在什么情形里写下这一段话。但这的确是真话。在1934

年也是这样，在1985年我最后一次看见他，他在家养病，假牙未装上，讲话不清楚。几年不见他，有一肚皮的话要说，首先就是1944年12月信上那几句。但是望着病人的浮肿的脸，坐在堆满书的小房间里，我觉得有什么东西堵塞了咽喉，我仿佛回到了1933年、1934年。多少人在等待《国闻周报》上的连载，他那样勤奋工作，那样热情写作。《记丁玲》之后又是《边城》，他心爱的家乡的风景和他关心的小人物的命运，这部中篇经过几十年并未失去它的魅力，还鼓舞美国的学者长途跋涉，到美丽的湘西寻找作家当年的足迹。

我说过，我在从文家做客的时候，他编辑的《大公报·文艺副刊》和读者见面了。单是为这个副刊他就要做三方面工作：写稿、组稿、看稿。我也想得到他的忙碌，但从未听见他诉苦。我为《文艺》写过一篇散文，发刊后我拿回原稿。这手稿我后来捐赠北京图书馆了。我的钢笔字很差，墨水浅淡，只能说是勉强可读，从文却用毛笔填写得清清楚楚。我真想谢谢，可是我知道他从来就是这样工作，他为多少年轻人看稿、改稿，并设法介绍出去。他还花钱刊印一个青年诗人的第一本诗集并为它作序。不是听说，我亲眼见到那本诗集。

从文就是这样一个人。他不喜欢表现自己。可是我和他接触较多，就看出他身上有不少发光的东西。不仅有很高的才华，他还有一颗金子般的心。他工作多，事业发展，自己并不曾得到什么报酬，反而引起不少的吱吱喳喳。那些吱吱喳喳加上多少年的小道消息，发展为今天所谓的争议，这争议曾经一度把他赶出文坛，不让他给写进文学史。但他还是默默地做他的工作（分派给他的新的工作）。在极端困难的条件下，一样地做出出色的成绩。我接到从香港寄来的那本关于中国服装史的大书，一方面为老友新的成就感到兴奋，一方面又痛惜自己浪费掉的几十年的光阴。我想起来了，就是在他那个新家的客厅里，他对我不止讲过一次这样的话："不要浪费时间。"后来他在上海对我，对靳以，对萧乾也讲过类似的话。我当时并不同意，不过我相信他是出于好心。

我在达子营沈家究竟住了两个月还是三个月，现在讲不清楚了。这说明我的病（帕金森氏综合征）在发展，不少的事逐渐走向遗忘。所以有必要记下不曾忘记的那些事情。不久靳以为文学季刊社在三座门大街14号租了房子，要我同他一起搬过去，我便离开了从文家。在靳以那里一直住到第二年7月。

北京图书馆和北海公园都在附近，我们经常去这两处。从文非常忙，但在同一座城里，我们常有机会见面，从文还定期为《文艺副刊》宴请作者，我经常出席。他仍然劝我不要浪费时间，我发表的文章他似乎全读过，有时也坦率地提些意见，我知道他对我很关心，对他们夫妇，我只有好感，我常常开玩笑地说我是他们家的"食客"，今天回想起来，我还感到温暖。1934年《文学季刊》创刊，兆和为创刊号写稿，她的第一篇小说《湖畔》受到读者欢迎。她唯一的短篇集后来就收在我主编的《文学丛刊》里。


# 三


我提到坦率，提到真诚，因为我们不把话藏在心里，我们之间自然会出现分歧，我们对不少的问题都有不同的看法。可是我要承认我们有过辩论，却不曾有争论，我们辩是非，并不争胜负。

在从文和萧乾的书信集《废邮存底》中还保存着一封他给我的长信《给某作家》（1937年）。我1935年在日本横滨编写的《点滴》里也有一篇散文《沉落》是写给他的。从这两封信就可以看出我们间的分歧在什么地方。

1934年我从北平回上海，小住一个时期，动身去日本前为《文学》杂志写了一个短篇《沉落》。小说发表时我已到了横滨。从文读了《沉落》非常生气，写信来质问我："写文章难道是为着泄气？！"我也动了感情，马上写了回答。我承认"我写文章没有一次不是为着泄气"。

他为什么这样生气？因为我批评了周作人一类的知识分子。周作人当时是《文艺副刊》的一位主要撰稿人。从文常常用尊敬的口气谈起他。其实我也崇拜过这个人，我至今还喜欢读他的一部分文章，从前他思想开明，对我国新文学的发展有过大的贡献。可是当时我批判的、我担心的并不是他的著作，而是他的生活、他的行为。从文认为我不理解周，我看倒是从文不理解他。可能我们两人对周都不理解，但事实是：他终于做了为侵略者服务的汉奸。

回国以后，我还和从文通过几封长信继续我们这次的辩论，因为我又发表过文章，针对另外一些熟人，譬如对朱光潜的批评，后来我也承认自己有偏见、有错误。从文着急起来，他劝我不要"那么爱理会小处""莫把感情火气过分糟蹋在这上面"。他责备我："什么米大的小事如×××之类的闲言小语也使你动火，把小东小西也当成了敌人。"还说："我觉得你感情的浪费真极可惜。"

我记不起我怎样回答他，因为我那封留底的长信在"文革"中丢失了，造反派抄走了它，就没有退回来。但我记得我想向他说明我还有理性，不会变成狂吠的疯狗。我写信，时而非常激动，时而停笔发笑，我想他有可能担心我会发精神病。我不曾告诉他，他的话对我是连声的警钟，我知道我需要克制，我也懂得他所说的"在一堆沉默日子里讨生活"的重要。我称他为"敬爱的畏友"，我衷心地感谢他。当然我并不放弃我的主张，我也想通过辩论说服他。

我回国那年年底又去北平，靳以回天津照料母亲的病，我到三座门大街结束《文学季刊》的事情，给房子退租。我去了达子营从文家，见到从文伉俪，非常亲热。他说："这一年你过得不错嘛。"他不再主编《文艺副刊》，把它交给了萧乾，他自己只编辑《大公报》的《星期文艺》，每周出一个整版。他向我组稿，我一口答应，就在14号的北屋里，每晚写到深夜，外面是严寒和静寂。北平显得十分陌生，大片乌云笼罩在城市的上空，许多熟人都去了南方。我的笔拉不回两年前同朋友们欢聚的日子，屋子里只有一炉火，我心里也在燃烧，我写，我要在暗夜里叫号。我重复着小说中人物的话："我不怕……因为我有信仰。"

文章发表的那天下午我动身回上海，从文、兆和到前门车站送行。"你还再来吗？"从文微微笑，紧紧握着我的手。我张开口吐出一个"我"字，声音就哑了，我多么不愿意在这个时候离开他们！我心里想："有你们在，我一定会再来。"

我不曾失信，不过我再来时已是14年之后，在一个火热的夏天，城市充满阳光，北平解放了。

# 四

抗战期间萧珊在西南联大念书，1940年我从上海去昆明看望她，1941年我又从重庆去昆明，在昆明过了两个暑假。

从文在联大教书，为了躲避敌机轰炸，他把家迁往呈贡，兆和同孩子们都住在乡下。我们也乘火车去过呈贡看望他们。那个时候没有教师节，教书老师普遍受到轻视，连大学教授也难使一家人温饱，我曾经说过两句话："钱可以赚到更多的钱。书常常给人带来不幸。"这就是那个社会的特点。他的文章写得少了，因为出书困难；生活水平降低了，吃的、用的东西都在涨价。他不叫苦，脸上始终露出温和的微笑。我还记得在昆明一家小饮食店里几次同他相遇，一两碗米线作为晚餐，有西红柿，还有鸡蛋，我们就满足了。

在昆明我们见面的机会不多，但是我们不再辩论了，我们珍惜在一起的每时每刻，我们同游过西山龙门，也一路跑过警报，看见炸弹落下后的浓烟，也看到血淋淋的尸体。过去一段时期他常常责备我："你总说你有信仰，你也得让别人感觉到你的信仰在哪里。"现在我也感觉到他的信仰在什么地方，只要看到他脸上的笑容或者眼里的闪光，我觉得心里更踏实。离开昆明后三年中，我每年都要写信求他不要放下笔，希望他多写小说。我说："我相信我们这个民族的潜在力量。"又说："我极赞成你那埋头做事的主张。"没有能再去昆明，我更想念他。

他并不曾搁笔，可是作品写得少。他过去的作品早已绝版，读到的人不多。开明书店愿意重印他的全部小说，他陆续将修订稿寄去。可是一部分底稿在中途遗失，他叹息地告诉我，丢失的稿子偏偏是描写社会疾苦的那一部分，出版的几册却都是关于男女事情的。"这样别人更不了解我了。"

最后一句不是原话，他也不仅说一句，但大意是如此。抗战前他在上海《大公报》发表过批评海派的文章引起强烈反感。在昆明他的某些文章也得罪了不少的人。因此常有对他不友好的文章和议论出现。他可能感到一点寂寞，偶尔也发发牢骚，但主要还是对那种越来越重视金钱、轻视知识的社会风气。在这一点我倒理解他，我在写作生涯中挨过的骂可能比他多，我不能说我就不感到寂寞。但是我并没有让人骂死。我也看见他倒了又站起来，一直勤奋地工作。最后他被迫离开了文艺界。

# 五

那是1949年的事。最初北平和平解放，然后上海解放。6月，我和靳以、辛笛、健吾、唐弢、赵家璧他们去北平，出席首次全国文代会，见到从各地来的许多熟人和分别多年的老友，还有更多的为国家和人民的前途献出自己的青春和心血的文艺战士。我很感动，我很兴奋。

但是从文没有露面，他不是大会的代表。我们几个人到他的家去，见到了他和兆和，他们早已不住在达子营了，不过我现在也说不出他们是不是住在东堂子胡同，因为一晃就是40年。我的记忆模糊了。这几十年中间我没有看见他住过宽敞的房屋，最后他得到一个舒适的住处，却已经疾病缠身，只能让人搀扶着在屋里走走。我至今未见到他这个新居，1985年5月后我就未去过北京，不是我不想去，我越来越举步艰难了。

　　首届文代会期间，我们几个人去从文家不止一次，表面上看不出他有情绪，他脸上仍然露出微笑。他向我们打听文艺界朋友的近况，他关心每个熟人。然而文艺界似乎忘记了他。让他在华北革大学习，不给他出席文代会，以后还把他分配到历史博物馆做讲解员，据说郑振铎到那里参观一个什么展览，见过他，但这是以后的事了。这年9月，我第二次来北平出席全国政协会议，接着中华人民共和国成立，北京又成为首都，这次我大约住了三个星期，我几次看望从文，交谈的机会较多，我才了解一些真实情况。北平解放前后当地报纸上刊载了一些批评他的署名文章，有的还是在香港报上发表过的，十分尖锐。他在围城里，已经感到很孤寂，对形势和政策也不理解，只希望有一两个文艺界熟人见见他，同他谈谈。他当时战战兢兢，如履薄冰，仿佛就要掉进水里，多么需要人来拉他一把。可是他的期望落了空。他只好到华北革大去了，反正知识分子应当进行思想改造。

　　不用说，他受到了不公平的对待，不仅在今天，在当时我就有这样的看法，可是我并没有站出来替他讲过话，我不敢，我总觉得自己头上有一把达摩克利斯的宝剑。从文一定感到委屈，可是他一声不响，认真地干他的工作。

　　政协会议以后，第二年我去北京开会。休会的日子我去看望过从文，他似乎很平静，仍旧关心地问到一些熟人的近况。我每次赴京，总要去看看他。他已经安定下来了。对瓷器，对民间工艺，对古代服装他都有兴趣，谈起来头头是道。我暗中想，我外表忙忙碌碌，有说有笑，心里却十分紧张，为什么不能坐下来，埋头译书，默默地工作几年，也许可以做出一点成绩。然而我办不到，即使由我自己做主，我也不愿放下笔，还想换一支新的来歌颂新社会。我下决心深入生活，却始终深不下去，我参加各种活动，也始终浮在面上，经过北京我没有忘记去看他，总是在晚上去，两三间小屋，书架上放满了线装书，他正在工作，带着笑容欢迎我，问我一家人的近况，问一些熟人的近况。兆和也在，她在《人民文学》编辑部工作，偶尔谈几句杂志的事。有时还有他一个小女儿（侄女），他们很喜欢她，两个儿子不同他们住在一起。

　　我大约每年去一次，坐一个多小时，谈话他谈得多一些，我也讲我的事，但总是他问我答。我觉得他心里更加踏实了。我讲话好像只是在替自己辩护。我明白我四处奔跑，却什么都抓不住，心里空虚得很。我总疑心他在问我：你这样跑来跑去，有什么用处？不过我不会老实地对他讲出来。他的情况逐渐好转，他参加了人民政协，在报刊上发表诗文。

　　"文革"前我最后一次去他家，是在1965年7月，我就要动身去越南采访。是在晚上，天气热，房里没有灯光，砖地上铺一床席子，兆和睡在地上。从文说："三姐生病，我们外面坐。"我和他各人一把椅子在院子里坐了一会儿，不知怎样我们两个人讲话都没有劲头，不多久我就告辞走了。当时我绝没有想到不出一年就会发生"文化大革命"，但是我有一种感觉，我头上那把利剑，正缓缓地往下坠。"四人帮"后来批判的"四条汉子"已经揭露出三个，我在这年元旦听过周扬一次谈话，我明白人人自危，他已经在保护自己了。

　　旅馆离这里不远，我慢慢地走回去。我想起过去我们的辩论，想起他劝我不要浪费时间，而我却什么也搞不出来。十几年过去了，我不过给添了一些罪名。我的脚步很沉重，仿佛前面张开一个大网，我不知道会不会投进网里。但无论如何一个可怕的、摧毁一切的、大的运动就要来了。我怎能够躲开它？

　　回到旅馆，我感到筋疲力尽，第二天早晨我就去机场，飞向南方。

# 六

在越南我进行了3个多月的采访，回到上海，等待我的是姚文元的《评新编历史剧〈海瑞罢官〉》。每周开会讨论一次，人人表态，看得出来，有人慢慢地在收网，"文化大革命"就要开场了。我有种种的罪名，不但我紧张，朋友们也替我紧张，后来我找到机会在会上作了检查，自以为卸掉了包袱。6月初到北京开会（亚非作家紧急会议），在机场接我的同志小心嘱咐我"不要出去找任何熟人"。我一方面认为自己已经过关，感到轻松，另一方面因为运动打击面广，又感到恐怖。我在这种奇怪的心境之下忙了一个多月，我的确"没出去找任何熟人"，无论是从文、健吾或者冰心。

但是会议结束，我回到机关参加学习，才知道自己仍在网里，真是在劫难逃了。进了"牛棚"，仿佛落入深渊。别人都把我看作罪人，我自己也认为有罪，表现得十分恭顺。绝没有想到这个所谓"触及灵魂的革命"会持续10年。在灵魂受到熬煎的漫漫长夜里，我偶尔也想到几个老朋友，希望从友情那里得到一点安慰。可是关于他们，一点消息也没有。我想到了从文，他的温和的笑容明明在我眼前。我对他讲过的那句话："我不怕……我有信仰"，像铁锤在我的头上敲打。我哪里有信仰？我只有害怕。我还有脸去见他？这种想法在当时也是很古怪的，一会儿就过去了。过些日子它又在我脑子里闪亮一下，然后又熄灭了。我一直没有从文的消息，也不见人来外调他的事情。

6年过去了，我在奉贤县文化系统五七干校里学习和劳动，在那里劳动的有好几个单位的干部，许多人我都不认识。有一次我给揪回上海接受批判，批判后第二天一早到巨鹿路作协分会旧址学习，我刚刚在指定的屋子里坐好，一位年轻姑娘走进来，问我是不是某人，她是从文家的亲戚，从文很想知道我是否住在原处。她是音乐学院附中的学生，我在干校见过。从文一家平安，这是很好的消息，可是我只答了一句：我仍住在原处，她就走了。回到干校，过了一些日子，我又遇见她，她说从文把我的地址遗失了，要我写一个交给她转去。我不敢背着工宣队"进行串连"，我怕得很。考虑了好几天，我才把写好的地址交给她。经过几年的改造，我变成了另外一个人，我遵守的信条是：多一事不如少一事。我并不希望从文来信。但是出乎我的意料，他很快就寄了信来。我回家休假，萧珊已经病倒，得到北京寄来的长信，她拿着五张信纸反复地看，含着眼泪说："还有人记得我们啊！"这对她是多大的安慰！

他的信是这样开始的："多年来家中搬动太大，把你们家的地址遗失了，问别人忌讳又多，所以直到今天得到×家熟人一信相告，才知道你们住处。大致家中变化还不太多。"

五页信纸写了不少朋友的近况，最后说："熟人统在念中，便中也希望告知你们生活种种，我们都十分想知道。"

他还是像在30年代那样关心我。可是我没有寄去片纸只字的回答。萧珊患了不治之症，不到两个月便离开人世。我还是审查对象，没有通信自由，甚至不敢去信通知萧珊病逝。

我为什么如此缺乏勇气？回想起来今天还感到惭愧。尽管我不敢表示自己并未忘记故友，从文却一直惦记着我。他委托一位亲戚来看望，了解我的情况。1974年他来上海，一个下午，到我家探望，我女儿进医院待产，儿子在安徽农村插队落户，家中冷冷清清，我们把藤椅搬到走廊上，没有拘束，谈得很畅快。我也忘了自己的"结论"已经下来：一个不戴帽子的反革命。

# 七

等到这个"结论"推翻,我失去的自由逐渐恢复,我又忙起来了。多次去北京开会,却只到过他家两次。头一次他不在家,我见着兆和,急匆匆不曾坐下喝一杯茶。屋子里连写字桌也没有,只放得下一张小茶桌,夫妻二人轮流使用。第二次他已经搬家,可是房间还是很小,四壁图书,两三帧大幅近照,我们坐在当中,两把椅子靠得很近,使我想起1965年那个晚上,可是压在我们背上的包袱已经给甩掉了,代替它的是老和病。他行动不便,我比他好不了多少。我们不容易交谈,只好请兆和做翻译,谈了些彼此的近况。

我大约坐了不到一个小时吧,告别时我高高兴兴,没有想到这是我们最后的一面,我以后就不曾再去北京。当时我感到内疚,暗暗地责备自己为什么不早来看望他。后来在上海听说他搬了家,换了宽敞的住处,不用下楼,可以让人搀扶着在屋子里散步,也曾替他高兴过一阵子。

最近,因为怀念老友,想记下一点什么,找出了从文的几封旧信,1980年2月的信中有一段话,我一直不能忘记:"因住处只一张桌子,目前为我赶校那两份选集,上午她3点即起床,6点出门上街取牛奶,把桌子让我工作。下午我睡,桌子再让她使用到下午6点,她做饭,再让我使用书桌。这样下去,那能支持多久!"

这事实应当大书、特书,让人们知道中国一位大作家、一位高级知识分子就是在这种条件下工作。尽管他说:"那能支持多久",可是他在信中谈起他的工作,劲头还是很大。他是能够支持下去的。近几个月我常常想:这个问题要是能早解决,那有多好!可惜来得太迟了。不过有人说,迟来总比不来好。

那么他的讣告是不是也来迟了呢?人们究竟在等待什么?难道是首长没

有表态，记者不知道报道应当用什么规格？有人说："可能是文学史上的地位没有排定，找不到适当的头衔和职称吧。"又有人说："现在需要搞活经济，谁关心一个作家的生死存亡？你的笔就能把生产搞上去？"

我无法回答。

又过了一个多月，我动笔更困难，思想更迟钝，讲话声音很低，我感觉到自己身体的一部分逐渐在老死。我和老友见面的时候不远了。……

倘使真的和从文见面，我将对他讲些什么呢？

我还记得兆和说过："火化前他像熟睡一般，非常平静，看样子他明白自己一生在大风大浪中已尽了自己应尽的责任，清清白白，无愧于心。"他的确是这样。

我多么羡慕他！可是我却不能走得像他那样平静，那样从容，因为我并未尽了自己的责任，还欠下一身债。我不可能不惊动任何人静悄悄离开人世。那么就让我的心长久燃烧，一直到还清我的欠债。

有什么办法呢？中国知识分子的悲剧我是躲避不了的。

# 忆沈从文

梁实秋<sup></sup>

　　我现在先发表他一封信，大概是民国十九年间他在上海时候写给我的。信的内容没有什么可注意的，但是几个字写得很挺拔而俏丽。他最初以"休芸芸"的笔名向《晨报副镌》投稿时，用细尖钢笔写的稿子就非常出色，徐志摩因此到处揄扬他。后来他写《阿丽思中国游记》分期刊登《新月》，我才有机会看到他的笔迹，果然是秀劲不凡。

　　从文虽然笔下洋洋洒洒，却不健谈，见了人总是低着头羞答答的，说话也是细声细气。关于他"出身行伍"的事他从不多谈。他在民国十九年三月写过一篇《从文自传》，关于此点有清楚的交代，他说："因为生长地方为清时屯戍重镇，绿营制度到近年尚依然存在，故于过去祖父曾入军籍，作过一次镇守使，现在兄弟及父亲皆仍在军籍中做中级军官。因地方极其偏僻，

　　* 梁实秋（1903—1987），原名梁治华，浙江杭州人。著名作家、文学翻译家。1923年清华大学毕业后，留学美国，获文学硕士学位。1926年回国后，历任北京大学等八所大学教授。1949年去台湾，曾任台湾师范大学英语系系主任、教授、英语研究所主任等职。

与苗民杂处聚居，教育文化皆极低落，故长于其环境中的我，幼小时显出生命的那一面，是放荡与诡诈。12岁我曾受过关于军事的基本训练，15岁时随军外出曾作上士。后到沅州，为一城区屠宰收税员，不久又以书记名义，随某剿匪部队在川、湘、鄂、黔四省边上过放纵野蛮约三年。因身体衰弱，年龄渐长，从各样生活中养成了默想与体会人生趣味的习惯，对于过去生活有所怀疑，渐觉有努力位置自己在一陌生事业上之必要。因这憧憬的要求，糊糊涂涂的到了北京。"这便是他早年从军经过的自白。

由于徐志摩的吹嘘，胡适之先生请他到中国公学教国文，这是一件极不寻常的事，因为一个没有正常的适当的学历资历的青年而能被人赏识于牝牡骊黄之外，是很不容易的。从文初登讲坛，怯场是意中事，据他自己说，上课之前做了充分准备，以为资料足供一小时使用而有余，不料面对黑压压一片人头，三言两语地就把要说的话都说完了，剩下许多时间非得临时编造不可，否则就要冷场，这使他颇为受窘。一位教师不善言辞，不算是太大的短处，若是没有足够的学识便难获得大家的敬服。因此之故，从文虽然不是顶会说话的人，仍不失为成功的受欢迎的教师。记问之学不足以为人师，需要有启发别人的力量才不愧为人师，在这一点上从文有他独到之处，因为他有丰富的人生经验和好学深思的性格。

在中国公学一段时间，他最大的收获大概是他的婚姻问题的解决。英语系的女生张兆和女士是一个聪明用功而且秉性端庄的小姐，她的家世很好，多才多艺的张充和女士便是她的胞姊。从文因授课的关系认识了她，而且一见钟情。凡是沉默寡言笑的人，一旦堕入情网，时常是一往情深，一发而不可收。从文尽管颠倒，但是没有得到对方青睐。他有一次急得想要跳楼。他本有流鼻血的毛病，几番挫折之后苍白的面孔愈发苍白了。他会写信，以纸笔代喉舌。张小姐实在被缠不过，而且师生恋爱声张开来也是令人很窘的，于是有一天她带着一大包从文写给她的信去谒见胡校长，请他做主制止这一扰人举动的发展。她指出了信中这样的一句话："我不仅爱你的灵魂，我也要你的肉体。"她认为这是侮辱。胡先生皱着眉头，板着面孔，细心听她陈述，然后绽出一丝笑容，温和地对她说："我劝你嫁给他。"张女士吃一惊，但是禁不住胡先生诚恳的解说，居然急转直下默不作声地去了。胡先生曾自诩善于为人作伐，从文的婚事得谐便是他常常乐道的一例。

在青岛大学从文教国文，大约一年多就随杨振声（今甫）先生离开青岛到北平居住。今甫到了夏季就搬到颐和园赁屋消暑，和他做伴的一位干女儿，自称过的是帝王生活，优哉游哉地享受那园中的风光湖色。此时从文给今甫做帮手，编中学国文教科书，所以也常常在颐和园出出进进。书编得很精彩，偏重于趣味，可惜不久抗战军兴，书甫编竣，已不合时代需要，故从未印行。

从文一方面很有修养，一方面也很孤僻，不失为一个特立独行之士。像这样不肯随波逐流的人，如何能不做了时代的牺牲？他的作品有四十几种，可谓多产，文笔略带欧化语气，大约是受了阅读翻译文学作品的影响。

此文写过，又不敢相信报纸的消息，故未发表。读聂华苓女士作《沈从文评传》（英文本，1972年纽约 Twayne Publishers出版），果然好像从文尚在人间。人的生死可以随便传来传去，真是人间何世！

# 滇云浦雨话从文

*施蛰存*[*]

　　1927年4月以后，蒋介石在南方大举迫害革命青年，张作霖在北方大举迫害革命青年。这里所谓革命青年，在南方，是指国民党左派党员、共产党、团员；在北方，是指一切国民党、共产党分子和从事新文学创作，要求民主、自由的进步青年。张作霖把这些人一律称为"赤匪"，都在搜捕之列。1927年5月至7月，武汉、上海、南京、广州的革命青年，纷纷走散。1927年下半年至1928年上半年，北平、天津的革命青年纷纷南下。许钦文、王鲁彦、魏金枝、冯雪峰、丁玲、胡也频、姚蓬子、沈从文，都是在这一段时期先后来到上海，我认识他们，也在这一段时期，而且大半是冯雪峰介绍的。

　　1928—1929年，丁玲、胡也频、沈从文在法租界萨坡赛路（今淡水路）租住了两间房子，记得仿佛在一家牛肉店楼上。他们在计划办一个文艺刊物《红与黑》。我和刘呐鸥、戴望舒住在北四川路，办第一线书店，后改名水

---

　　* 施蛰存（1905—2003），原名施德普，浙江杭州人。著名文学家、翻译家、教育家。曾在云南大学、厦门大学、暨南大学、华东师范大学等多所大学任教。

沫书店。彼此相去很远，虽然认识了，却很少见面的机会。丁玲和胡也频比较多地到虹口来，因为也频有一部稿子交水沫书店出版。他们俩来的时候，从文都在屋里写文章，编刊物，管家。他们三人中，丁玲最善交际，有说有笑的，也频只是偶然说几句，帮衬丁玲。从文是一个温文尔雅倒有些羞怯的青年，只是眯着眼对你笑，不多说话，也不喜欢一个人，或和朋友一起，出去逛马路散步。

1929年10月，我在松江结婚。冯雪峰、姚蓬子、丁玲、胡也频、沈从文、徐霞村、刘呐鸥、戴望舒等许多文艺界朋友都从上海来参加婚礼。从文带来了一幅裱好的贺词。这是一个鹅黄洒金笺的横幅，文云："多福多寿多男女"，分四行写，每行二大字，下署"丁玲、胡也频、沈从文贺"。这是我第一次见到从文的毛笔书法，已是很有功夫的章草了。贺词原是一个成语，称为"华封三祝"，原句应当是"多男子"，从文改为"多男女"，表示反对封建家庭只重生男的陋俗。可是，尽管从文这样善颂善祷，我结婚后生了一个女孩，不到两岁就夭殇了。以后接连生了四个男孩，竟没有一个女儿，未免辜负了从文的反封建祝愿。

10月是松江名产四腮鲈鱼上市的时候。我为了招待上海朋友，特地先期通知办喜筵的菜馆为这一桌上海客人加一个四腮鲈鱼火锅。这一席酒，他们都吃得谈笑风生，诵苏东坡《赤壁赋》"巨口细鳞，状如松江之鲈"的名句，看到了直观教材，添了不少酒兴。饮至9时，才分乘人力车到火车站，搭10点钟的杭沪夜车回到上海。

这是这一群文学青年最为意气风发，各自努力于创作的时候，也是彼此之间感情最融洽的时候。谁想象得到，一二年之后，也频为革命而牺牲，丁玲态度大变，雪峰参加了革命的实际工作，行踪秘密，蓬子被捕，囚在南京，徐霞村回归北平，沈从文有一个时期不知下落，后来听说在中国公学，淞沪抗日战争以后，也回到北平去了。

从文在上海最多三年，我和他见面不到10次。直到我编《现代》杂志，写信去向他索稿，才从往来书信中继续了友谊。在这一时期，我知道他很受胡适器重。他在中国公学任教，为《新月》和《现代评论》写小说，都是胡适的关系。随后，胡适又把从文介绍给杨振声。当时教育部成立一个教材编审委员会，杨振声负责编审各级学校语文教材，就延聘从文在那里工作。由此，从文有了一个固定的职业，有月薪可以应付生活。但这样一来，写作却成为他的业余事务，在他的精神生活上，有些主客颠倒。于是他不得不挤出时间来从事写作，常常在信里说，他寄我的稿子是流着鼻血写的。

　　1937年9月下旬，我应国立云南大学校长熊庆来先生之聘，来到昆明。和我同时来到的有李长之、吴晗、林同济、严楚江等人。这是抗战爆发后第一批到达昆明的外省人，不过二三十人。他们都是在卢沟桥事变以前决定应聘的，所以他们来到昆明，不是由于战事影响。但两三个月之后，昆明市上出现了大批外省人。第二批到达的是中央银行职员。第三批到达的是杭州笕桥空军，他们把基地转移到昆明。第四批到达的是清华、北大师生和中央研究院人员。清华、北大两校合并为西南联合大学，因为昆明还没有校舍，暂时在蒙自上课。沈从文和杨振声，属于中央研究院，他们先到昆明，在云南大学附近租了民房作办公室和住宅。从文只身一人，未带家眷，住在一座临街房屋的楼上一间。那种楼房很低矮，光线也很差，本地人作堆贮杂物用，不住人。从文就在这一间楼房里安放了一只桌子、一张床、一只椅子，都是买来的旧木器。另外又买了几个稻草墩，供客人坐。

　　从此，我和从文见面的机会多了。我下午无课，常去找他聊天。渐渐地，这间矮楼房成为一个小小的文艺中心。杨振声和他的女儿杨蔚，还有林徽因，都是我在从文屋里认识的。杨振声是位忠厚长者，写过一本小说《玉君》之后，就放弃了文学创作，很可惜。林徽因很健谈，坐在稻草墩上，她会海阔天空地谈文学，谈人生，谈时事，谈昆明印象。从文还是眯着眼，笑着听，难得插一二句话，转换话题。

昆明有一条福照街，每晚有夜市，摆了五六十个地摊。摊主都是拾荒收旧者之流，每一个地摊点一盏电石灯，绿色的火焰照着地面一二尺，远看好像在开盂兰盆会，点地藏香。我初到昆明，就有人介绍我去"觅宝"，开头是和李长之、吴晗一起去，后来长之被云南人驱逐出境，吴晗结识了教育厅长龚自知，几乎每晚都到龚家去打牌。于是，沈从文遂成为我逛夜市的伴侣。

这些地摊上的货物，大多是家用器物。电料、五金零件、衣服之类，我们都没有兴趣，看一眼就走过。但也会有意外的收获。有一次，从文在一堆盆子碗盏中发现一个小小的瓷碟，瓷质洁白，很薄，画着一匹青花奔马。从文说，这是康熙青花瓷，一定有八个一套，名为"八骏图"。他很高兴地花一元中央币买了下来。当时的中央币1元，值旧滇币10元，新滇币2元，民间买卖，还在使用滇币，因此，使用中央币的外省人，都觉得云南物价廉平。

这个康熙八骏图瓷碟，引起了从文很大的兴趣。他告诉我，他专收古瓷，古瓷之中，又专收盆子碟子。在北平家里，已有了几十个明清两代的瓷盆。这回到昆明，却想不到也有一个大有希望的拓荒地。

有一天晚上，我们在一堆旧衣服中发现两方绣件，好像是从朝衣补褂上拆下来的。从文劝我买下。他说："值得买。外国妇女最喜欢中国绣件，拿回去做壁挂，你买下这两块，将来回上海去准可以销洋庄。"我听他的话，花四元中央币买下了。后来送给林同济夫人，她用来做茶几垫子。当时的林同济夫人，是一位美国人。

在福照街夜市上，我们所注意的是几个古董摊子，或说文物摊子。这些地摊上，常有古书、旧书、文房用品、玉器、漆器，有时还可以发现琥珀、玛瑙或大理石的雕件。外省人都拥挤在这些摊子上，使摊主索价愈高。我开始搜寻缅刀和缅盒。因为我早就在清人的诗集和笔记中见到：云南人在走缅甸经商时，一般都带回缅刀，送男子；缅盒，送妇女。缅刀异常锋利，钢质柔软，缅盒是漆器，妇女用的奁具，大的可以贮藏杂物。从文未来之前，我已买到一个小缅盒，朱漆细花，共三格，和江南古墓中出土的六朝奁具一样。这个东西引起了从文的兴趣，他见到就买。1942年，我在福建的时候，他来信说，已经买到大大小小十多个了。瓷器也收了不少，八骏图又收到二只。1942年以后，大后方物价高涨，公教人员月薪所得，维持不了原有生活水平。昆明屡经敌机轰炸，大学师生都疏散到乡下。大约从文也没有兴趣去逛夜市，说不定夜市也从此消失了。

从文对文物的兴趣，早就有了。以练字开始，首先就会注意到碑帖。在上海的时候，走在马路上，他总是注意店家的招牌。当时上海的招牌，多数是天台山农写的北魏字和唐驼写的正楷，从文似乎都不很许可。回北平后，琉璃厂、东安市场、隆福寺，肯定是他常到的地方，收集和鉴赏文物，遂成为他的癖好。新中国成立以后，从文被分配在历史博物馆工作，许多人以为是委屈了他，楚材晋用了。我以为这个工作分配得很适当，说不定还可能是从文自己要求的。自从郭沫若盛气凌人地斥责了从文之后，我知道从文不再会写小说了。如果仍在大学里教书，从文也不很适合，因为从文的口才，不是课堂讲授的口才。蹲在历史博物馆的仓库里，摩挲清点百万件古代文物，我想他的兴趣一定会忘了一切荣辱。在流离颠沛的30年间，他终于写成了《中国古代服饰研究》等几部第一流的历史文物研究著作。如果当年没有把他分配在历史博物馆，可能不会有另一个人能写出这样的文物研究专著。

1938年7月，我经由越南、香港回上海省亲。10月，离上海到香港，耽搁了几天，待船去海防。当时沈从文的夫人张兆和，九妹岳萌，和从文的两个儿子小龙、小虎，还有顾颉刚的夫人，徐迟的姊姊曼倩，都在香港待船去昆明。从文、颉刚都有电报来，要我和他们的眷属结伴同行，代为照顾，徐迟也介绍他的姊姊和我一起走。此外，还有几位昆明朋友托我在港代办许多东西，记得有向达的皮鞋和咖啡，杨蔚小姐的鞋子和丝袜，诸如此类。我当了两天采购员，于10月28日，一行七人，搭上一艘直达海防的小轮船。顾夫人身体不健，买了二等舱位，余者都买了统舱位，每人一架帆布床，并排安置在甲板上，船行时，颠簸得很厉害。

船行二昼夜，到达海防，寓天然饭店。次日，休息一日，在海防补充了一些生活用品。次日，乘火车到老街，宿天然饭店。这里是越南和中国云南省的边境，过铁路桥，就是云南省的河口。当晚，由旅馆代办好云南省的入境签证。次日，乘滇越铁路中国段的火车到开远，止宿于天然饭店。次日，继续乘车，于11月4日下午到达昆明。这一次旅行，我照料四位女士，两个孩子，携带大小行李31件。船到海防，上岸验关时，那些法国官吏把我们的行李逐件打开。到河口，又一度检查，比海防情况好些。每次歇夜，行李都得随身带走。全程七日，到昆明时，只失去了徐曼倩的一件羊毛衫，还是她自己忘记在火车上的。这一件事，我自负是平生一大功勋，当时我自以为颇有"指挥若定"的风度。

这一次旅行，使我和从文夫人及九妹都熟识了。从文已在北门街租了一所屋子，迎接他的家眷。北门街也在云南大学附近，因而我常有机会去从文家闲谈。此后又认识了从文的小姨充和女士。她整天吹笛、拍曲、练字，大约从文家里也常有曲会了。不久，我迁居大西门内文化巷，与吕叔湘同住一室，与陈士骅、钱钟书同住一楼，与罗廷光、杨武子同住一院。从文有了家庭生活，我也没有机会夜晚去邀他同游夜市了。

1940年3月，我又回上海省亲。由于日本军队已占领越南，我无法再去昆明，就和从文暌别了好几年，书信往还也不多。1955年、1956年，我两次去北京开会，都到东堂子胡同去看望从文。他说正在收集各地出土的古锦残片，一件一件地装裱起来，想编一本《古锦图录》。他还拿出几个裱好的单片给我看，我觉得很有意义。这本书，不知后来完成了没有。

1963年，从文因公出差到上海，住在衡山饭店。他和巴金一起来看我，其时我新从"右派"改为"摘帽右派"。他在反右运动中的情况，我不知道，彼此觉得无新话可说，只是谈些旧事。过一天，我去衡山饭店回访，适巧有别的客人接踵而来，我只能稍稍坐一刻，就辞别了。这一别，就是音信不通的18年。1981年7月，我带研究生到北京，在北京图书馆找论文资料。我挤出一个下午，到崇文门西河沿去看望50年未见面的张天翼，此后，就到附近东大街去看从文。时已傍晚，话也不多，我想走了，从文和他的夫人却坚邀我吃了晚饭走。我就留下来，饭后再谈了一会儿，我就急于回北师大招待所。这是我和从文最后一次会晤，如今也不记得那天谈了些什么。似乎还是他夫人的话多些，由于我的听觉已衰退，使用助听器也不很济事，从文说话还是那么小声小气的，都得靠他夫人传译和解释。

以上是我和沈从文60年间友谊的经过。论踪迹，彼此不算亲密；论感情，彼此各有不少声气相通的默契。从文对我如何理解，我不知道；我对从文的理解，却有几点可以说出来，供沈从文研究者参考。

从文出生于苗汉杂居的湘西，他最熟悉的是这一地区的风土人情。非但熟悉，而且是热爱。从文没有受过正规的中学和大学教育，但他的天分极高，他的语文能力完全是自学的。在他的早年，中国文化传统给他的影响不大。这就是他的大部分作品的题材、故事和人物形象的基础。各式各样单纯、质朴、粗野、愚昧的人与事，用一种直率而古拙，简净而俚俗的语言文字勾勒出来。他的几种主要作品，有很丰富的现实性。他的文体，没有学院气，或书生气，不是语文修养的产物，而是他早年的生活经验的录音。我所钦仰的沈从文，是这样一些具有独特风格的作品的作者。

由于要在大都市中挣扎生存，从文不能不多产。要多产，就不能不有勉强凑合的作品。在30年代初期，他有一部分作品属于这一类。他为我编的《现代》写过几篇小说，用《法苑珠林》中的故事改写，后来编为一本《月下小景》，也是我帮他印出来的。这几篇小说，我都不很满意。在昆明时，我曾坦率地向他讲了我的意见，他笑着说："写这些小说，也流过不少鼻血呢！"

从文的小说中，确有些色情描写，这就是为郭沫若所呵斥的，赤裸裸的性欲或性行为的描写，在现代文学中，本来已不是稀罕的事，要区别对待的是：还得看作者的态度，是严肃的，还是淫亵的？从文小说中那些性描写，还是安排在人物形象的范畴中落笔的。他并没有轻狂海淫的动机。再说，从文小说中的性描写，既不是《金瓶梅》型的国货，也不是《查泰莱夫人的情人》型的舶来品，而是他的湘西土货。我们可以说：这是一个苗汉混血青年的某种潜在意识的偶然奔放，不是他一贯的全力以赴的创作倾向。郭沫若以此来谴责沈从文，似乎完全忘记了他的老朋友郁达夫。

为新文学运动和反帝、反封建的新思潮所感召，从文于1923年来到北平，没有熟人，没有亲戚，孤军奋斗。1924年，已在《现代评论》和《京报副刊》上发表创作，大约此时已受知于胡适。以后，逐渐认识了徐志摩、郁达夫、杨振声、朱光潜、梁实秋、朱自清、叶公超等人。长期和这样一群教授、学者接近，不知不觉间，会受到熏陶。这一群人的总的气质，是资产阶级知识分子中的绅士派。从文虽然自己说永远是个乡下人，其实他已沾染到不少绅士气。1933年，他忽然发表了一篇《文学者的态度》，把南北作家分为"海派"和"京派"。赞扬京派而菲薄海派。他自居于京派之列。这篇文章，暴露了他思想认识上的倾向性。早年，为了要求民主，要求自由，要求革命而投奔北平的英俊之气，似乎已消磨了不少。从此，安于接受传统的中国文化，怯于接受西方文化。他的作品里，几乎没有外国文学的影响。他从未穿过西服。他似乎比胡适、梁实秋更为保守。这些情况，使我有时感到，他在绅士派中间，还不是一个洋绅士，而是一个土绅士。反帝、反封建，在他只是意识形态中的觉醒，而没有投身于实际行动的勇气。也许他的内心有不少矛盾，但表现出来的行为现实，却宛然是一个温文尔雅、谨小慎微的"京派"文人了。

从文在文章和书信中，有过一些讥讽左翼作家的话。话都说得很委婉，但显然暴露了他对某些左翼作家的不满。他说左翼作家光会叫革命口号，而没有较好的作品。他们是以革命自诩的浮夸青年，不能扎扎实实地工作。这些转弯抹角的讥讽，当然使左翼作家会对他怀有敌意，因而把他目为反革命的作家。其实从文不是政治上的反革命，而是思想上的不革命。他不相信任何主义的革命能解决中国的问题。归根结底，恐怕他还是受了胡适的改良主义的影响。他对某些左翼作家的讥讽，也并不是出于政治观念。鲁迅对左翼作家也说过类似的话：他们是左翼，但不是作家。从文的意义也是这样。不过鲁迅是从更左的立场上讲的，从文却从偏右的立场上讲了。

从文一生最大的错误，我以为是他在40年代初期和林同济一起办《战国策》。这个刊物，我只见到过两期，是重庆友人寄到福建来给我看的。我不知从文在这个刊物上写过些什么文章，有没有涉及政治议论，不过当时大后方各地都有人提出严厉的批评，认为这是一个宣扬法西斯政治，为蒋介石制造独裁理论的刊物。这个刊物的后果不知如何，但从文的名誉却因此而大受损害。

沈从文一生写了大量的小说和散文，作为一位文学作家，在中国新文学运动的第二个十年间，他和巴金、茅盾、老舍、张天翼同样重要。新中国成立以来，文学史家绝口不提沈从文，却使国外学者给他以过高的评价，并以此来讥讽国内的文学史家和文艺批评家。这是双方都从政治偏见出发，谁都不是客观的持平之论。

至于沈从文的思想问题，我已把我个人所感觉到的情况讲了一个大概，也许我说得是，也许不是，毕竟我和他常在一起的机会很少，他的思想发展的曲折道路，也许我的观感太简单化了，这还有待于传记作者的研究。今天，既然党的政策已开放了百家争鸣的自由，那么，一切知识分子的思想问题，都应当用思想问题的尺度来作结论。

# 一个有特殊风格的人

季羡林<sup>*</sup>

前年有一天，老友肖离打电话告诉我，从文先生病危，已经准备好了后事。我听了大吃一惊，悲从中来。一时心血来潮，提笔写了一篇悼念文章，自诩为倚马可待，情文并茂。然而，过了几天，肖离又告诉我说，从文先生已经脱险回家。我心里一块石头落了地，又窃笑自己太性急，人还没去，就写悼文，实在非常可笑，我把那一篇"杰作"往旁边一丢，从心头抹去了那一件事，稿子也沉入书山稿海之中，从此"云深不知处"了。

到了去年，从文先生真正去世了。我本应该写点什么的，可是，由于有了上述一段公案，懒于再动笔，一直拖到今天。同时我注意到，像沈先生这样一个人，悼念文章竟如此之少，有点不太正常，我也有点不平。考虑再

* 季羡林（1911—2009），山东清平（今临清）人。语言学家、文学家、翻译家、教育家。1935年赴德国哥廷根大学学习梵文、巴利文、吐火罗文，研究印度古代语言和佛典，1941年获哲学博士学位。1946年回国后，担任北京大学教授兼东方语言文学系主任。1978年起兼任北京大学副校长、南亚研究所所长、中国比较文学学会名誉会长等职。

三，还是自己披挂上马吧。

我认识沈先生已经50多年了。当我还是一个大学生的时候，我就喜欢读他的作品。我觉得，在所有的并世的作家中，文章有独立风格的人并不多见。除了鲁迅先生之外，就是从文先生。他的作品，只要读上几行，立刻就能辨认出来，决不含糊。他出身湘西的一个破落小官僚家庭，年轻时当过兵，没有受过多少正规的教育。他完全是自学成家。湘西那一片有点神秘的土地，其怪异的风土人情，通过沈先生的笔而大白于天下。湘西如果没有像沈先生这样的大作家和像黄永玉先生这样的大画家，恐怕一直到今天还是一片充满了神秘的土地。

我同沈先生打交道，是通过一件不大不小的事情。丁玲的《母亲》出版以后，我读了觉得有一点意见要说，于是写了一篇书评，刊登在郑振铎、靳以主编的《文学季刊》创刊号上。刊出以后，我听说，沈先生有一些意见。我于是立即写了一封信给他，同时请求郑先生在《文学季刊》创刊号再版时，把我那一篇书评抽掉。也许就由于这一个不能算是太愉快的因缘，我们就认识了。我当时是一个穷学生，沈先生是著名的作家，社会地位虽不能说如云泥之隔，毕竟差一大截子。可是他一点名作家的架子也不摆，这使我非常感动。他同张兆和女士结婚，在北京前门外大栅栏撷英番菜馆设盛大宴席，我居然也被邀请。当时出席的名流如云，证婚人好像是胡适之先生。

从那以后，有很长的时间，我们并没有多少接触。一直到1946年夏天，我回到祖国。这一年的深秋，我终于又回到了别离了十几年的北平。从文先生也于此时从云南复员来到北大，我们同在一个学校任职。当时我住在翠花胡同，他住在中老胡同，都离学校不远，因此我们也相距很近。见面的次数就多了起来。他曾请我吃过一顿相当别致、毕生难忘的饭，云南有名的气锅鸡。锅是他从昆明带回来的，外表看上去像宜兴紫砂，上面雕刻着花卉书法，古色古香，虽系厨房用品，然却古朴高雅，简直可以成为案头清供，与商鼎周彝斗艳争辉。

就在这一次吃饭时，有一件小事给我留下了深刻的印象。当时要解开一个用麻绳捆得紧紧的什么东西。只需用剪子或小刀轻轻地一剪一割，就能弄开，从文先生却抢了过去，硬是用牙把麻绳咬断。这一个小小的举动，有点粗劲，有点蛮劲，有点野劲，有点土劲，并不高雅，并不优美；然而，它却完全透露了沈先生的个性。在达官贵人、高等华人眼中，这简直非常可笑，非常可鄙。可是，我欣赏的却正是这一种劲头。我自己也许就是这样一个"土包子"，同那些只会吃西餐、穿西装，半句洋话也不会讲，偏又自认为是"洋包子"的人比起来，我并不觉得低他们一等。不是有一些人也认为沈先生是"土包子"吗？

还有一件小事，也使我忆念难忘。有一次我们到什么地方去游逛，可能就是中山公园吧。我们要了一壶茶。我正要拿起壶来倒茶，沈先生连忙抢了过去，先斟出了一杯，又倒入壶中，说只有这样才能把茶味调得均匀。这当然是一件微不足道的小事，然而在琐细中不是更能看到沈先生的精神吗？

小事过后，来了一件大事：我们共同经历了北平的解放。在这个关键时刻，我并没有听说，从文先生有逃跑的打算。他的心情也是激动的，虽然他并不故作革命状，以达到某种目的。他仍然是朴素如常。可是厄运还是降临到他头上来。一个著名的马列主义文艺理论家，在香港出版的一个进步的文艺刊物上，发表了一篇长文，题目大概是什么《文坛一瞥》之类，前面有一段相当长的修饰语。这一位理论家视觉特别发达，他在文坛上看出了许多颜色。他"一瞥"之下，就把沈先生"瞥"成了粉红色的小生。我没有资格对这一篇文章发表意见。但是，沈先生好像是当头挨了一棒，从此被"瞥"下了文坛，销声匿迹，再也不写小说了。

一个惯于舞笔弄墨的人，一旦被剥夺了写作的权利，他心里是什么滋味，我说不清；他有什么苦恼，我也说不清。然而，沈先生并没有因此而消沉下去，文学作品不能写，还可以干别的事嘛。他是一个精力旺盛的人，他是一个闲不住的人，他转而研究起中国古代的文物来，什么古纸、古代刺绣、古代衣饰等，他都研究。凭了他那一股惊人的钻研的能力，过了没有多久，他就在新开发的领域内取得了可喜的成绩。他那一本讲中国服饰史的书，出版以后，洛阳纸贵，受到国内外一致的高度的赞扬，他成了这方面的权威。他自己也写章草，又成了一个书法家。

　　有点讽刺意味的是，正当他手中的写小说的笔被"瞥"掉的时候，从国外沸沸扬扬传来了消息，说国外一些人士想推选他作诺贝尔文学奖奖金的候选人。我在这里着重声明一句，我们国内有一些人特别迷信诺贝尔奖奖金，迷信的劲头，非常可笑。试拿我们中国没有得奖的那几位文学巨匠同已经得奖的欧美的一些作家来比一比，其差距简直有如高山与小丘。同此辈争一日之长，有这个必要吗！推选沈先生当候选人的事是否进行过，我不得而知。沈先生怎样想，我也不得而知。我在这里提起这一件事，只不过把它当作沈先生一生中一个小小的插曲而已。

　　我曾在几篇文章中都讲到，我有一个很大的缺点，我不喜欢拜访人，有很多可尊敬的师友，比如我的老师朱光潜先生、董秋芳先生等，我对他们非常敬佩，但在他们健在时，我很少去拜访。对沈先生也一样。偶尔在什么会上，甚至在公共汽车上相遇，我感到非常亲切，他好像也有同样的感情。他依然是那样温良、淳朴，时代的风风雨雨在他身上，似乎没有留下什么痕迹。一谈到中国古代科学和艺术等，他就喜形于色，眉飞色舞，娓娓而谈，如数家珍，天真得像一个大孩子。这更增加了我对他的敬意。我心里曾几次动过念头：去看一看这一位可爱的老人吧！然而，我始终没有行动。现在人天隔绝，想见面再也不可能了。

有生必有死，是大自然的规律。我知道，这个规律是违抗不得的。我也从来没有想去违抗。古代许多圣君贤相，聪明一世，糊涂一时，想方设法，去与这个规律对抗，妄想什么长生不老，结果却事与愿违，空留下一场笑话。这一点我很清楚。但是，生离死别，我又不能无动于衷。古人云：太上忘情。我是一个微不足道的凡人，无论如何也做不到忘情的地步，只有把自己钉在感情的十字架上了。我自谓身体尚硬朗，并不服老。然而，曾几何时，宛如黄粱一梦，自己已接近耄耋之年。许多可敬可爱的师友相继离我而去。此情此景，焉能忘情？现在从文先生也加入了去者的行列。他一生安贫乐道，淡泊宁静，死而无憾矣。对我来说，忧思却着实难以排遣。像他这样一个有特殊风格的人，现在很难找到了。我只觉得大地茫茫，顿生凄凉之感。我没有别的本领，只能把自己的忧思从心头移到纸上，如此而已。

# 回忆老友沈从文

塞先艾[*]

　　远在20年代中期，我就认识了从文，他比我大4岁。那时他从湖南凤凰县（当时好像叫镇筸）来到北京，住在北京北河沿附近的一家公寓（最初的"窄而霉斋"似乎不在那里），不久他就用"休芸芸"这个笔名在《晨报副刊》上以《遥夜》为题连续发表一些散文。普遍都知道从文生活困难时，曾写信向在北京大学教统计学的前辈作家郁达夫求援，郁达夫去看望了他，请他饱餐了一顿，还送了他几块钱，并在《晨报副刊》写了一篇《给一个文学青年的公开状》，而不知道著名哲学家林宰平先生（老诗人林庚同志的父亲）也很喜爱从文的才华，曾一再向徐志摩和陈西滢推荐。我就亲耳听见过林先生向我的叔父塞季常谈到从文的作品。

　　从文在他的家乡旧部队当过上士司书和屠宰税务员、报社校对等，他的洞察力十分敏锐精细，虽然还是一个小青年，已经结交了许多"下层社

---

　　[*]　塞先艾（1906—1994），贵州遵义人。著名作家。新中国成立后历任贵州省文联主席、贵州省文化局局长、作协贵州分会主席等职。

会"的朋友，经历了各种生活。他写作的起步很高。"五四"以后的文艺青年向《晨报》投稿的很多（包括我在内），大家都自愧不如。1926年他已在北新书局出版了第一本小说散文集《鸭子》（我的习作集《朝雾》是1927年才出版的）。1935年良友公司出版的第一个十年的《新文学大系》的小说集中却没有选载从文的小说，许多读者都有遗珠之憾，直到现在我都弄不清是什么原因。从文和胡崇轩（即胡也频）在《京报》合编过《民众文艺》（周刊），并未编过《京报副刊》，这个副刊一直是孙伏园主编的，有些传记中的这一条是不确实的。

第二个十年（1927—1937年）《新文学大系》由巴金同志作序的小说集，已于1984年在上海文艺出版社出版，选了从文的短篇《丈夫》和《贵生》。中国社科院文研所现代文学研究室编的《中国现代短篇小说集》选了从文的《萧萧》《丈夫》《顾问官》。《中国现代散文选》也选了他的《西山的月》等八篇散文。1986年北大出版社出版严家炎选编的《中国现代各流派小说选》把从文列入京派，选了他的《柏子》等六个短篇和中篇《边城》（存目）。这些当选的小说，都是他的精心之作。他的作品还饮誉海外，有些已被翻译成了各种外国文字。30年代，我就读过姚莘农（姚克）在《天下》月刊上英译的《边城》，他把题译成了Jade Jade（翠翠）；1986年，我又读了杨宪益的英籍夫人戴乃迭（Glad Ysyang）的《边城》《萧萧》《丈夫》《贵生》的英译本（见"熊猫文学丛书"）。译文很不错，这几篇都是大家公认的从文的代表作。

《文艺报》一位记者的报道说："新中国成立以来，相当长时期内，沈从文的文学成就，没有受到应有的重视，直到粉碎'四人帮'以后，人们逐渐认识到沈从文作品的价值，开始对他的文学成就及其在文学史上应有的地位作出认真的评价。……"（《文艺报》1988年5月21日第20期）这倒是公允之论。

我记得20年代中期，从文和我都在《晨报副刊》发表过一些诗文，以文会友，我住在西城，星期日偶尔也到他住的东城那家公寓去串门、聊天。在那里有时还遇到胡也频、丁玲和刘梦苇。30年代，他编天津大公报《文艺》周刊时，由于他向我约稿，打交道较多，那时他正和扬振声在西斜街编教科书，有时他到武功卫我的寓所来找我，或者我到西斜街去找他。他到上海、武汉、青岛几个大学教书的那几年，我们便音信鲜通了。抗日战争时期只见了一面。新中国成立后，我去北京，有时也遇到他，有时书信往还。在我保存从文的信件中，有一封稍长的信，评论了我省文联集体编写由作家出版社出版的报告文学集《挡不住的洪流》（他很喜欢这本书），评得很中肯，在"文化大革命"中连同许多作家的书信一起被红卫兵抄走了，估计已经烧毁，我觉得非常可惜。

1981年，从文写了一条幅送我，抄录了他的一首古风：

劲风摧枯草，岁暮客心生。老骥伏枥久，千里思绝尘。本非驱驰具，难期装备新。真堪托生死，杜诗寄意深。偶作腾骧梦，间尔一嘶鸣。万马齐喑久，闻声转相惊。枫槭悄悄语，时久恐乱群。天时忽晴朗，蓝空转白云。佳节逾重阳，高空气象清。不怀迟暮叹，还喜长庚明。亲故远分离，天涯共此星。独轮车虽小，不倒永向前。

还有一个跋：

一别数年，幸各健在，因回忆卅八年春赴昆明时，过贵阳，曾过访，彼此似均在壮年，上阳明洞，犹能脚步不停，一气到项，一知觉间，忽四十余年矣。人事倏忽变化，在人为风风雨雨中，故旧多作古人，彼此犹能生存，且能于二三年间一相见，可谓天大幸运也。

70年下放湖北双溪《喜新晴》

先艾兄存　弟从文习字时年79

　　这个条幅裱好后，至今还挂在我的办公室里，有时默诵，如对故人。从文不但是一个作家，历史文物研究的学者，而且是一位书法家，他的一手章草，写得相当有功力，在老中青年作家中都是少有的。不仅作家们喜爱，连我认识的几位名书法家也很赞赏，认为难得。

　　从文是我喜爱的现代中国作家之一，湘黔接壤，风习有些相似，读他的作品，我觉得特别亲切。我完全同意李健吾同志对从文的评语："他热情崇拜美。在他艺术的创作里，他表现一般具体的生命，而这生命是美化了的，经过他的热情再现的。"我尤其喜欢他写的湘西水上（沅水一带）的那些人物和生活。他在自传中就说过："我感情流动而不凝固，一派清波给予我的影响实在不小。我幼小时较美丽的生活，大都不能和水分离。我受业的学校，可以说永远设在水边，我学会思索，认识美，理解人生，水对于我有极大的关系。"他在《一个传奇的本事》中，有四页都谈到他与水的关系和在水上受到的教育。我过去也有几篇习作是写水上的事情的。如《到镇溪去》《漾渡》《长江轮船上的通信》，和从文的这类作品比起来，那简直是小巫见大巫了。

　　除了他的几个著名的短篇外，我还喜欢1934年他描写一个民族的爱憎和哀乐的中篇小说《边城》，以及散文《湘行散记》和《从文自传》。关于《边城》，从文自己说："我要表现的本是一种人生的形式，一种优美健康，自然而又不悖于人性的人生形式，是为人类的'爱'字作了一度恰如其分的说明。"如果他们用"阶段斗争为纲"去看这个中篇，自然就南辕北辙了。有人说《边城》是牧歌型的小说，也有人说它是风俗画。总之，这个中篇富有诗情画意，写得十分动人。有一次，我和从文谈到我所喜爱的他某些作品，他说："你很有眼力，我比较满意的习作，也正是那几篇。"其实我并没有什么鉴别力，不过出于个人的爱好。另一老友李健吾原来写小说和剧本的，后来忽然用"刘西渭"这个笔名写起评论来了。据他告诉我，这与从文的支持是分不开的，他写的作家们的书评，多数都发表在从文主编的天津《大公报·文艺周刊》上；巴老主编文化生活出版社的"文学丛刊"，他才把它们收入《咀华》一二集。

当然，我们对从文的小说的看法，也应当一分为二。有一位苗族作家对我说："沈先生的小说在艺术上是无懈可击的；但是也有些作品，浪漫气息较浓，过分着眼于传奇式的追求，难免离开它的社会本质，因此就不能做到真实地反映苗族生活。"我想起来了，有一位很有名气的写中国现代文学史的教授早年就同样指出来过。不过从文在现代小说家中正是以这种风格独树一帜的，也受到一些评论家和不少读者的赞赏。我想，他的作品到底如何，还是让历史去作出公正的评价吧。

我始终认为从文是一位经得起挫折、考验，成绩显著，值得怀念的老作家。我们结交60年，往事甚多，很难一一回忆。我很佩服从文的一个良好的习惯，就是不惮其烦地修改自己的作品。1957年1月，他都还在校正他的《边城》。他很谦虚地说过他只造希腊小庙，不能建造崇楼杰阁（大意）。我觉得他在天津《大公报》主编《文艺周刊》那两年，培养出了一批作家，今天大都成名，这个贡献也是不可磨灭的。为了纪念老友，我决定把他赠送我的著作，写给我的条幅和最后与我合照的相片保存下来；我还要用他在《喜新晴》中的诗句"不怀迟暮叹，还喜长庚明"来勉励自己。

# 文章事业足千秋

——胡昭衡谈沈从文

林 龙

年届75岁高龄的胡昭衡，已从繁重的行政工作岗位退居二线，但还担负不少社会工作，有着繁忙的社会活动，且笔耕不辍，仍从事杂文写作。当胡老听说我们要请他谈谈沈从文时，愉快地接待了我们。胡老身材魁梧，满头银丝，脸上总是洋溢着热情愉快的微笑，谈笑风生，精神矍铄。谈到沈从文，胡老显得有些心情沉重，沉思片刻才讲话，显然他的思绪回到了沈从文先生逝世的那些令人沉痛的日子里。

胡老说，从1935年与沈先生相识，至今已有50多年了，沈先生既是我的老师，也是朋友、兄长。对沈先生，我是非常敬仰的，想到他的去世，心情是抑郁痛苦的。1988年5月10日沈先生去世后，次日我和老伴儿去沈家吊唁，慰问沈夫人张兆和大姐及其子女，时刘祖春、王雅琪兄嫂及吕东学兄在座，曾共议遵从沈先生遗嘱从简治丧事宜。他生前留言，逝世后，不要悼词，不要开追悼会，这精神我是赞成的，先生"文章事业千秋在，何劳身后更立碑"！5月18日到八宝山向他的遗体告别，我心头凝结着半副挽联："是师是友，育青育后；非官非阀，爱国爱民；守操清廉，葬革陋规；丰硕贡献，无声影响，波及中外，谁能抹杀！"因为缺下半副，没有形诸文字。下半副挽联不是不可能有，只是自己当时心疲力绌写不出来而已；何况当时当地，有些心情也不是语言文字可以完全表达出的。归来后，又忆及向沈先生遗体告别的场景，情感实难超脱，久久不释，于是心头又凝聚起几句唐诗："知君命不偶（孟浩然），交情老更亲（杜甫），恩深转无语（刘得仁），徒此揖清芬（李白）。"后来还以"徒此揖清芬"为题写了悼念文章。

胡老说："我年轻时搞文学创作是受到沈从文先生的影响和鼓励的。"1935年，20岁的胡昭衡考入北京大学哲学系，当时他在北平还积极参加中国共产党领导的抗日救亡运动。这 年在北平发生的"·二·九"抗日救亡学生运动，对他的志向和事业产生了极大的影响，确定了他的一些重大方向性的志愿。也正是在这时，他的文学创作活动受到了沈从文的鼓励和帮助。胡昭衡在中学时期就开始写作，1933年一度参加"左联"。1935年冬，他写成短篇《乡村》。这篇反映他的故乡河南农民苦难生活，带有中州乡土气息的小说，由他的同学刘祖春转送到素不相识的沈从文手中，受到了沈从文的重视，很快就在沈先生曾主编过的《大公报·文艺副刊》发表了。当时沈从文正值创作巅峰，他的代表作之一《边城》已面世。这样一位大作家的提携对于一名文学青年是极大的鼓励和促进。此后两年中，胡昭衡创作了十多万字的小说和散文。1937年，赵家璧先生主编由茅盾等20人推选的《短篇佳作集》，沈从文推选的3篇作品中就有胡昭衡（李欣）的《乡居杂记》之一——《夜行》。这表现了这位大作家对文学青年的关怀和期望。

对于当时经常在沈从文寓所聆听教诲的一些内容，胡老至今记忆犹新。沈先生曾谈过这样的文学见解：一个从事文学的作者要多创作，要讲求作品的文艺质量；人要有特性，作品要有特色；作者要像创造人类的上帝，冷静，智慧，站在高处观察一切，不要随俗浮沉；过去有多少作家显赫一时，而今都销声匿迹了，不要急于"下海"、急功近利；有好作品才能传名后世，古今中外许多好作品是在作者身后才有定评，获得崇高赞誉的。不随俗，不人云亦云，不追求时髦风尚，要耐得寂寞，甘于坐冷板凳，下得苦功夫。要能写出一些有永久性价值的作品，要有写出一部《圣经》的坚毅精神。

对沈从文先生的这些见解，胡老表示，他当时和以后并非完全赞同。但是，胡老接着说："沈先生当时对我讲的这些话并不是以长者自居板起面孔的教导，而完全是出于爱护文学青年的肺腑之言，代表着他那一代人具有独立见解的文艺观，的确是针对当时一些文坛时弊而发的。他看不惯某些粗制滥造的公式化的文学作品及出版物，提出在作家间需要一种'反差不多'的新运动。这种在当时并不合时宜、曾引起非议的文论，反映着沈从文先生对文艺创作规律的求实探索，讲出他对文艺作品社会效益的坦诚看法，说明他对繁荣中国文学的长远观点。时至半个世纪后的今天，只要切实认真加以品味分析，就能觉察出沈从文先生许多话的道理至今还是站得住脚的。"

从胡老30年代在北平与沈从文的交往可以看出，当时胡老就对沈先生极为敬佩，而沈先生对年轻的、在文学创作方面颇有才气的胡昭衡则非常器重，并寄予厚望。但是，由于抗日战争爆发，满腔热血、向往革命的大学生胡昭衡去敌后参加了八路军，加入了中国共产党，此后根据革命事业的需要，在许多岗位上从事革命工作，也就未能如沈先生所期望的那样专注于文学事业了。

胡老回忆至此，感慨万千。他说："对我所走的人生道路，我并不后悔；值得惋惜的是，沈从文先生在新中国成立后，没有再继续他的文学创作，而投身于古代文物研究了，这对我国现代文学事业真是一件遗憾的事。"

在谈到对沈从文的评价时，胡老有些激动地说："我认为现在对沈先生完全可以盖棺论定。我从与沈先生50多年的交往中深切地认识到，他是一位五四以来伟大的爱国作家和古文物学家，强烈的爱国主义精神贯串着他的一生。"

对胡老的论断，我们完全赞同。在文学创作方面，沈从文以其大量的富有浓郁乡土气息的作品，为中国现代文学做出了杰出的贡献，并引起世界文坛瞩目，为中国文学争得世界声誉也做出了贡献。沈先生早年出版的选集单行本有70多种，这些集子大多毁于"文革"期间。1984年，由花城出版社与香港三联书店合编的12卷本《沈从文文集》出版，约400万字，收集了先生半个世纪以来创作的中篇小说、短篇小说、散文和文艺论文、杂考等，其中包括他的代表作《边城》《长河》《从文自传》《湘西》《湘行散记》等。沈从文常说："我实在是个乡下人。"事实也正是这样。这位出生于湘西凤凰县的大作家的作品中总有一种"燃烧的感情"，就是对乡土，对人民的爱，凭着这种深挚的热烈的爱，沈从文在事业上终生不渝地对祖国、对人民、对民族默默地奉献了自己的一切。

新中国成立后不久，沈从文转而从事文物研究。沈先生接触文物、爱好文物，和对文学的兴趣一样，始于其青少年时代。不过在沈先生决定放下作家的笔，把时间和精力投向历史文物研究时，就把对文物的个人爱好提高到作为发掘、整理、研究、保存和弘扬祖国历史文化的严肃工作了。他这样说过："一般人总认为，一个人进了历史博物馆，那就算完了。可是一深入工作，就会明白历史博物馆是一座中华民族悠久历史和灿烂文化的宝库。馆内各种文物都引起了我浓厚兴趣。"

沈从文在文物研究领域中辛勤地、默默地耕耘，成就卓著。自1958年开始，先后出版了《唐宋铜镜》《中国丝绸图案》《明锦》《龙凤艺术》《战国漆器》等著作。"文革"期间，沈从文被迫害，家中多次被抄，资料被毁。但是他一声不吭，沉默地受着"十年浩劫"落到他头上的灾难；同时仍紧紧地拥抱着自己的工作不放。在"五七"干校，他忍受着高血压病痛，一边看守菜地，一边凭回忆写下了许多文物资料。他说："个人受点委屈算不得什么，要看到国家在世界上的作用。我们中国有悠久的文明历史，可我们的文史研究工作还赶不过日本朋友，使人心里难过得很。对于我们的文化，最有发言权的应该是我们自己，得努力啊！"1981年，沈从文编著的《中国古代服饰研究》出版了，这部凝结着沈先生半生心血的25万字的宏帙巨著，展现出我国悠久文化的辉煌历史，为我们提供了一部学习祖国历史、认识祖国丰富的文化宝库的重要文献，也为世界文化宝库增添了瑰宝。

沈从文的文学作品和文物研究著作，是他对祖国的爱的丰碑；他对祖国的炽热的爱也表现在他的一切行为之中。1948年北平解放前夕，有人劝他携眷南下，转道去台湾，并为他买好了机票，沈先生拒绝了。收到《沈从文文集》的稿费9000多元，他又掏出几百元，凑一万元，寄给了湘西家乡山区办学。他节衣缩食省下钱来买文物古董，又把这些文物献给国家，珍贵的《阿房宫图卷》送给了中国历史博物馆，多年收集的明清锦缎送给了中央工艺美术学院……他曾长期被误解，甚至被歪曲，"文革"期间受到严重迫害，可是他从来不谈个人的委屈，而是认为个人得失事小，国家前途事大："民族兴衰，事在人为"，一贯以民族兴衰为重，以国家利益为重，以人民为重，以事业为重；忍辱负重，廉洁自守，要"在事业上有以自现，在学术上有以自立"，顽强地同命运拼搏，在事业上默默地奉献着自己。

……

胡老谈沈从文，充满激情，这激情和谈话的内容震撼着我们的心，使我们从理智到情感都感受到沈从文的人格与事业的伟大。采访结束了，胡老的话一直萦绕在耳际：尽管对沈从文先生的评价尚有争议，但是沈先生伟大的爱国情怀、对我国现代文学和社会主义文物事业的杰出贡献，是任何人也否定不了的。沈从文的道德、文章、事业，足以流传百代、垂示千古！

# 忆沈从文先生

张学琦

20世纪70年代初，我由宜昌调至咸宁双溪卫生院工作。当时政治活动频繁，会多、公差多，因此偌大一个卫生院仅剩一个医生和一个护士。我那时既看门诊，又管病房，经常是内、外、妇、儿科都看，白天黑夜连续工作。

当时，文化部"五七"干校的大本营在咸宁向阳湖，双溪大屋周驻有一个连队，那里原有个煤窑，干校的同志一面搞"斗、批、改"，一面挖煤，以供向阳湖干校使用。连队没有医务室，因此连里的同志们凡有病痛都得来卫生院，接触多了，许多人便成了朋友。大屋周离双溪镇虽仅三四里之遥，我却从未去过，一是由于工作太忙，走不脱；再者，也实在不忍目睹他们趴在煤窑挖煤的惨状。

一天，我照例坐门诊，来了一位年逾花甲的老人，他中等个子，穿着普通，戴一副近视镜，说话带湘西口音，说是患有高血压，要求量一下，开点药。我给他量过血压很吃惊，收缩压240mmHg，舒张压130mmHg。我从医时间不长，像这样高血压的病人还见得不多，很有些为他担心，建议他住院。他却不以为然地说没关系，经常是这样，吃点药就行了。我准备给他开药时，他说只要点水合氯醛，我便通知药房配制。当我拿出处方笺询问他的名字时，他才告诉我他叫沈从文。我不敢相信自己的耳朵，难道眼前这位老人就是我少年时代就知道的大作家沈从文吗？读中学时我爱好文学，有空便去新华书店，隔着玻璃，书柜中草绿色封面的《沈从文文集》，可望而不可得，不能像其他书籍一样可以翻阅，对沈从文便增添了几分崇敬与神秘感。据我所知，当时大屋周围并没住作家，而且患有高血压的作家竟是孤零零一个人来医院看病……当我问他是否作家沈从文时，他点了点头，并对我说明只身一人来双溪的原因。原来，沈从文先生与夫人是一道下放咸宁向阳湖文化部"五七"干校的，沈先生年老多病，不能在干校随队劳动，双溪有个连队，正好有个照应，因此便被安排到了双溪，从此便与妻儿天各一方。谈话时，先生脸上流露着无奈与苦涩。当我问到他的生活时，他很有些为自己庆幸，说是住在区政府旁的民房里，吃住不用操心，一日三餐都在区政府食堂买，倒也清闲。我也简要说明自己大学毕业辗转调动的经历，彼此都说了些安慰的话，同是天涯沦落人，有些同病相怜的感觉。给他取药后，我送他到医院门口，叮嘱他不适随诊。望着他渐渐远去的背影，我百感交集。一个国内外知名的作家今天尚且如此，我一个初出茅庐的年轻医生还有什么苦恼！

以后，先生常来量血压，开水合氯醛，每次我仅给开三四天的药。一方面可常见到沈先生；另一方面，因为水合氯醛是镇静剂，久服可以成瘾，量大可使血压骤降，我怕引发意外。因此，我没有满足先生多开几天药的请求，说是此药不能多开，不能久置。他似看出我不必要的担心，摇了摇头，只是依了我，隔三岔五来医院。

一次，原国家电影局李稼局长来医院，谈及沈老情况。他说沈先生最近写了首长诗《思入蜀》，问我可曾见到，我说没有。他告诉我先生的儿子远在四川，夫人在向阳湖，一家三处，沈先生希望到四川去与儿子团聚。我要求李稼同志满足他的愿望，李稼为难地笑了笑，我领会到他的苦衷。临行，他再三嘱咐我要多关心沈老。

当时的双溪区革委会设在双溪街的一间老式祠堂里，沈老住在这间祠堂旁的一栋老民居里。这是一栋三进的旧民居，坐西朝东，沈老住在中堂左侧的厢房里。房子较小，与南方所有的旧民居一样，窗子小，光照自然较差。窗外是一方天井，对面的厢房被房东用作牛栏。我第一次去看沈老时，他指着对面的厢房幽默地对我说："我住牛棚了。"我真担心他夏天如何生活，他看出了我的担心，转过话题说，生活倒也方便，房东待他也很好，三餐吃食堂，闲时看看书或到双溪河边漫步，拾些卵石或碎瓷片，无人相扰，生活倒也安静。夫人每月由向阳湖来一次，为他浆洗，顺便也带些吃的来，叫我不必担心。

　　以后，沈老随杨堡卫生所一道搬入了杨堡小学。小学离区卫生院较近，我去过几次，那里光照、通风与卫生条件均比原民居强，房子宽敞些，沈老的心情自然也好了许多。他在房里支起了一个可拆卸的书架，上面放了一些书籍及各种古瓷碗碎片，上面写满蝇头小字，注明年代与出处等。可惜我对考古学一无所知，也不知道其价值所在。他还拿出所编著出版的《唐宋铜镜》等装帧精美的考古学著作，像天真的孩子如数家珍地一件件、一本本地拿给我看，沉浸在一种难得的喜悦中。当我问到他"文革"初期是否受到冲击时，他似乎有些得意地对我说，新中国成立后较少文学写作，一直从事考古研究，没有辫子给人抓，因此没有受到冲击。

　　杨堡卫生所的张小阶医生成了沈老的邻居。张医生是武汉人，由中山医科大学毕业分配来杨堡，常与沈老一道谈天。张医生常请我会诊，这样我去杨堡卫生所见沈老的机会更多了。一次沈老的夫人来双溪为他浆洗，见到我时，沈老将夫人——作家张兆和女士向我介绍，并说夫人由于身体好，留在向阳湖干校劳动。沈老显得非常高兴与激动。他们很珍惜每月一次的相聚，每次来，先生都要陪她逛双溪街集市、商店，在田间小道、双溪河边散步。沈老说双溪的风景不错。

1971年春节后不久，我被抽调到县里参加筹备"农业学大寨展览"，临行，我去杨堡卫生所与沈老、张小阶医生话别。他们都有些怅然，我心里也不好受，我拜托张小阶多照顾沈老，勤给他量血压。

展览馆设在当时的咸宁二中（现咸宁高中）礼堂，我与从向阳湖文化部"五七"干校、武汉医学院"五七"干校、华中工学院"五七"干校等单位借调来的几位美术工作者同住在学生宿舍中，大家同吃、同住、同工作，有时还一道下淦河游泳，过得很舒心。只是展览办得很窝囊，常常为了一个人、一件事、一个字反复调查推敲。在那个年代，动辄扣政治帽子，还要踏上一只脚，人人都很谨慎，个个都怕负责任，因此展览筹备工作进展较慢，办了半年多也不能开展。直到"九一三"林彪事件发生，我们都要参加学习、讨论，展览筹备工作暂时中断。我怀着喜悦的心情又回到久别的双溪。当我急匆匆去杨堡小学看望沈老时，谁知人去屋空。张小阶医生告诉我，沈老与夫人已一道迁往丹江口干校，临行前将他从北京带来的唯一一件家具——旅行书架送给了张小阶。物易其主，书架上存放的不再是考古学专著与古瓷片，而是张小阶的几本医学书籍与简单的行囊……我的眼睛浸润了。我遥望北方的天空，眼前又浮现出沈老和善的面容与睿智的眼神，耳边萦绕着他的湘西乡音。

# 遥远的记忆

陈禄华

抗日战争胜利前，我在昆明与沈先生有过一段较长时间的接近。并在那灾难深重的日子里，得到过先生的真诚帮助和关怀，更受过他耳提面命的教诲。当时我接触过的人中都说他不仅是一位不平凡的天才学者，而且认为他是一位出自污泥而不染的人物。沈先生的一生挚友除了夫人张兆和先生和几个同行知己外，便是每天不离身的由北方带来的文房四宝和到南方后新购的"彭三和""桂禹声"两支湘土名产毛笔，还有一支他从未启用过的精制竹盒所藏的"玉屏筲"。此外，便是成堆的书刊了。

他平时少社交，在他的同行中也多半是一种"君子之交"，在我的印象中，多是夹着书本点头而过。当时西南联大师生生活艰苦，学习紧张，终日匆匆忙忙，像躲警报一样，其他事无暇顾盼。

有一次，我看到沈先生从斋务股领取书店刚寄来的一包书刊出来，时值朱自清教授在旁，两人一见不舍，促膝长谈。分手时他取出新书相赠，当朱教授表示谢意时，他微笑不语，摇头而去。平时接触较多的是闻一多教授了，这是我常见到的，有时我还参与其间。我们几个湘西人背后称呼他是"闻多公"。闻先生，精雕刻，是个金石名家，由于薪水少，凭这点手艺搞点补贴。西南联大是一个从北方迁移逃难来的学校，师生们的生活是十分清苦的。沈先生和其他人一样，蓄着长发，衣着长衫，闻先生还留着长须。他们长年累月穿着蓝布长衫，遮盖着破旧的内衣。我第一次看到华罗庚教授时，也是长衫罩身，还露着光脚。联大校长出门只坐人力车。而邻校云南大学校长熊庆来（原清华数学系主任）则是轿车出入，相形之下联大师生却独具风格。闻一多教授的雕刻在昆明是享有盛名的，沈先生则成了他的义务宣传员和介绍人。沈先生在昆明的宿舍靠学校附近，地名叫文林街又叫先生坡的一栋旧楼房，由于临近街道，无形中变成了治印章的接洽点，不少人奉以重金作报酬，受到闻先生的婉言谢绝，一般好友更是分文不取，刻完后，还在侧面刻字留念如"壬午年，一多治印"等。闻一多教授遇难时，沈先生悲愤欲绝。

西南联大师生的清苦生活是人所共知的。沈老先生洁身安贫，他还乐意资助别人，对一些有困难的人总是解囊相助，或是代谋职业。给我印象最深的是一次图书馆捉贼，那是一个学生在看书中趁人不备挟书逃跑，被管理员赶上捉住。结果两人却抱头痛哭，原来他们是从小同学，随着战争逃奔后方，贫困逼得他干出此事。沈先生对此表示了无比的同情，并上门给予资助。

当时昆明市商会办有一所补习学校，沈先生介绍我在那学校参加半工半读，后来他为了给我有个好的学习环境，又介绍我进入西南联大工作，使我便有更多机会听到不少名士学者的讲学和演说。当时昆明市商会董事长周润仓是昆明的巨商大富，周为了结交名士，提高身价，曾多次表示要同沈先生交朋友，并以重金许愿，提供研究写作方便。沈先生对此根本不屑一顾，无动于衷。西南联大在复员前，昆明工商界人士曾委托学校训导长查良钊先生持纪念册要求一些名教授题词留念，沈先生在题词中对于他们过去一段长期的关心和同情表示了充分的谢意。昆明人，特别是一些工商界人士，对联大师生较有感情，比如一部新影片的放映，他们要先给学校师生观看。记得有一次沈没有去，片名叫《牡丹花开》；另一次去了，片名叫《月落乌啼霜满天》，是联大老师重新给它更名的，原译为《月亮下落》和《天快亮了》，演的内容是盟军反攻，其中有苏军摧毁德军隆美尔兵团等镜头，影片更名后，昆明南屏剧院空前叫座。

昆明市商会地处通衢大道，沈先生常经过这里，总喜欢在这里的门内休息闲聊，或代人书写家信，因此很受工人们的欢迎和爱戴。有一次一个工人关切地问沈先生每餐吃得饱吗？又问联大老师遇到公家请客便空起肚子去吃，这是真的吗？因当时曾有一家报刊上的小品文讽刺联大教授每遇宴会便"空腹以往，以便满载而归"，又云："曾经遇某单位一贯节约，届时仅以茶点飨客，致使教授们啼笑皆非，空去空回。"当时沈先生幽默地回答说："人家讲我们吃着大米白面嫌不好，你却说我们吃不饱饭。"这原是昆明特务在社会上编的一首顺口溜："白面大米反饥饿，棒子小米扭秧歌。"意思是国民党给饭吃却遭反对，另一边是饿起肚子去拥护共产党。

沈先生的一个学生是昆明晚报的记者，曾到此作过采访，报道前他来征询沈先生的意见，沈先生惊恐之余，向这位记者一个90度的鞠躬，请他收回了稿件。

沈先生热爱乡土，特别是一些迷惘的青年在开始接触他和兆和先生时，从他们的慈祥和蔼中，深深感到一种多么亲切之情。我们在先生的谆谆教导下，一股奋发向上的心情便油然而生。他对青年进行着民族复兴和前途教育。他曾对我们说过，家乡的武人有余，文人不足，更是缺乏科技人才。

记得在1942年，家乡的一伙青年从国民党军营中"开小差"逃跑出走后，在他的鼓励和帮助下，都进入了工厂当技术学徒，我后来听到他们说过，沈先生在为他们提供作为学生的身份证明时曾说过，这是他生平第一次"撒谎"，他为了关心青年的成长而放弃了自己的一贯为人准则。这个工厂的农场场长叫杨文衡，原是青岛大学校长杨振声先生的儿子，他们有故交，杨曾多次表示他曾接受过沈先生委托，要帮助培养他们成为一代科技人才。沈先生对家乡的青年人也是十分关心爱护，曾经一度涉嫌起义的国民党旅长陈范，在1943年冬被国民党特务枪杀于贵阳附近。在此以前陈被编遣到云南楚雄远征军担任一个闲职叫高级参谋，当时来到昆明，我们见面时，除寒暄一些家常外，他心事重重，情绪十分低落。于是，我邀他去看望沈先生，沈先生用自己已熬好的核桃糖待客。陈范平日本来不多言谈，这下他却无话不讲，似在诉苦和发泄气愤。他们去的部队是国民党部队中最受歧视的杂牌中的杂牌，是清一色的湘西军人，他们曾在浙江嘉善保卫战中与日寇周旋过七日七夜，是别的部队所望尘莫及的一支劲旅，曾经一度受过嘉奖，然而最后却被编垮，人员被撤散。他说曾在沅陵受国民党军司令孙连仲召见时，孙的老婆直呼其姓名，他不加理睬掉头而去。沈先生听到这里，对他们的不幸遭遇，深表同情；并说这是他们排除异己的一贯伎俩，他对家乡子弟兵的英勇牺牲，不断称赞和惋惜。他告诉陈范要认清形势，审时度势，谨慎行事。又说"拖"是没有前途的。沈先生的婉言诱导，意境含蓄，陈范既不能做国民党的官，又不能上"梁山泊"，究竟何去何从？沈先生是个民主人士，特别是对陈的由来和平日的政治表现本来就一无所知，他们在初次接触中，是不可能像联大墙报上那样不署名地号召"此路走不通，去找毛泽东"的。

陈在昆明住了4天，与沈先生接触过两次，第二次有同乡江开元在场，并由江做东请吃昆明的"过桥米粉"。陈范离开昆明动身上火车时，身着全副军装，大约不到一个月仍回到昆明，说是请假回家。一星期后，传说陈在贵阳翻车身亡，但是1943年冬天，听到可靠消息证实，陈范是被国民党特务枪杀后再由汽车压碾灭尸的，埋葬在出事地点的一个三岔路口。在此以前他的一个亲信部属，团长吴光烈已被处决于石门县。沈先生听到这些消息时，无限慨叹和惋惜，他认为家乡人只凭武功，没有政治头脑，缺乏科学知识，还是跳不出传统的"绿林圈子"。沈平日对"绿林"这一词的含义是指重义轻财，劫富济贫的聚义。家乡人会造枪支，而一条车路却始终修不起来。据说是为了阻止省军和中央军的进入，长期的闭关自守，形成了这个"湘西王国"。

西南联大是由三校（北大、清华、南开）合并而成，领导成员由三校校长组成常委会，实行教授治校。它具备了一定的民主基础，当时被誉为中国的民主堡垒，学校的政治气氛浓厚，做到了百花齐放、百家争鸣。我曾在这里的墙报上看到一段资料，其中提到沈先生在白色恐怖中营救过胡也频，后来我又从丁玲的著作中看到了这一事实。丁玲说：从文不懂政治，去找国民党特务说理营救胡也频。墙报并介绍了胡的政治身份和被捕原因。这些情况在当时对沈从文先生来说是完全知道的。但他为了营救一个共产党员，而把自己的祸福安危置之度外，他是完全站在革命人民一边的，就他在联大同行中的密友如闻一多教授的思想言行，他更是一清二楚。闻是当时民盟昆明负责人之一，民盟曾公开提过自己的政治主张，要求结束国民党一党专政，废除特务组织，因此昆明的大小特务对他恨之入骨，还将他与罗隆基二人呼着"闻一多夫，罗隆斯基"。以致后来被暗杀，不正是与胡也频同一性质吗？沈与闻的交好被国民党特务视为"臭味相投"，但沈先生不去考虑后果听其自然去了。

1945年"一二·一"惨案，学生罢课的浪潮波及整个后方的大中学校，国民党政府受到极大的震动。孔祥熙、傅斯年亲临昆明，采取软硬兼施的手段，要求学校动员学生复课。孔曾以改善学生生活为名，出以巨资诱惑学生复课，当他的小车在校门停下来时，学生贴出巨幅标语"孔氏门中并无此人，滚！"来"欢迎"他。他们由重庆到此敦促学生复课，西南联大教务长潘光旦先生在动员大会上说："过去我们想罢课就罢课，现在我们想复课就复课"，引起了哄堂笑骂唏嘘之声。有的人在喊："不要唱独脚戏了（潘先生断一只腿）。"学校无法，紧接着召开了教授会议来采取对策，沈先生认为这个教授会议是对付自己学生的会议，他拒绝参加，以表示抗议。教授会在清华研究所会议室举行，联大的教授有数百人之多，而参加这个会的只有三四十人。主持会议的是梅贻琦常委（清华校长），但为傅斯年（北大校长）所垄断，结果会议是在一片抗议声中收场。

1946年7月，李、闻惨案发生之后，当时的国民党特务配合军警，气焰十分嚣张，岗哨布满了先生坡联大宿舍一带，白日也不许通过，沈先生被围困在宿舍，失去自由，后来这些军警又换来了宪兵，形势更加严峻。沈家居住在离昆明十多里的呈贡县桃园村，这段时间沈先生不顾家属安危，而与学生共休戚，从不离开学校一步。

当时驻扎在昆明的宪兵团长叫彭景仁，是湘西同乡保靖县人，在联大复员离开昆明前，他曾设宴为沈先生饯行。开始沈先生拒绝去，后来一个凤凰同乡刘××邀约他说：彭哥今天请客，你有牢骚正好向他说。沈先生临时邀了一些在校的湘西同学到彭家去了，我记得有严超、吴瑞之、周礼全等人。彭在席间只谈乡情，不谈政治。席间沈多次启发他对形势的认识，并晓以民族大义，指明前途方向，并介绍了陈范依蒋的下场，直到席散，我们离开彭家时，彭送至门外，我只听到沈先生向他说了一句"好自为之"便招手而别。新中国成立后，我在保靖似有所闻，彭在台湾已被国民党处决。他有个儿子在美国煤炭部任职，曾来过中国洽谈业务，回到湘西，经凤凰时曾在新大桥停车留影。

抗日战争胜利前夕，苏联出兵东北，当时联大校园政治气氛紧张，各党派系的活动都反映在校门的民主墙上，正反两面的宣传各显神通。沈先生的一个学生叫白平陛，是云南省商会的秘书长，我听到先生和他在一次交谈中指出："苏联出兵东北，是对日本法西斯的致命打击，战争将会很快结束，人们的流亡生活也会随着战争的胜利而告结束。"他边讲边比画着手势高兴地说："我们又要返回故都看到'子民堂'了！"俄顷间又低沉下来，两手向膝盖一搁说："苏联出兵东北也会给人制造反宣传的借口，现在已经出现并酝酿着一次示威游行"，他十分恳切地说："千万不要随声附和，受骗上当，做出亲痛仇快的事来。"

记得就在此不久，校园内举办了一次时事演讲。请的是校内外学术界名人，参加听讲的除往日常见的外，这次与往常有些异样，其中还夹着工商界和国民党政府的官职人员。我开始感到这不是一次寻常的学术集会，而是事先准备好了的有组织有领导的一次阴谋策划。台上演说的内容很有鼓动性，比如说"祖国是自己的母亲，现在有人占了你的母亲，你是否还要经过调查研究，翻阅一下法律书，然后再去将他赶走"？我当时若有所思，但想到沈先生的话："不要受骗上当，随声附和"，我始终站得远远的，看到他们在一片喊闹声中离开校门，这个不成行的游行队伍，每到一处，便有一伙人扛着本行业的旗号招牌插进队伍里来，他们不明真相，显然是奉命参加。游行中也有少数几个职业学生带头呼叫口号。

沈先生由乡下回到学校，他表示声援吴晗教授的讲话，吴曾在游行前揭露痛斥了那次集会的阴谋。后来我们在隔壁云大宿舍中一次议论时得知，沈在前些时候曾极力劝阻了部分学生回到他的"洞天佛地"，准备功课，迎接期考（联大学生宿舍在一大间中每一行是两张双人床，自由组合，自成一间；上贴有各自的称号，如"洞天佛地"等）。当时记得还有兆和先生的弟弟张忆和，似也在其中。联大老师的举止动静，一时成了社会议论的中心。

沈先生治学严谨认真，他不拘于形式，不落俗套，这是当时联大的一种风气，有的人说这是蔡元培的风格。它通常就一门功课，由几名教师轮流讲授，各抒己见，拾遗补阙，它集科学文化之大成，也是名士学者云集联大之故。沈先生在上课时还不限于课堂，有时便在学生宿舍，那就是深入到"洞天佛地"之内，边授边议。据他说，用这种漫谈式的讲授，能使人心领神会，既发扬了民主，又密切了师生关系。那时敌机空袭频繁，有一次是在一个防空洞内，忽闻洞外起哄，打下来两架敌机，他们出洞鼓掌，欢呼"顶好！"平时来向他求教的人，也不限于本系学生，一次是在"丙二"食堂的餐桌上，借箸比画，有两个外语系的学生和他讨论《红楼梦》的译作，议论中他提到写作要先体验生活，才能实事求是写出生动活泼的人物形象，做到喜怒哀乐，如见其人，如闻其声。他说："比如我们每逢礼拜天，烧开水烫蚤子杀臭虫，都有过深刻的领会，书写起来便能入微。"他说，杨先生（指数学系主任杨武之）是个数学家，但他算不出一壶开水能杀死多少虫，可是他儿子（即杨振宁）知道，那是因为他亲自做过。他举例《红楼梦》中荣府的焦大，哼起鼻音骂"朝天娘"，便是外国人难以理解的。他介绍自己是个湘西佬，对于那地方的风土人情是从生活中体验出来的。沈先生的早期著作，如《神巫之爱》《湘西》，被认为生动离奇，令人神往，在这里即使是一段神话，也都是来自群众，如举行跳刀会仪式来代替发誓，鉴别冤假，还有那"赶尸"的逼真场面，这些都是出自乡土朴素的语言，它反映了整个地方的特点和人们的精神面貌，也充分说明了旧湘西封建神秘不测之处，在他的笔下得到了深刻的揭露。湘西要开发，要更新，它和全国各地一样，只有在党的领导下，解放了，才能"换了人间"。

先生为了人民的利益，本着一个湘西人的朴素感情，默默无闻地奉献出自己的一生，最后是"饮誉中外何寂寞"。

# 和沈从文一次难忘的会晤

朱国华

　　1937年七七事变以后，北平沦陷，日军占领了清华园，大哥朱自清带领学生南下，日夜兼程开始了千里奔波。9月22日抵天津，28日至青岛，30日到济南，10月2日到达武汉后，作一天短暂停留。上午他赴武汉大学访问了好友闻一多先生，傍晚时分匆匆来到我的住处（当时我在平汉铁路局任职，住在汉口大智门车站附近）。他没坐下便说已约定沈从文在饭店会面，要我也一起去。我说："你会朋友，我又不认识，还是不去吧。"大哥说："从文先生再和善不过了，不是外人，不必拘束的。"当时，我只知道沈从文行伍出身，后来奇迹般地步入文学界，生活极清苦，和大哥交情很深，便不再说什么，七转八弯来到法租界大华酒家隔壁的小饭店里。

　　这家小店的名字已记不清了，只记得陈设极为简陋，但很整洁。我俩选了楼上临窗的座位，方桌上铺了洁净的台布，放着三副碗碟，几只汤匙都缺了口。刚坐下，只见一位又矮又瘦的青年正向我们走来，这便是从文先生了。大哥作了介绍，然后点了几个菜。席间谁也不客气，不让菜。大哥与从文先生不时轻声交换着对时局、文学的看法。大哥问从文有什么新作，从文微笑着说："我是沅水边的人，总离不开汤汤沅水；我是自由的人，只愿写得无拘无束。也许我的东西算不得文学，只能说是讲故事吧。"自清摇着头，认真地说："不是这样，写小说是很难的，我至今不敢动此念头。"接着，又意味深长地说道："十年、二十年，时间会做出评价的。"两位挚友都明白对方艰难困窘的生活处境。我注视着自清清癯的面容，从文寒酸的衣着，心里很不是滋味。自清又问起从文先生在抗战时期的打算，从文说："当然也要去后方。"最后，自清满怀信心地说："个人艰苦一点没问题，抗战一定会胜利，那时候，一切都会好的。"他俩的语言都很简短，有时只讲一句半句，而后默默地点点头，好像非常默契。分别之前，我想到沈先生注重民风民俗，便大胆向他谈起汉口的风俗，我当时对汉口印象不太好，觉得商人囤积居奇，欺侮异乡人，又觉得抗战正殷，此地却仍然娼妓盛行，歌舞升平。我年轻气盛，言辞激烈，想与沈先生交换看法。但他只是仔细地听着，并不发表意见。我只感到他睿智深邃的双眼中含着一种忧虑和思考。

夜幕降临，凭窗远眺，汉口城灯火闪烁，从文先生站起来，与大哥、与我紧紧握手，道了声"后方再见"。他那穿着深藏青布袍的身影便消失在茫茫黑夜中了。

多少年来，这次会晤常常会勾起我的回忆与思考。我曾问起自清，沈先生对我的话为什么不发一语呢？自清也没有正面回答我，只是向我介绍了《边城》。他感慨地说："写小说已经是难的，写得如诗如画，更是奇迹了。"我明白他的意思，一个行伍出身，未受过正规教育的青年，竟以如此扛鼎之作登上现代文坛，这不是奇迹吗？我读了《边城》，后来又读了从文的自传。他逝世以后，我又见到了他的"自我评述"，渐渐有所感悟，"沈先生怀着对世界的爱心与善意进行创作，使他见到每个生命里的智慧之光"（司马长风语），而我对汉口的认识又是何等片面、肤浅。也许，那晚正是我的一番话，勾起了他对家乡沅水的默默思念，对危难中的民族和人民的深深忧虑吧。

# 沈从文先生给我的信

*张香还*

　　那一年春天连续两个半天欢快的谈话，真难以忘记。一想起来，我就想到他谦和的笑。那时的情景依然还在眼前。他手中握着的才从护龙街旧书店买回的书上，工整地写着"沈从文学习"几个字；桌子上两只清窑青花瓷盆，谈话间，他不时抚摸一下，十分赞赏图案的朴实耐看，洋溢出创造者的智慧。他一次又一次露着他的笑。这些，都无不显示他对生活爱得多么深，多么真。可以看得出，这种纯真的感情，完全掩盖了长年累月生活的另一偏角给予他的寂寞感。那天，一直到分别的时候，他又走向柜子里拿出存放在饼干盒里的两个杏仁酥，富于童心地指着说："我们大家吃一个吧！"吃罢，他又执意送我走出了张家那间平屋。穿过这座江南古城的静静的小巷，走上大街的公共汽车站去。那一天，早春的阳光确实也显得特别的柔和、明丽。令人及早领略到了温暖的春天的气息。我上了车，从车窗望出去，从文先生还伫立在人群里向我招手。

　　分别以后，他给我写过好几封信。沈从文是喜欢写信的人。他的信是他炽热的感情的表示。情真意深，情感的闸门就在这时开放。从40年代中一直到80年代初他患脑血栓无法执笔为止。他的信还一封封放在我的抽屉里。有些信，他一次就写满了六张信笺。毛笔行草的蝇头小楷，写得密密麻麻，喜欢在字句之外又添附上一行连一行的更细小的字。他谈文学，谈工作，谈生活，谈自己的思想。更有兴趣的是谈生活中被颠倒了的一鳞半爪。现实中的一切，几乎都远离不了他作为一个小说家的锋利眼光。他的认识是如此深刻而敏锐，充分反映出了这位大作家从纷乱中去识别生活的本领。

最使我感动的，自然是他几十年如一日，自始至终对工作热忱的态度。谈他的工作是他晚年的信中常见的内容。他早已预感到他的身体日益衰弱，在一封信上他写道："今年北方特别，气候寒冷，熟人中已陆续于一月中作古三五人，均不过一二日即故去，真所谓警钟频频敲，不能不令人触目惊心。弟今年已78岁，从表面上说来，好像比不少同年友好经摔耐磨，用油省而能量大，事实上一身零件，多已消耗到差不多程度，报废将亦只是迟早间事也。"即使这样，他仍毫不顾及疾病的袭击。"血压经常在200上下，已成习惯，大致因体力尚能适应，必过医务处诊断时，才知工作已过了头，得稍稍休息，否则总还凡事照常也。……目下唯一可作之事，只望争争时间，把近年所拟的杂文物一些小问题，待收尾的，正进行的，能争三几年时间，逐一完成。"他有些像身处前线的战士，不断地向还未攻克的堡垒做着最后的冲击。他的忘我，比一般人的"忘我"还忘我。要是对他也评"劳模"之类的光荣称号，沈从文被列入"特级"之列，想是应该当之无愧的。

对这个来自湘西的，一贯提倡公正地写"人"、给予"人"以应有地位的大作家，几十年来给他的不公平待遇，他是并不会"心安理得"的，他曾告诉我："至于写作，大致已无希望，因照习惯作家多已排定秩序，且照新要求，多以能'当场出彩''即席挥毫'为能手，此中自有许多手笔，命世奇才，且多随同新要求，应运而生，我基本上无此天赋，即再学习十年八年，也学不会应制诗文，勉强执笔，不过增人笑料而已。"他说："这些年轻人为我叫屈是不必要的。我不仅这么平平凡凡、沉默、寂寞过了30年，即半世纪中，原都在同样平凡情况中度过，从来也没有和许多老同行那么辉煌得意过一天的。"他为不能和同道者通信会面而感到遗憾。"日本松枝茂夫教授译一选集，文笔极佳，且深有见解。1976年给我一信，拟译全集。至今未敢作复。去年来中国，只留在南方，闻曾请求来北京看看我，谈谈天，虽得许可，还是来不及而回国。"他对一个作者对他作莫须有的攻击感到好笑。"《××》三期，某老太婆忽然歇斯底里爆发，大骂了我一通，我也毫不在意。有人问她，'为什么？'她却答非所问地举了几个可笑的例子，好在人人都明白是为了自保。"他在谈到他的旧体诗《拟阮籍咏怀》时说，每一句都有所指，"我总算活过来了"……

沈从文就是这样的人，他不虚假，不奉承，不装腔作势，不矫揉造作。他只是以他"平平常常的人"，使人感到了他作为真正的人的光彩。他用他的明净的心对着所有的人。

上一次，我写的《人和泥土》在《新民晚报》"夜光杯"上发表后，随着流金教授、美国学者金介甫教授的信后，从文先生也来了信。字里行间，除了表达他一贯的谦逊外，表达了他如此强烈的对文学事业的责任心。他写着："作为一个编辑，对青年作者写点信，谈谈自己的看法，原本是编辑的职责，事极平常，你文章读来却亲切感人。我一个从边远小地方来的乡下人，来到大城市，想学写文章，其中艰辛甘苦，亲身有体会，当年也许正因为这缘故，我对年轻人能有一份耐心。另一方面，前辈作家也给了我很大影响，如叶老、如徐志摩……叶老从陌生名字中发现新人、扶掖青年作者是众所周知的事；正和他老人家为人一样，令人十分钦敬。"他的信反映出了五四一代人的崇高的品性。

以后，他又寄来了由兆和同志代笔写了上款的、盖有"沈从文"三字从文印章的他的作品选《凤凰》。我知道，在病中，他还在怀念他所接触过的人。他是在通过书，表达他深切的感情。

# 拗莲作寸丝难绝

龙海清[*]

说起来，我和沈老是同乡。虽然我和他所处的时代不同，但都曾经是吸吮过苗族的乳汁成长的。苗族，我们这一古老而又多灾难的民族，在她那美丽的胸脯上，留下多少历史的伤痕！沈从文正是弹唱着民族的悲歌从苗山边城走向世界的。在他弹唱的悲歌里，表面看来，不乏牧歌的谐趣，然而，细心的人是不难发现其中所隐伏的深沉悲痛，更不难发现他对民族性格、民族品德讴歌与重构的呼唤的。

他眷恋家乡的土地，热爱家乡的人民，甚至家乡的一事一物，都使他难于忘怀。大约是1980年，美国学者金介甫先生要去凤凰参观他生长的地方，沈老来信一再嘱咐我要带这个外国朋友去看看"保存较完整的苗族寨子"和"较热闹的乡场"。他还交代说："特别是苗阿娅、老米和代狗[①]的围裙、头巾及口水搭、狗头帽、吹吹棒烟杆，旧的，不甚花钱的，能买到的让他自

* 龙海清，湖南凤凰县人。现为中国民间文艺家协会理事、湖南省民间文艺家协会副主席。

① "阿娅""老米""代狗"，苗语，指大姐、老妈妈、妹妹。

己买几件，或送他几件，拿回国，这比大都会的高级礼品有意义得多！"一个人倘若缺乏对家乡、对本民族人民的深厚情感，大约是很难说出这个话的。沈老历来不大参加公众活动的。记得有一年，中央民族学院苗族师生举行传统的"四月八"活动。年逾八旬的沈老欣然应邀参加了。动身时又踅回来，说："嗨！戴个帽子去，这样威武些！"那种神情，有如孩童过年。

谁也不能否认，沈老著作等身，读者遍及世界。然而，他说："我自己是个普通的乡下人，没有什么了不起！"他历来"不怕无人知，唯怕无所以为人所知"，所以，他从来不愿意别人宣传自己。当他知道有人要写他，研究他的作品时，他总是极力劝阻。

我清楚地记得，那是全国第四次文代会之后不久，我给他寄去了一封信，表示了想研究他作品的打算。不久，就得到了沈老的回信。他说："你信中说想研究我的作品，我觉得不必花费有用精力来做此费力不讨好事情。"他说他是个"过时人"，"作品烧去已30年"，他现在的工作"只可像个单干户，开了个不收费的修修补补服务店，就各方面需要，凡事打打杂"。他还说，"现在有万千作家，对党对国均有不同贡献"，劝我把研究对象转向他们。信末，又郑重其事地对我说："……所以，我回答你的好意，应当诚实奉告，即早放弃研究我的打算，免得'得不偿失，精力白费'！"这是何等胸怀！既自谦，又规劝，又饱含对他人的关心。

1981年春，沈老夫妇访美刚回，时值我正在北京，因此写了一篇访问记，送给《民族文学》。刻刊准备采用，并由那家伦同志送给沈老过目。沈老得悉后，竟在4天内写来两封信，说对访问记要斟酌处理，以不发表为宜，特别是不宜在全国性刊物发表。他又一次劝我"宜把注意力配合新社会新露面作家"。

这仅是沈老对故乡人的规劝和要求吗？当然不是。就在此之前不久，我曾收到美国著名学者林蒲先生的来信。林先生说，有几次被邀请回国讲授美国文学，却因有事而未赴约。要是为讲授沈从文作品，就很动心回国。他说，沈老知道后，就去信叫他"马上趁早打消此意"。又一次，他曾经和美国学者计划开一次国际性会议，来研究沈从文的作品，沈老知道后，又写信劝阻，说对他的作品不值得这样做。林先生不无感叹地说："从此中，我们不难了解沈老的为人处世！"

就在沈老即将离开这个世界之前不久，我们正筹备一个在凤凰召开的国际性沈从文学术讨论会。我和几位大学老师，都分别给他写信。家乡的政府热心支持。沈老一面表示感谢，一面好言劝阻。后来，虎雏告诉我，沈老不仅认为自己不值得研究者为他张扬，还因为家乡至今没有脱贫，实在不愿意家乡人民为他多花一分钱！难怪他在几年以前倾囊将10000元稿费和积蓄寄给凤凰文昌阁小学，却不愿意别人以他的名字命名任何事物。

如果说，在"名"与"利"面前，沈老表现了一种冷静与淡漠，那么，在"辱"与"毁"之中，则表现了一种令人吃惊的耐性与宽容！几十年来，他经历的坎坷与风雨，遭受的冷遇与误解，是令人心酸的。但他默默地忍受这一切。在和他的接触中，我很少听到他有什么愤慨之词与不平。他反而安慰我说："我得于社会已超过本人应分得到的过多，哪里还会感到什么不平？"十年动乱，充栋的藏书被当作废纸卖掉，几十年心血汇集起来的重要手稿、信札被付之一炬。对此，他虽然不无痛心和牢骚，但他总是微笑地对待过去，以致海内外朋友都为之感到惊愕。在现代文学史上，他曾经是被忽略或误解的一章，但他从不以为意。记得1981年春，我们曾谈起一本新近出版的大专院校用的中国现代文学史。听说，在20多个人的编写者中，竟没有一个人看过沈老的作品，只是临时找了一个人随便翻阅了几篇作品，便照抄40年前的口径，先是不痛不痒地赞扬几句，后就糊里糊涂地骂了他一阵。对此，沈老只是淡淡地微笑着说："这些老师倒真有趣。"便也没说什么了。

还是早在20年代，丁玲曾经给鲁迅写过一封信，请求鲁迅的帮助。当时，鲁迅还不知道有个丁玲，误以为是沈从文以一个女子身份化名给他写信。鲁迅因此对沈从文滋生反感。后来，我问及沈老："你当时是否知道鲁迅对你有所误会？"他说："我早就知道。"但他从来未向鲁迅作过解释，长时间为朋友无端地背着"黑锅"。大约是在1980年，丁玲先后在《诗刊》《文汇月刊》撰文批评沈从文。她一反过去对朋友的亲切称呼和态度，指沈从文为"胆小鬼""市侩"等等。知道内情的文艺界同志，深深为之不平，甚至连研究丁玲的外国专家来华，也有人愤愤然表示不愿陪同，好心的同志曾劝沈老写文章答复，但他谢绝了。他总是以宽容的沉默，来对待朋友的误解和责难的。

记得有人说过，鲁迅与沈从文至少有一个共同点，就是对国家和同胞有强烈的爱，对黑暗和腐朽有强烈的憎。两人不同的作风是，鲁迅外表强调憎，而沈从文强调爱。正因为如此，鲁迅所以成其为鲁迅，沈从文所以成其为沈从文，这话不无道理。他充满爱，而宽宥朋友，原谅别人的误解，不计个人的毁誉与得失；他充满爱，而倾注对弱者的同情，哪怕是素昧平生的失足青年。

还是我在《株洲日报》工作的时候，有一封发自湖南某监狱的信件，误投到沈老门上。信既无详细地址，也没有姓名，落款是"义儿"。信是写给"妈妈"的，并要"妈妈"寄去10元钱，一件背心。这封信，一再扰动沈老慈善的心。后来他把这封信转寄给我，并附了他一封亲笔信。信中说：

> 这里有封无名氏来信，还是在半年前从……什么狱中发来的。而且肯定是不相识的人误投的。我一生从来未有什么"义儿"。但从信中分析，必是个年龄不大，判了重刑，或冤滥情形的，十分可惜。信封已遗失。这本可不加过问，但始终感到不安。因为信中语气，明显是在无可奈何中，十分痛苦，恐怖到近乎疯狂，有待亲人援助的。……

信中还说，你在报馆工作，接触面广，可帮助打听。

我捧着沈老的来信，仿佛是捧着一团烈火！他当时的境遇，尚且为千万读者系念，而他却长期为一个毫不相干的罹难青年感到惋惜和不安，这是何等炽热的心肠！这是多么好的老人！

然而，"自然既极博大，也极残忍，战胜一切，孕育众生。蝼蚁蚍蜉，伟人巨匠，一样在它的怀抱中，和光同尘。"（《烛虚》）任何人都不能超越这自然规律之外。他终于在自然的怀抱中，耗尽了最后生命。从此，我再也不能得到沈老的回信了。

"捣麝成尘香不灭，拗莲作寸丝难绝。"啊，沈老！死神可以夺走您生命的躯体，却夺不走您留在人们心中的馨香和微笑；岁月可以耗尽您肉体生命的时间，却耗不尽您燃烧的生命之火，它将长留人间，煜煜照人，如烛如金！

# 病中的沈从文先生

彭荆风<sup>*</sup>

1982年12月28日是沈从文先生80大寿。

当时我正在北京，力主热闹地庆祝一番，却被沈老夫妇坚决拦阻。我知道先生一生淡泊，违背他的心意反而会使他不快，只好怅然南归。

那时先生虽然已是80高龄，身心仍康健，两次和我谈文学聊过去，都思路清晰记忆力极好，12月13日那天长谈5个小时毫无倦意。

半年后（1983年6月），我去北京参加第六届全国人民代表大会第一次会议。这次是集体活动，不能像过去那样当天或第二天就去沈宅。他家又没有电话可以问候，我只能把对沈老的思念之情强行按下。

6月19日是星期天。我像往常那样，快步走上五楼轻轻地敲着门。

室内寂静无人，久敲也不见有回应。

过了好一会儿，在他家帮佣的姑娘才从邻宅出来，告诉我，沈爷爷住院了，奶奶（张兆和）也在医院照看他……

当时已近傍晚，第二天又有会，不能去医院看望。我只好留下一张条子

＊ 彭荆风，1929年生，祖籍江西萍乡。当代著名作家。

默然而去。这一夜，我长久难以入眠，这才明白"老健难信"的含义，也越想越觉得不安……

"人大"会议结束后，本有两三天休息时间，专机组却要求代表们提前返回，行前也无法去探望沈老。这以后一年多，又逢老山作战，我长时间在前线，有一年多没有去北京，只听说沈老病情时好时坏，为了撰写《中国古代服饰研究》的续集，他出院后，无论寒暑仍在抱病工作。

我深为老人担忧，这会累坏他的。我和几个亲近朋友商量，等中越边境战事稍为缓和，就去北京迎请沈老来昆明疗养。这里是他眷恋的旧地，而且气候温和不似北京冬天苦寒夏日酷热，还有位名中医愿为他尽心诊治。但是，后来我病了。

我怎么也没有想到，老人在病中却时常惦念我这远在万里云南的晚辈。1984年9月28日，沈夫人张兆和寄来一短柬："多时不得您消息，深为系念。便中请寄我们数行，免我们牵挂。"

寥寥数语，深含沈老夫妇对我的关切。我赶紧在病榻上给沈夫妇一信，简略叙说了我的病况，请他们释念。

1984年10月22日，沈老、兆和老师又复一信："一直非常系念。得书知你果卧病数月，目前已有好转，欣甚慰甚。患有心脏病，万万不能掉以轻心，望好自珍摄。我国人民建设四个现代化不可或缺的精神食粮，正有待于像你们这样一批正直、坚强、有识见的骨干去担负，祝你早日康复，多多为人写作。"

这真是过奖了，我哪里能担当？但是想起沈老文章所指出的："倘若所谓'悲剧'实由于性情一事的两用，在此为'个性鲜明'而在彼则为'格格不入'时，那就好好的发展长处，而不必求熟悉世故哲学，事事周到或八面玲珑来取得什么'成功'，不妨勇敢生活下去。毫无顾虑的来接受挫折，不用作得失考虑，也不必作无效果的自救。这是一个真正有良心的艺术家，有见解的思想家，和一个有勇气的战士，共同的必由之路。"沈老的关怀确实加强了我与病魔以及那些卑劣之徒斗争的信心，这年冬我抱病着手写我的第三部长篇小说《绿月亮》。

12月初沈夫人得知我将去京开会，又给我一信："从文住进中日友好医院已两个星期。这次的病叫作'茎底动脉供血不足'，应仍属脑神经系统的病，头晕、眼花，甚至呕吐。住进医院虽略有好转，但有时还晕眩，人虚弱得很。……月中开会，怕你来舍又扑空，特写此信报告。中日友好医院远在北郊，探病有规定时间，请不必去医院。"

那些日子，兆和老师几乎天天在病房守护，劳困异常，却还关切地怕我扑空，真令我感动！

我怎能不去看望呢！

我轻轻推开病房门，沈夫人张兆和惊喜地向正闭目养神的沈老说："你看，谁来了！"

沈老睁开眼，无力地向我笑了笑。

重病中的沈老已和1982年冬大不一样，脸容枯槁神情木然，没戴假牙，说话也含糊不清。只能用手势比画，他前些日子晕眩、手抖、难受……

我心里一阵凄苦，忙借口洗手，进卫生间抹去眼泪。

他却关切地问我："你好吧！会开得好吗？"

我告诉他：作协代表大会聘请他当"顾问"。

他只苦苦一笑。

他在病中吐字艰难，只能无力地蠕动嘴唇；我怕他伤神，不敢和他多谈话，就这样默默相对地坐了十几分钟。

我要求为他照几张相，平日不喜欢照相的他，这天也默默地点了下头，同意了。

下到楼底，朔风更为凛冽，低暗的天空又飘起了雪，我站在积雪盈尺的土坪上，茫然、痛苦，一再回顾那银白色高楼的12层，真怕这是永别！

但是，天也有情。沈老终于从重病中熬过来。

3个月后（1985年4月）我又去北京开会。

事前我给张兆和老师写了一封信探问沈老病情，得知沈老虽然没有完全康复，却已出院，也希望我到北京后去叙叙。

那天，我走进沈老那满屋是书的窄小卧室兼写作间，他正靠在一张旧藤椅上安静地听着一支低回的乐曲。他用常有的慈祥朴实微笑迎接我，饶有兴趣地和我谈文学，谈根据他的小说《边城》改编的电影，对这部电影他并不满意，惋惜地说："翠翠那个演员大了一点，如果能演得更娇甜朴实一些就好！"还兴致勃勃地从书架上取下那本大厚册的《中国古代服饰研究》，一页一页翻着向我解释，这是哪朝代，哪种人的服饰，和前朝比，衣帽为什么会有变异……

他对文学界当前情况是那么关心，问我："王蒙的小说是不是写得好？最近还有哪些文学新人？"

我告诉他，老山前线有的战士，在潮湿阴暗的猫耳洞里读他的小说。

沈老默默一笑眼睛却湿润了。

我没有敢问老人这一瞬间想的是什么。

像沈老这样的文学大家当然不会计较读者的多少，何况他又一向甘于寂寞，只是这几个小兵在生与死搏斗的间隙还喜欢他的书，我却长久为之激动！

沈老在他的《长河》"题记"中就说过："……一个人对于人类前途的热忱，和工作的虔敬态度，是应当永远存，且必然能给后来者以极大的鼓励的！"

文学界的某些人长时间对沈老缺乏公正评价——当然，沈老并不在乎这些议论，也不愿著文答辩。他早在1934年4月24日即写完《边城》后的第5天在"题记"中就写道：

　　大凡念了三五本关于文学典论、文学批评问题的洋装书籍，或同时念完过一大堆古典与近代世界名作的人，他们的生活经验，却常常不许可他们在"博学"之外，还知道一点点中国另外一个地方另外一种事情。因此这个作品即或与某种文学理论相符合，批评家便加以各种赞美，这种批评其实仍然不免成为对作者的侮辱。他们既并不想明白这个民族真正的爱憎与哀乐，便无法说明这个作品的得失。

　　这是沈老的卓识远见，所以他才能在以后的40多年中安于寂寞，离开了文坛还怀着对人类前途的热忱，在考古方面做出巨大贡献。

　　那天沈夫人张兆和告诉我：沈老病后腿脚乏力，住在5楼，上下都要人抬扶，家里又没有一个年轻男子（房间小，小阿姨都只能住在门过道上，孩子有工作也住得远）。病一发作常是措手不及，没有电话，找人请医生不方便，没有汽车，那些名医也不好请……

　　我也为之黯然。沈老本来也可以装电话要出租车，他却在前几年把1万元稿费全部捐给故乡办学去了！

　　他是那么眷恋生养他的湘西，而忘了自己的艰难！

　　40多年前，他真诚赞扬一位作家时曾说："现在说起谁人忠厚老实时，好像不知不觉就有点'无用'意思在内。可是对于一个艺术家，说起这点性格，却同'伟大'十分接近。"

　　其实用这段话来描绘沈老的为人处事也是十分贴切。

　　沈老还记得不久前我又被围攻得大病一场，临别时，深切地握着我的手，轻声说："祝你健康，顺利！"

我的心都颤抖了！

走到街上冷雨霏霏，我不知脸上是雨还是泪。

半年后（11月15日）我由福州飞北京，当天下午就去沈宅。沈老的脸色红润，只是久病虚弱，还是无力地枯坐藤椅上，没有人帮忙就不能挪动腿脚；但是记忆力还是那么清晰。一见我就问："你女儿鸽子呢？怎么没有来？"

他还记得我女儿鸽子1981年抄了一本《边城》。那年沈老很高兴地在扉页上为她题写了"《边城》，鸽子存读  沈从文1981年5月6日时年七十有九"几个字。

我知道他是关切鸽子这些年创作上有无进步。

听说，我是从这时候还温暖如春的福州来，他叹息地说："中国好多地方没去过，福州气候这么好，也没能去，今后更难以去了。"

面对老人这虚弱状态，我只能无言相对。

沈夫人告诉我：下个月他们要搬家了，费了不少周折，总算分得了一套五居室的房子，这可以说是新中国成立以来得到的最好的房子了……

沈老听她说着，却失声笑了起来，但是，眼睛却那样湿润。

我担心搬家的忙乱将有碍老人的病体，他怎么挪动？受得了外边的风雪吗？

沈夫人说："我们也正在为这事发愁呢！不过孩子们在想办法……"

过了几天，鸽子从昆明来北京，我带她去拜见沈老。

老人很高兴，问她："你还在写吗？年轻，多写点、多读些书。"

然后又和她谈起了他所熟悉的昆明小吃：摆臭豆腐的小摊是不是还多？佐料怎么样？那家老牌气锅鸡店还在吗？从前，他居住在北门街时，就喜欢这些滇味小吃。说着，老人又叹息了，许多从前在昆明住过的朋友，新中国成立后都回过昆明，还照了相给他看，他却没有去，前几年是被阻于各种

"运动"，以后又忙于工作，如今是病衰没法走动。就连北京街头他也三年多没去了，听说东郊新建了立交桥，还有作家以这为题材写了小说，他也不能去看看……

沈夫人却在旁边叹息："他如今是弱不禁风，一离开室内就会大病一场。"

1986年4月、9月、11月我曾三次去北京。那年，沈老已搬了新居，房子宽敞多了，精神也似乎好些，只是手足仍然无力，不能多走动。我曾敦请云南名医黄传贵去给他看病。黄医生告诉我，沈老其实内体没有大病，头脑也清楚，只是年岁大了，前些年生活清苦，又忙于工作，疲累过度，已是"油干灯草尽"……

我伤感地问："还能治吗？"

他说："慢慢调整也许能多活些年。"

我把这话转告了沈夫人。

这使她略感宽慰。像沈老这样充满活力的人，只要内体好，是可以逐渐好转的！

我们却忘了，他只要略有精神又会拼命地写作《中国古代服饰研究》续集。

1986年11月16日晚我抵北京，第二天晚上去看沈老。

这时，户外大风呼啸冷而急趋，风声一阵又一阵漫过高楼，尽管室内有暖气，仍觉得寒意侵人。

这天，沈老精神比我4月、9月两次所见要好，话语也清楚。

沈老问我："云南气候怎么样？还暖和吗？"

我说："很暖和。昨天上飞机前，我只穿一件毛衣。昆明的冬天还像你写过的那样：天空一片明蓝，别无他物。云彩也是像你写过的那样漂亮。你写云，把云南的云的性格都写出来了。"

也许是想起了那云南明净的天空，那壮年写云的岁月，沈老爽朗地笑了。

　　谈到某些人又倡导"玩"文学，沈老连连摇头："哪能这样？从前我们就反对过。"

　　沈老还深为某些作家只讲所谓"新观念"，不深入生活的现象担忧，叹息地说："如今下去一趟回来就写大部头作品，那怎么行？"

　　我说："如今还有些人，下去走马观花都不干，他们只求表现自我。写得连我们都不懂。"

　　沈老又笑了："从前，李金发他们也是提倡表现自我，诗也是难懂。"

　　这天晚上沈老情绪很好，问及了许多作家近况，四川的艾芜、武汉的碧野、云南的李乔……也谈了他对张弦改编他的《萧萧》为电影的看法……

　　临走时，沈老拿出一本《我所认识的沈从文》赠我。

　　我说："你手抖，不能签字了吧？"沈老却亲切地说："要签！"他接过书缓慢地一笔一画地签下了"沈从文"三字。

　　沈夫人告诉我："他生病以来，已很少签名字！"

　　这以后一年多我又有许多次去北京，当然还是要去看望沈老。他的住房宽敞了，能扶住桌椅在室内略作活动，病况没有再恶化。

　　1988年1月2日下午，我去看沈老。我住在西直门，往东走恰好要穿越市中心。阴沉的天空飘着细碎的雪，街上尽是缓慢而又拥挤的车辆和瑟缩的行人，冬日的北京似乎老了许多。

　　我的心也变得忧郁，但愿我要去看望的老人安康。

　　敲开门，我问沈宅的阿姨，"沈老在家吗？"我却不敢问"好吗？"

　　"在，刚午睡起床。"

　　出乎我的意料，沈老却扶着"助行器"从卧室绕内走廊一周，满脸笑容走进客厅。5年来我还是第一次看见沈老能走动呢！这表明，他体内的生机又在勃发。我几乎要欢呼了！

沈老兴致很好，还是那么关心文艺界，问到许多中青年作家的情况。

我很惊异，老人重病不出门，怎么对当代一些年轻作家却这么了解？

沈夫人说："他病略好就要看书报，除了大字版参考消息，小字的报纸也看。"沈老却遗憾地说："不能看书，书太重，手没有力气，托不动。只能看看30年代、40年代的信。"

沈夫人说："他从前写给我的信都写得很长，如今拿出来看，很有意思。把很多忘却了的事都记起来了。"

沈老默默地笑着，似乎在回忆、品味那些信中所写的往事。

我想起来，沈老的散文《湘行散记》就是根据他回乡探亲时写给沈夫人张兆和的一部分信整理的，那些信也一定如同漂亮的散文和随笔，因为是写给最亲近的人，不必拘束顾虑，对人生和文学肯定有不少坦率的见解。将来由沈老或沈夫人整理成篇肯定有益于世。

这天沈老的谈锋真健，又和我谈起了新发现的油田、四川的铜人、医学上治癌等问题。

我劝沈老多让中医看病，他却笑而不答。

沈老的儿子小虎说："我爸爸老是相信'洋'医生。"

我也说："沈老在文学上是乡土作家，医学上却怎么只信奉洋医生？"

沈老却呵呵大笑。

这天我坐到晚7时才离开。踩着街上的积雪，心却很兴奋。

我怎么也没想到这却是永别！

4个多月后（1988年5月19日）我正在病中。下午躺在床上懒懒地翻阅报纸，突然一则标题涌入我的视线："杰出作家沈从文告别亲友读者。"

我几乎如电击一般麻木了，几分钟后才大叫我女儿："鸽子，你快来！"

她以为我病情加重了，神色慌张赶来，当她看见这则消息时，也顿时泣不成声。

前段时间，沈夫人写信给我，沈老常服用的药是"大活络丹"；这种药以云南腾冲产最好，却颇难购得。

我在各个药店寻觅，都说是"缺货"。

后来才得知所谓"缺货"是假，是即将"调价"，这贵重药材也就暂不出售。

鸽子也为这事焦急，特意请去腾冲出差的朋友购了几盒归来；拿到药时，已是5月17日，哪晓得沈老已病逝多日。

1988年8月，我带着女儿鸽子去沈宅看望兆和老师。

室内依旧是那么宁静，只是再也见不到沈老枯坐藤椅上用微笑迎接我们的神情了。

我向张兆和老师默默行礼，两人都不知道该怎么说好。过了一会儿，才几乎同时叹息地说了一句："真没想到。"

是的，真没想到呵！沈老近年不是常说："由我自己说来，我所写作品，都还只能说是一个开端，远远没有达到我的目标。"

他怎么又匆匆地离去了呢！

沈夫人张兆和告诉我：沈老去世前几天，还写了几封信给湘西的朋友，劝阻开他的作品讨论会，怕宣扬他；病虽然来得急，临终前一刹那心里也明白，还对兆和老师说了一句："我对不起你！"

这几十年，沈老与兆和老师患难与共相濡以沫，这临别之言真是出自肺腑！我们看着在京的亲友们向沈老遗体告别的照片。沈老安详地躺在鲜花丛中，遗像前写着他的两句话："照我思索能理解我，照我思索能认识人。"

兆和老师告诉我，向遗体告别时，没有放哀乐而是播放沈老平日喜欢的拉赫马尼诺夫钢琴曲……

# 这不是最后的告别

凌 宇[*]

……门铃响了起来。门开处，是默然无语，面露悲戚之色的沈虎雏。在终于瞥见虎雏左臂上佩戴的黑纱的瞬间，我的心仿佛被突然提了起来，却又怀了一丝侥幸：或许是沈家哪位亲戚去世了？——我匆匆穿过沈家小小过道，向沈从文先生常年不离的客厅里张望。不见了那熟悉的身影，没有了"谁来了？"那混合着期待与热情的询问，再不见那迎面即有的诚挚慈祥的微笑……客厅里一片寂静。只有墙壁上已笼起一圈黑纱的沈从文先生的照片，墙根一簇清淡素洁的鲜花。

"老先生已于10号去世了……"耳边响起虎雏低沉的声音。这声音，仿佛一缕飘浮的游丝，离我是那么近，又是那么远……

5月31日，当我了结在北京应办的事，特地去沈家向沈先生辞行时，我得到了沈先生逝世的噩耗。

---

\* 凌宇，1945年生，湖南龙山人。湖南师范大学中文系教授、湖南省现代文学学会、中国作协湖南分会理事。主要致力于中国现代文学的研究，重点研究沈从文。

这实在是太过突然，给人哪怕一点点精神准备的时间也没有。4月30日晚，我一到北京便去拜望沈先生。见我到来，先生十分兴奋，询问了我的近况及我所知道的外面人世的种种——他仍然忘不了人世间的那本"大书"。当我问及他的身体状况时，他突然笑了起来，并举起右手，在头上虚空抓了一把什么，然后向地上扔去。这同一动作重复了五六遍时，他已经笑得两眼起了泪花。虎雏从旁充当讲解员：

　　"老先生的最新进步是学会了这一动作。不久前，一位气功师对他说，这样做可以将身上的病抓出、扔掉。"

　　这实在太过玄奥，非愚驽如我辈者所能理解。听了虎雏的解释，大家又复大笑一阵。

　　近一年多来，沈先生的病体似乎一直处于康复过程中。原先的浮肿消失了，他自己也觉得四肢开始有了气力，助行器被搁置到了一边，从开始由人扶着行走，到不用人扶也能走几步——由脑血栓造成的半身麻痹正被沈先生顽强的生命力所战胜。这情形实在让人高兴，我不止一次地向关心沈先生健康的人鼓吹："沈先生又一次创造了生命的奇迹。"

　　谁能料到，这生与死的逆转竟发生在瞬息之间。

　　听张兆和先生说，5月10日下午，沈先生还在接待客人。来客的父亲是沈先生早年即相熟的朋友，是特来向沈先生了解其父生前有关情况的。谈起往事，沈先生照例很兴奋。不料谈着谈着，沈先生却突然不作声了。张兆和先生近前一看，发现他两眼失神，急忙摇了摇他，问："你怎么了？"

　　"……没什么，只是心口闷得慌。"

　　这是老年人常有的事，家里人也没特别在意。到晚上8时许，同样的情形再次出现。待急请医生来诊治，事已至无可为阶段。8点30分，沈从文先生的心脏猝然停止了跳动……

他走得如此匆忙，又如此坦然。在亲友毫无准备、自己也毫无牵挂情形中，悄然离去，竟没有留下一句最后的遗言。我在《沈从文传·引子》里，曾有过这样的记述：

> ……在他身上，越来越多地呈现出人到暮年的婴儿状态，常常坐不多久，便眼睛发涩，嚷着要睡。将他扶上床去，头一着枕，便酣然入眠。似乎一生的荣辱得失，眼前背后的人事全不萦怀。我曾残酷地忽发奇想：如果这一睡去便不再醒来……这一天终将不可避免地到来。我无端地猜想，那一刻一定是这样子，走得坦然，一切人欠我欠的恩怨，在那生与死的临界线上，一定会荡然无存。

谁知这竟成了沈先生生命最后一刻事实的预言。我多么希望我的预言落空，能让他在生命的最后时刻，能从容地说点什么——关于他前半生从事的文学创作，关于他后半生从事的文物研究，关于人类、民族、乡土的希望，关于对他的研究，关于与他一生患难与共的夫人及儿孙辈……然而，这一切，都无可挽回地成了空白。

可是，假如真有这种机会，他会说么？

也许，该说的已经全部说过，并一起留在了他以一生心血凝聚而成的六七百万字的著述里，正如美国一位朋友写给他的诗中所说："所有的东西，生活的地方是在作品里。只有在作品里，他歌唱。"

——这不是最后的告别。人们将一代又一代地，从他的作品里，聆听到他的歌声。

我这次去北京，主要是去北京出版社看《沈从文传》最后一校的清样。沈先生的辞世与我将校完后的清样交付出版社，恰恰是同一天。这在旁人眼里，似乎是一件不值一提的小事，而在我，却在这上面，感到了一种近乎宿命的凑巧。

近两年来，我与沈从文先生的接触，大多与《沈从文传》的写作有关。去年10月，我将《沈从文传》的油印稿送沈先生过目，意在获取传主对这本书稿的整体印象，以及对一些事实细节的疏漏、讹误的匡正。一星期后，我怀着这种强烈的期待再次来到沈先生寓所前举手叩门时，就像学生大考面临口试时一样忐忑不安——我自知这本传记只不过是已有传记材料按照我对传主理解的贯串拼合，毛病自然极多。它经不经得起这位既是传主又是文学大师的审视？而且，为一位在世名作家立传，这本身就是一场冒险。在现当代文学研究中，作家本人及其家属对涉及本人的研究施加不必要的干涉与影响的现象，早已屡见不鲜。何况我还毫不回避地写出了我所知道的一切，竟公然置"为贤者讳"的禁忌于不顾，这在一些作家传记里，是被聪明地恪守着的。例如他与江青曾有过的师生关系，1949年，他在精神崩溃、神经迷乱状态中的试图自杀……

给我开门的张兆和先生一见面就说："这几天，你把老先生折腾坏了，一拿起你写的传记便不肯放手。照习惯每天上午要睡的一觉，这几天也被他取消了。"

我正为自己搅得沈先生病中不得安宁而不安时，张兆和先生又说："老先生对你写的传记有看法。"

我的心一下子悬了起来，急忙问："什么看法？"

张兆和先生笑笑，说："让老先生自己说。"

我走到沈先生面前坐下，等待着判决似的望着他。

沈先生并不急于作答，仿佛若有所思。

"很不错，很不错。"沈先生终于轻轻地说。

张兆和先生说："老先生还有批注。"

我急忙走到沈先生书桌前，一页页翻开已经沈先生过目的那本油印稿。

上面不时出现沈先生用几乎不能握笔的手画出的歪歪斜斜的字迹。然而，除了对一些有出入的事实细部、弄错的时间、人名及错字的校正外，对全书的整体框架、重要事实的评判，我所担心犯忌的地方，却未置一词。

在外部情态上，对这一结果，我有着小学生受到老师表扬似的高兴，但不知怎的，心里却只想哭泣。我知道，这既是出于沈先生对一个晚辈的鼓励，也是源于他一生对事实，对作者进行独立判断的尊重。它并不意味着这本传记没有缺陷，也不说明沈先生对此没有觉察。果然，后来他在给我的信中，就恳切地指出，书中有些地方的把握，"还要几年相熟，说的话一定不同"，"还不能从深处抓住我的弱点，和我本人还有一点距离"——而这，距《沈从文传》的第一校，已经颇有时日了。

他不害怕披露自己的弱点，对别人却表现出令人感动的宽容。就在看过《沈从文传》的书稿后不久，他给我写了一封信，对一些曾伤害过他、现仍活着的人们，他叮嘱我或是隐去其事，或是不要公开他们的姓名。例如，对在《从文自传·女难》中曾惹起沈先生最初的恋情，但终于骗走了沈母卖老屋得来的1000多块钱的姐弟俩，沈先生说："听说她还健在，千万不要公开她的姓名，以引起对她不必要的伤害。"又如，对"文化大革命"中历史博物馆有人诬告沈家是"裴多菲俱乐部"一事，沈先生嘱我最好不写……

这并非最后的嘱托。因为它不只是沈先生对个别具体人事的态度，我从中触及的，是沈先生一生奉行不疲的对于"人"的一个普遍原则。

确实，沈从文先生有着对人事的惊人的宽容，并以此企望着、寻求着人与人心的沟通。但在骨子里，他始终信守着自己的本来，信守着自己的人生选择，从来不曾失去自己，从不媚俗。恰如他所概括的"水的德性"："柔弱中有强韧，从表面看，极容易范围，其实则无坚不摧。"拒斥权势与金钱对人性的异化与蚕食，呼唤与重构生命的自然形式，构成他

82

全部文学创作的主旋律。更难得的是，沈先生不仅是言者，而且是行者。在他身上，有着罕见的人格与文格的高度统一。然而，他的这种人生追求，却与20世纪中国的"时流"不能合拍。无论前半个世纪中国的政治腐败，还是后半个世纪一次又一次的政治"失误"，都导致着生命自由的丧失。在权力崇拜的支配下，一些生命个体的自由被剥夺，一些个体生命又似乎借权力膨胀变得巍然峨然，而实际上生命的尊严与自由，同样被剥夺得几近于零，成为匍匐于权势脚下的可怜奴仆。我们有过对旧时代政治的批判，有过对政治失误的反思与检讨，有过对某种具体政权形态的否定与寻求，却缺少从深处对超具体的现代政治本体局限的审视。沈从文先生半个世纪以前即有的对人类现代政治结构的本体性怀疑，不可免成为社会时流的不谐和音。

当政治万能的神话终于幻灭，整个民族似乎又面临着"全民皆商"巨潮的冲击。唯实唯利的人生哲学的泛滥，已经鼓荡起不只是一种潜在的潮流。属于人所应有的道义原则和民族、人类责任感，大有被金钱狂潮吞噬之势。或者，这只是一种杞人忧天。或者，对这股时流作出判断为时尚早——民族与人类命定要踏着污泥浊水前行。也许，这股时流最终会消解20世纪以来中国知识分子借思想文化以解决问题的思维框架，消解他们大半个世纪以来不堪承受的精神重负，消解中国传统的轻商主义，消解生命个体对社会承担的也许并不合理的道义原则，消解……即或它是毒药，民族肌体上积重难返的痼疾，唯一极治的途径，或许还得首先通过它使其溃烂，而后再用新的药物，让肌体获得新生？在这种情形下，沈从文先生在他的文学创作中对金钱腐蚀人性的忧虑，对纯朴人性美的渴求，在时下许多人的耳里，也许也是一种不合事宜的传统主义的"聒噪"。

沈从文先生的路是孤独的、寂寞的。恰如他的自我预言：这是"20世纪最后一个浪漫主义者命定的悲剧性"。

也许，正是这种孤独与寂寞，决定了沈从文先生在20世纪中国历史上的价值。我们不是开始有了对政治体制改革的确认吗？金钱主义向一切领域里渗透，对传统道义原则的消解即便是一个必经的路程，消解以后又怎么办？民族及人类总不会允许留下一片精神的荒漠，不会允许金钱拜物教占领全部心灵空间。我想，总不至于一定要等到那时，再来聆听沈从文先生对生命自然形式的呼唤，再来重新发现他的价值。

说起价值，我不免疑惑起来。一种价值的确认，究竟是出于对象自身的规定性，还是对象之于社会的实用性？如系前者，则无所谓价值。因为天生万物，其存其灭，都有着自身的规律性。它们都有存在的价值。然而，都有价值也就无所谓价值。如系后者，那么社会的需求常常变易不定。昨天不实用的，也许正合于今天的需要，今天需要的，明天也许已经过时。如此，已经失去的价值确认可能重新获得，已经得到的价值确认可能还会失去。——价值的恒定性又在哪里？

沈从文先生对此有着透彻的了悟。他对自身的价值确认看得寡淡。也许，这就是为什么当别人要研究他时，他总是婉言劝阻，敢于坦然地说出"让历史去作评价"，对自己百年之后，早几年便对家属、弟子留下了不开追悼会，不举行告别仪式，甚至不在报上发消息的嘱咐——这是他一生为人处世合逻辑的结果，是他预先为自己画出的一个完整的句号。

就在沈从文先生最后告别他的读者的前一个月，我和国内一些沈从文研究者，正筹备举行一次国际性的沈从文研究学术讨论会。这一打算获得沈先生家乡凤凰县的支持，并同意为会议提供必要的帮助。得到这一消息时，沈先生急了。他不愿意为自己的研究给家乡带来负担，更不愿对自己大事张扬。4月间，他在三天之内连续给我发来两封由他口述、虎雏执笔的信，对此加以劝阻。他在信中说：

《庄子·大宗师》："大块赋我以形，劳我以生，佚我以老，息我以死。"

孔子曰："血气既衰，戒之在得。"

这两句话非常有道理，我能活到如今，很得力于这几个字，但愿你也能记住这几个字，一生不至于受小小挫折即失望。

你和我再熟点，就明白我最不需要出名，也最怕出名。写几本书有什么了不起？何况总的说来，因各种理由，我还不算毕业，哪值得夸张！

他还嘱我"自己做你的研究，不要糟蹋宝贵生命"。

这是沈先生人格的写照，也是对我的谆谆教诲——警惕自己身上的凌厉浮躁之气，甘耐寂寞，认真履行生命所应承担的责任。

5月13日，我离开北京——没有去参加沈先生遗体的最后告别，没有聆听最后为他播放的贝多芬的《悲怆》的乐曲。我想，这也许正是沈先生在天之灵所希望的。

这不是最后的告别。我将在沈先生留下的精神文化产品里与他重逢；在他生前留给我的嘱咐里，与他再度对话；在中华民族优秀文化遗产里，在中国人天赋的正直、善良、谦逊、豁达的品质里，去默会沈先生生命的脉动。

5月14日，我在从上海向张兆和先生补发的唁电里说：

"沈先生的精神人格将长留人间，永生不灭。"

# 斯人独风流

周绍易

初次访问沈从文先生约略是在1953年11月，那时我从学校毕业被分配在人民画报当见习编辑。为了编制下一年度的有关文物方面的选题计划，沈百昌君带我去向沈先生请教，这使我十分欣喜，同时又有几分犹疑和不安。

喜者，因为沈先生是我仰慕已久的前辈作家。早在40年代初，当我刚刚爱上文学时，曾用积蓄了近半年的"一大笔钱"，在天津天祥市场的旧书肆上，一周内连去三次，站在书架下面读了大半本才"毅然决然"买下的第一部藏书，就是那本已经发旧的，浅黄绿色，硬面精装的厚厚的大书——良友图书公司出版的《从文小说习作选》。其时，我正在"维特"的年龄，那是充满憧憬的幻想而又开始萌发少年期苦闷的人生阶段。恰好，《习作选》为我展示了一个崭新的湘西山区风情的画卷。那里有许多浪漫、多情、粗犷、朴素的美丽的人（如小姑娘三三），有关于他们的故事（如神巫、哑女的爱情），是十足的中国气派的"天方夜谭"。连说故事的形式，那些围坐在野店火塘或是林边篝火四周的士兵、猎人、商贩、强盗们……使我读入了迷，着了魔。于是，在10年后的50年代初竟然有机会去结识沈先生，实是欣喜而且肃然的。

但那时我心底又涌上几分不安，因为沈先生是受过批判的"反动"作家，是被《斥反动文艺》打落马下的"非我族类"，而且据说他的过去颇不检点云云。全国解放了，沈乃脱离北京大学到历史博物馆去和古文物为伴，而"隐"于市。他从此遁世，不食人间烟火，与文坛无涉了。于是文学史家如我的业师林庚先生以及王瑶先生，在讲现代文学史的课堂上几乎不提或绝少提到沈从文其人其事及其作品。尤其与沈从文有世谊的林庚先生，即使在私下也不谈沈的作品在文学史上的地位与影响。50年代初期大学里思想改造运动之对许多教授、学者的大批判是我亲见的，所以这种"回避"，是良有已也，能理解的。回避，是不敢言，较之下井投石、反戈一击的革命风派高尚得多了。

　　其时沈先生住东城东堂子胡同一处四合院内的后院正房。我是见习的"学徒"，访问当以百昌君为主。行前，他叮嘱不要和沈先生谈、问过去，不要提他的小说。但百昌以为沈先生是了不起的学者，应该无所顾忌地去登门求教，而不被人情冷暖（政治利害）所左右。这一点，似乎沈从文先生极为了解。我第一次去就被他们二人的推心置腹所感染。好像并没有我在场，沈先生纵情谈笑，滔滔不绝的浓重的湖南乡音，几乎要把积蓄下的无穷尽的关于古铜镜的、古丝织品纹样的、古扇的、古代服饰的、古钱币、陶瓷的，举凡他近年近日的研究心得一下子倾泻无遗地告诉我们。眼前没有一件实物，但他如数家珍，越讲兴致越浓，竟如那许多文物正陈列在我们面前的几案之上，先生讲述描摹得使我们与他一起如醉如痴。他笑得很甜，吃吃地，很自然，不大声，完全是个大孩子在向客人陈示自己心爱的玩具，几乎可以说是十分自得地在炫耀。他是在炫耀、揭示我们祖国古代文物中凝结蕴蓄着的文化光辉。显然，对那些文物（我们国家和民族的）他爱之弥深，引为骄傲，他赞叹古代中国人的绝顶聪明与智慧，惊愕我们祖先的心灵手巧。

　　此后，我每年照例两次去拜访沈先生。有时我和百昌只能坐两个多小时，实际从进屋到出门，沈先生总足足地给我们讲120分钟。如果我们仍然不走，他会忘掉时间一直讲下去。长者、智者教，使我们获益匪浅。于是人民画报就不断在古文化文物方面出现不少好的专题报道。确实，先生是把我们当成学生和知音相待的。每次接待我们都坦率、热诚，毫无掩饰，甚至是急不可待，坐下就开讲，临走送到分手还不曾说完。沈师母张先生倒是见过几次，不过是我们从座位上站起寒暄几句而已，因为沈老话如潮涌，容不得我们多说了。

不久，就是1957年的历史巨变。待我们这些当年风华正茂的青年一代从流放地返回工作岗位时，已是21年过去了。

中国大百科全书出版社成立于1978年。初期，就在当年出版总署所在地，而今东城北总布胡同的人民美术出版社院内办公。借用版本图书馆的房子，《百科知识》编辑部的十多个人挤在一起。这是又一番创业，但大家兴头极冲。此时百昌到了文物出版社，原属人民画报的只有符家钦和我同在一起工作。而符君，恰是美国金介甫的《沈从文传》的中文译者。

那时沈先生的寓所与人民美术出版社相毗邻，即现今已重建得不复可辨的小羊宜宾胡同路北的院落。小羊宜宾，实际的正名是小羊尾巴，北京方言的尾巴读为"倚巴"，巴又是轻音，好事文人不知在什么年代要笔杆子把"尾巴"改成了"宜宾"以追求高雅。在落实政策的时候，沈先生就回归到这小羊宜宾胡同，住房的平面图如同木工用的曲尺，狭小湫隘，不知其平米究竟几许。我只知道先生幸存的书籍和文稿只能堆放在桌子下面，找起来极不方便还不说，来了客人挤坐在一起，真应了"促膝"的直观形容，而夫人张先生只能站在外间窄窄的地方与我们说话。但无论如何总算又有个地方让沈老栖身、讲话了。我看不出他有什么变化，仍然直率、嘻嘻笑着，如同谈他人的事一样轻松地说自己的种种奇遇，虽多了些感慨，却丝毫没有火气。我想这位老人已经算得超凡了。这是久别后的第一次探访。

第四次文代会召开时，作为出版社的编辑，我有幸在人民大会堂三楼亲自聆听了邓小平同志的讲话，心情是无以名状的五味俱全，当然主要是大为振奋。那天，散会后在大会堂门口看见了已是满头白发的叶君健先生，再就是沈从文先生。沈老高兴地说："他们也让我来了。"我发现他的步履蹒跚了。

再到沈府，是受刘尊棋同志之命去约稿，请沈先生为《百科知识》写点什么。这次是夫人张先生采取保护措施，她告诉我说沈先生精力大不及从前，希望配合不要让先生过于操劳。而沈先生自己仍然兴致极佳，答应把一篇关于铜镜的旧稿找出给我，说一时不及写新篇是很抱歉的。随即又告诉我一件"奇闻"，说在被文坛遗忘了几十年之后，不想近时听说国外竟有人由于研究他沈从文的小说，写了论文并通过什么考试而成为教授。他连声啧啧称奇，说这可是真真意想不到的事，而自己许久毫无所知更是封闭得够可以了。这次，老先生感慨独深。但我还记着百昌早年的叮嘱，加上由于对先生的理解和爱戴，怕勾惹旧病，仍不敢提起关于他前半生及小说创作的话题。

后来，沈先生终于乔迁了。我和梁从诚相约到先生在新侨饭店西侧的一幢高层楼的新居去拜访。这新居是三居室的单元，较小羊尾巴的曲尺陋室自然要好些，但楼层高，虽有电梯但对住惯平房的老人却是不便。可能是来访的人太多的缘故，夫人张先生一开门就说："沈先生不在家。"大有不论是谁也一概挡驾之势。我赶忙说："师母，是我。"从诚因为与沈先生有世谊，也大声叫道："我是梁从诚，来看沈伯伯！"这时，原先避在里面的沈先生高兴地迎了出来，连说："进来，进来，我在家！"老夫妻俩相视莞尔了。

这是我最后一次见到先生。他即将偕夫人张兆和一道应邀出国访问，正要找人帮助办理申请签证手续。从诚英文好，且熟悉程序，理所当然充当了先生的助手。再一年后我听说，先生回国后又搬了一次大房子，是真正被当作学者、作家对待的了。

　　再后来，是先生的去世。奇怪的是"出口转内销"，消息先在国外传开，国内报道的却是"迟到"新闻。这类似滑稽剧的情节，竟贯串了沈老的一生，而且寂寞的文坛也只眨了眨眼，依旧痴痴地木然沉默着。

　　祭坛上，没有火也没有歌。

# 沈从文之梦

黎先耀[*]

1994年夏，北京热得早，6月下旬就骄阳炙人。但那天早晨细雨霏霏，顿觉凉爽，我踱进什刹海畔绿树葱茏的郭沫若故居。国际科学与和平周中国组委会，为纪念沈从文古代服饰研究30周年，正在那里举行"巴、楚服饰艺术展览"。

我首先看到玻璃柜里陈列的《中国古代服饰研究》这部巨著的校样上，天地及两边空白的地方都粘满的作者用蝇头小楷增改的"贴黄"。我想象沈先生在东城根那间蜗居里，怎样从春到冬，夜以继日地埋头坚持完成这一部充满着灿烂的文采，严密的逻辑，以及具有美学、史学和工艺学、民俗学价值的沉甸甸的大型图录性巨著。

记得80年代初的一个秋日，《文艺报》在新侨饭店举办了一次推动散文创作的座谈会，在京的很多老作家出席了，沈从文亦在座。会上，臧克家先生谈散文必须流露真情的问题时，说到沈先生最近写给他的信就是很好的散

---

　　* 黎先耀（1926—2009），浙江杭州人。曾任北京市自然博物馆副馆长、《大自然》杂志主编。

文；因此，建议他也再写点散文。总是面带微笑的沈先生听了，却脸露愠色答道："我现在只有对花花草草、瓶瓶罐罐有发言权。我何必再做文学上的绊脚石，还是让我做文物研究工作的垫脚石吧！"

这位旧社会时写过"叠起来有两个等身高"的作品的著名作家，为什么一扎进新中国的博物馆里，就始终不愿出来了呢？我曾想，是否以往对他作品的错误评价和对他本人的不公待遇，使他作此不得已的选择。我参观了这个展览后，才觉得自己的猜度是以蠡测海了。

郭沫若为该书所作洋洋洒洒的序言，就是理解沈从文为何如此忘我投入此项研究的钥匙。郭老题道："古代服饰是工艺美术的主要组成部分，可以考见民族文化发展的轨迹和各民族间的相互影响，是一目了然的绝对史料，具有强烈的生命脉搏，纵已历千余年，都能使人直接感受。"

确是这样，这次展出的四川广汉三星堆出土的青铜巴人图，站在你面前就是一个商代的服装模特儿。还有湖南马王堆西汉墓出土的交领右衽的长寿纹绣锦衣，原来绕襟就成了裙。那件重量不足一两的素纱单衣，真薄如蝉翼，可透肌肤。

湖北江陵马山楚墓，人们誉为"地下丝绸宝库"，那里出土的凤鸟花卉纹锁绣锦衣、龙凤虎纹绣单衣，奇妙的图案，陆离的色泽，飘逸的式样，仿佛重现了屈原大夫当年抚佩祎而超行的风姿。

这些巴楚服饰，是中国历史研究所古代服饰研究室，为实现沈先生复原周、秦、汉、唐以来种种服饰，以建立陈列室的夙愿，运用实验考古学的方法，严格采用当时同类材料，按照古人的手工或木机工艺绣织而成的。沈先生的助手王亚蓉女士告诉我：那殷红的虎纹图案，就是经过多次试验，用朱砂染成的；那件几层叠起来也能看清下面说明文字的素纱单衣，同马王堆出土的那件一样，是用三根丝合成的细纱织成的。她不无自傲地指着那件凤鸟花卉纹锦衣袖下的插角介绍道："谁说中国古代没有'立体剪裁'，连法国服饰专家看到这件两千几百年前的楚服，也惊佩不止哩！"

这些多美的中国古代服饰，都是巴楚人"生命的延长和扩大"；也是沈从文及其研究人员，用实物复原的一首首古代的抽象抒情诗。

沈从文事业的后继者王序同志，拄着手杖，带病向人们诉说，沈先生的古代服饰研究工作，是周恩来总理生前委托的。周总理参观卢浮宫，发现那里有座法国服装艺术博物馆，不仅陈列着巴黎的各式时装，也收藏着16世纪以来法国历代服饰，成了西方时装业的资料宝库。中国是具有源远流长、丰富多彩服饰文化的东方古国，周总理指示通过研究工作，为建立一座这样的博物馆准备条件，来促进我国现代服饰的发展，这也是沈先生梦寐以求的奋斗目标。

这里还展出了一幅沈从文与北京人艺的《蔡文姬》剧组研究汉代服饰的照片，由此可见他研究古代服饰，绝不是发思古之幽情，更不是玩物成癖，而是为了"古为今用"。他对中国古代服饰的研究，也提高了我国古画鉴定的水平。如传世名画《洛神赋图》，没有人敢怀疑过是东晋顾恺之的名作，他却指出只要有点服饰历史知识，一看画中曹植身边侍从的穿戴，全是北朝人制度；两个船夫，也是北朝时劳动人民穿着；两个驸马骑士，头戴典型的北朝漆纱笼冠，那位洛神梳的双鬟髻，史志上常提起出于东晋末年，盛于齐、梁两朝。因此，这画最早不出于隋代展子虔之手，怎么能作为顾恺之的代表作品呢？当然，沈先生最热衷的，还是复原几百种健康活泼的古代服饰图案，供现在再生产之用。

当年，要在人民大学国文系教授与中国历史博物馆研究员之间做出抉择时，沈从文选择了薪资只有前者一半的后者，曾使人们疑惑不解。有人说他是从兴趣出发。他的夫人张兆和告诉我们，当时，沈先生因为考虑到，教书好的教授有的是，而用"以物证史"的新方法，从事古代研究的人还不多，认为只要方法对，将来个人成就即或有限，也不愁后来无人，因此，舍熊掌而取鱼焉。今天展览所显示的成就，就足以证明沈从文选择的价值。

沈从文自称，他"这颗心不仅能够梦想一切，而且可以完全实现它"。我相信，在已从噩梦中惊醒的东方衣冠古国，这个美好的梦想，是一定会实现的。

# 沈从文老师与文物研究

王大观

我对沈老早已深怀崇敬，我大姐自学古文，50年代即在中国历史博物馆沈先生身边工作，她常常讲起自学成家的大学者沈从文老师对他们的教导和帮助。她说即使老人偶然的指点也使人受益匪浅，有时她向老人请教，先生并未直接答复，而是指点她去书库查找某架、某部、某册，那些篇章，果然查有答案。先生教人是做学问的方法，人们又无不佩服其对历史、资料的熟悉简直如数家珍。由此我总惦念着有朝一日一定要见见沈老。

初见沈老，他已是银发如丝年逾七旬的老人了，他思路敏捷，谈笑风生。全然是位恂恂长者，说话慢吞吞，句句幽默富有哲理。我听着想着，说不尽的高兴，庆幸自己，更庆幸我们的国家有沈老这样的国之瑰宝，他好像一部包罗万象的活辞海和收藏丰厚的宝库。

沈老一向虚怀若谷，情怀高尚，满腔热情，诲人不倦，是一位受人尊敬的杰出学者。但老人总是取笑地说："我是杂学，没有什么。"我深有体会老人家从不标榜自己，从不夸夸其谈，从不高谈自我，无论是讲还是写，每遇议题，总是提起见闻或是以丰富恰当的旁征博引说明问题，仿佛为人们提供了大量真凭实据，当可顺理成章得出结论。老人也常和我笑谈："我不参加'大赛'，也不去搞'论战'，什么都是学而知之，见识要广，见识越广就越觉得知之不多，学无止境。推论、立说要认真考证仔细推理，不可草率，要负责任。"

仅我所知沈老的诸多历史论述从未听到什么异议。老人也从不把学问说成是自己的。但老人的学识确是学如渊海，炉火纯青了。

老人不仅多方面传授着他的学识，而且他的求学精神和方法已在诱导和影响着众多学子。我听到许多人提到沈老常常辅导人们如何查阅典籍，博览群书，怎样系统深入，如何纵横考证，可以说大量同志读书用书走了捷径。

众所公认沈老在中国历史博物馆的建设、完善以及对这条战线上队伍的培育工作中贡献卓著。老人从来不讲也不愿被人奉承。只有人们发了肺腑感慨和议论才是深刻的明证。

博物馆众多馆员、画师、美工师无不尊崇沈老的讲授指点系统完整、考证丰富。诸如：一个朝代必讲它的兴衰始末、朝廷规制、地理民情；一个人物总要讲他的经历、建树、功过、历史的影响和地位；一代服饰总要讲述不同身份、不同场合、不同季节的不同穿着佩戴披挂；一套服饰又要从头顶发髻讲到足下；讲生产、生活也总是结合生产、生活方式列举诸多工具、器物等等。他的精辟的讲授，大家一致认为深入系统、易懂、好记，不但获得丰富知识，而且对事能理解透彻，对物能辨认准确，能举一反三，触类旁通。

各大学历史系、某些研究部门的师生学者还不断找上门来探访请教，老人同样热情认真、不厌其烦。在讲述历史中往往把自己收藏的心爱文物当作论证的实物送给人家。一些外国友好学者来访沈老也总是自费款待，沈老本是白衣清贫，而此时此刻总是慷慨豪爽。

我想沈老的心血不仅浇灌于一座弘扬中国历史的殿堂，更广泛地为历史教学、研究、博物馆收藏、出版等部门培育着庞大的后备力量，在弘扬传统文化艺术和文明建设中功不可没。

1978年我和沈老在北京的友谊宾馆相遇，那时我见沈老欣然自若、胸有成竹的工作，日夜兼程地著述。

一部数十万言的《中国古代服饰研究》在"文革"中遭到无知的曲解和压制，却得到周恩来同志的重视，他要沈老继续完成。沈老依然如初，精益求精，汇集历代资料珍品复原，大量翻拍了古画、图卷。附图数百，形成文图并举的完美巨著，为祖国服饰文明填补了空白。为使读者易于弄通，沈老写索引，更精心撰写辅导阅读的导言，老人的渊博知识可谓毫无保留。此书受到中外人士赞誉，已发行海内外。

美协摄影师黎朗同志总希望到沈老工作室看望，一次拿了他从山西偏僻地方某旧庙里拍摄的几幅壁画，请沈老鉴赏。沈老细心观赏，兴致勃勃地讲述了画中的朝代和神话故事，以及画中诸多不同身份的人物和不同的服饰的讲究之处。沈老指点着说："十分可贵，画出了官员们乌纱帽翅的相交攀折的方式。在此类场合，帽翅都要攀折的文学记载屡见不鲜，但如何攀折的形象记录从未发现。这幅画，画功精，形象准，构图巧，生动真实似出于高手，而今这座庙和壁画不知如何。你的发现和所拍照片可以做出可贵的评价。"大家笑了起来。聚在沈老身边的人都觉得长知识、受鼓舞。

我当时在中国画创作组从事《残冬京华图》的创作，沈老晚饭后总来我画室小憩，看画聊天，他俨然一位老北京，熟悉风土人情。他肯定了我的创作情感，记忆详细，表现成功，嘱咐着我：用你的条件可以画好一幅历史画卷。一定防止偏重艺术概括而有失可贵的细节。还说："为什么看了有感情，在于有情有景，情节真实。各色推车、挑担、摆摊、店铺、各行各业有特色，建筑、街、巷、郊野也都有北京当时的特点。以致婚、丧、嫁娶、年节等排场、人间贫、富、高、下、苦、乐，都由一个个细节组成一幅情景，一个个情景合成一个历史时期的社会面目……"沈老指着提灯小贩还学了一声吆唤："萝卜赛过梨哎……"这是画出了情味。当年这声吆唤总是在黑夜凄凉之中。我深受启发，领悟着老人的教诲，从一稿到三稿，不厌其烦地修改、充实和提高。老人取笑地说："下大功夫不是傻事，是好事。"沈老曾高兴地挥笔以章草给我书写了一幅唐代张九龄的感遇诗。老人以颂江南丹橘相勉励，实际我深感老人才是浩然一株丹橘，不仅果实丰硕而且永葆绿林成荫。他老总以求实进取精神，有效地促人搞成事业。

和沈老相聚倍感亲切，离别分外想念。1980年夏我去看望他，他当时住在东堂子胡同一个旧四合院里。院里住了几户，老人家住在东厢房的南耳房，夕晒炎炎，抄手廊一角搭个小厨房，师母张兆和忙着烧水。这间书房、卧室兼客厅的墙上十几条绳子吊挂着千卷古书，桌上、床上还整齐地码放了几垛，老人书不离身爱不释手，这小屋的容积似已饱和了。书桌前一把比较舒适的藤椅总是留给来客坐的，其实应该说这是对络绎不绝前来走访、请教的人们热心的款待。师母张兆和给我沏了一杯湖南香茶让我坐下和沈老交谈。她总是使我感到慈祥可敬，她和沈老有着默契的作为，促人向上，令人敬仰。沈老的家更令我感动，不知诸多来客有无察觉。这进屋伊始，就该受益匪浅，或还应感到惭愧，谁能比他老人家的学识和贡献，谁来比他老人家在如此生活、工作条件下不倦的工作。

我又看着房前老人栽植的一片盛开的月季花，芳香四溢，真像老人的心境，有如老人的高尚情怀美好品德。还应该说似是老人在祖国辛勤耕耘的文化花朵，也像老人培育的无数人才。

1983年我又去看望老人，虽已迁入前门东的两室楼房，但也仅是容下了更多一些的书籍和架柜，而中间的空间依然如旧，撮了一把老人长坐的靠椅，老人已行动不便了，依然还给来客留着舒适的沙发，老人仍是笑容可掬地接待着各方来访的宾客。

我虽受二老的欢迎，也惦念而愿能经常看望，但另一面确是不忍打扰老人难得的静养。心里难过地积存下满腹要说的话期待老人康复之后再诉说吧。我带着这个心情曾和年长于沈老的魏文博老人说："您可知道沈从文老师？"未容我说下文他忙说："当然知道，我青年时就最爱读他的书。"这倒让我想起沈老说过："二十岁来北京，偶然郁达夫先生来访，问沈从文先生在吗？我说我就是，郁达夫先生惊讶地说：'这么小，这么小！'"我在沉思，他老而今已是年逾八旬，行动不便了，却仍是默默地在干，不知疲倦，不知老，他老干了多少年？

听说沈老80大寿之际，我曾默默地为老人画了一幅寿星，可恨我把画裱坏，懊恼悔恨不能自容，我爱人劝我再画，几次未能画好。沈先生生日已过，我自慰地想，一定要提高水平赶在沈老90大寿再画一幅更大更好的寿星。

不幸的是这颗文化巨星陨落，哪里还能送画，哪里还能聚到沈老身旁，原来的希望已成梦幻。现在唯有重温沈老的教诲，学习他老人家苦做学问，不倦工作，忠心耿耿，鞠躬尽瘁为祖国、为人民的高尚情怀，继承他老人家的宏愿，努力进取。

时过几年我又把沈老年轻的身影画入《古城环顾图》中，让这颗文化巨星升入宇宙太空，照耀着祖国，温暖着我们怀念的心。

# 忆沈从文

李维善

　　1959年元月我在北京参加了首都人民大会堂等十大建筑内部装饰问题的座谈会（当时我担任醴陵陶瓷研究所所长），并接受了部分瓷器的试制生产任务。为了使醴陵瓷器能更好地奉献给首都人民，我决定在京拜访一些老专家以求指点。沈从文是湖南人，有名的大作家，对陶瓷、丝绸、服饰、刺绣有广博的知识，在全国陶瓷界有很高声誉，我决定先去看他。同去的还有醴陵陶瓷研究所老艺人唐汉初。事先没有打招呼，打听地址后，我们冒冒失失闯了进去。沈老正在伏案写东西。出乎我们意料，他极热情地接待了我们。打扰了两个小时，沈老还挑选了他收藏的明、清瓷器20多件送给我们带回研究所做参考。沈老对我国工艺美术事业的发展、对家乡陶瓷工业的兴盛充满了感情。这些瓷器都是沈老用自己的工资收购来的，我们特别珍惜。堪可告慰沈老于九泉的是，现在这些瓷器已妥善保存在醴陵群力瓷厂实物样品档案室了。

　　1973年我去北京开会，十分惦念沈老的健康。沈老当时已从咸宁干校回到北京。我和研究所青年设计师肖石泉、情报室贾杰民（现为醴陵陶瓷研究所副所长）分别于8月25日和29日两次拜访了他。当时沈老被挤在东堂子胡同51号一间10平方米的狭小房间里，除一张床、一张书桌、一把破藤椅和两张单凳外，整个房间堆满了书和资料。沈老注意到了我们在环顾他的书堆，不胜嗟叹地说，原来3间房子的书全没了，现在的书全是近年买的，已花了1000多元，为工作需要还需买2000元书才行。在两次会晤中，沈老对自己受到的折磨和打击缄口不谈，却兴趣盎然地和我们谈起了他的新计划。那时沈老已着手研究中国历代服饰，给我们看了他收集的图样和已经整理的资料。8月29日第二次去时，沈老又从书柜中取出明、清古瓷5件送我们带交研究所参考。沈老还提出要陪我们去博物馆和故宫看瓷器。为了帮助基层同志多掌握些资料，沈老以其72岁高龄要陪我们去参观，这使我们十分感动。

1973年12月，我将醴陵陶瓷研究所编印的两期工艺美术画册和临摹的长沙马王堆文物图案汇编分别寄给沈老征求意见。沈老收到后分外高兴，认为在当时形势下竟有人汇编这些资料是了不起的事。他于12月25日和31日连续写来了两封长信，谈到了他的许多设想和见解。来信一律是毛笔竖行的蝇头小楷，其中一封信长达8页之多。两封信谈了三件事：一是详细介绍了中国古代工艺美术的伟大成就，包括各种名窑瓷器；二是主张研究所派几个青年去北京培养深造，由他负责指导，并结合编一套中国瓷器图册；第三件事是建议醴陵瓷区建立一个陶瓷博物馆。就在收到沈老的信不久，"四人帮"开始在全国"批林批孔"，我又一次靠了边，加上其他种种原因，沈老嘱咐的两件事当时都没有办到，这使我深感内疚。

1975年12月，中国硅酸盐学会在北京召开学术会讨论中国陶瓷发展史问题。我参加了会议。沈老是特邀顾问。恰好我住在沈老房旁，天天在会后一块儿散步漫谈，我不时向他请教，沈老知识渊博，有问必答。12月9日下午临近开会时，我突然想起一个问题问沈老，我说："这些年湖南考古工作成绩很大，在澧县一带发现了新石器时代的文化遗址，长沙又出土了马王堆汉墓文物，过去小学课本上说毛笔是秦代蒙恬发明的，可是在长沙战国墓中就出土了完好的竹管兔毫笔，中国最早的毛笔竟也出现在长沙，为什么历史上称湖南为南蛮之地呢？"我说完后，主持会的人催开会，那天下午又轮到我先发言，急匆匆地未待沈老答复，我就去了会场。沈老后来坐在我旁边位子上，打开自己的小笔记本对我的提问写下了两段文字，待我发言后，将笔记撕下递给我。他写道："儒家历史的偏见和胡说，把湖南地区称为荆蛮，似乎无文化可言。经过近30年的有计划考古发掘，进一步明确楚文化和中国文化早得到同样发展……"从这些小事上充分看出沈老对待晚辈提的问题多么认真。

　　沈老走了，可他留给我们丰富而又珍贵的文化和精神遗产却使我们受用不尽。

# 忆沈从文从事研究工作

王亚蓉[*]

50年代初期，中国历史博物馆还设在故宫的午门楼上，按旧规矩是不许生火、点灯的。北京的三九天，朝阳未出，寒风扑面，沈先生便去上班，他身着灰布棉袄，常常两手捧块儿才出炉的烤白薯，倒来倒去地边暖手边站在天安门前一个避风的角落里，等候警卫逐一开门。

在文物历史的学习研究上，沈先生从不承认有"天才"，只知道勤奋耐烦忘我的劳动。他天天在陈列室、库房文物堆中转来转去，对万千种文物，一一细加探究，以一幅社会风俗画为例，大到人物服饰、家具器用、人事习尚以及作画材料，小至一环一佩、一点一线、一曲一伸，无不充满兴趣加以注意，他完全融化在文物考察之中了。那时，中午下班以摇铃为准，往往当管理员下午上班打开文物库房门时，才发现沈先生又被锁在屋里，而自己却正聚精会神地写记录材料，对于同事的道歉，反而感到愕然！

沈先生一生手不释卷，博览众典。对于各种杂说笔记，工艺百家之言，无不详加究考，写下无法计数的读书卡片。他的记忆力特别好，对于文物中

---

* 王亚蓉，中国社会科学院中国古代服饰研究室研究员，沈从文生前助手。

花纹图案，能在极细致处辨别同异，但他却从不肯单单信赖自己的记性，对于稍稍重要的资料必一一记下。他的小型学术论文，涉及面极广，多半以文物图像为主，选择文献取舍，纵横贯穿，加以阐说。判断是非因博闻约取，笔底多有出人意料的创见或预见。

沈先生对年轻人的关怀是极热情的，他的小屋中堆放着好多卷宗袋，里面装的，是他研究的各种专题，在另一些大小不等的袋子上写着"×××有用"，"×××有用"……看看名字，就知道这是顺手给常来讨教的几个年轻人积聚的有用资料。南京大学罗术子编写的《中国工艺美术史稿》，沈先生逐字逐句为之修改，先后改了四遍，竟增写了20余万字。

1964年沈从文先生开始编写《中国古代服饰研究》一书。由历史博物馆美工组陈大章、李之檀等几位画家协助绘图，仅一年的时间成稿，作为试点本，行将付印。

在十年浩劫中，《中国古代服饰研究》和它的作者沈从文先生，都受到严重摧残。沈先生半生汇集起来的藏书、图片资料，以及许多手稿、重要信札全部损失。1969年冬，沈先生也被下放到干校，在寒风中赶猪守菜。雨天，他在漏雨的小屋踱步思索，或借着煤油灯光写点什么。稍暇，他将满脑的丝、漆、铜、玉、花花朵朵、坛坛罐罐……反复回忆温习，除考虑《中国古代服饰研究》一书中应增的有关图像外，还就国内外文物研究工作中，近于空白点的一系列专题，分门别类，试着以图为主排排队，并把资料来源、性质和发展中的情况及不同问题间的纵横联系，以及共同促进的原因等，默写了一大堆卡片，并逐一拟出了草目。我们现在在服装史研究以外，还将进行的二三十个专题项目，就都是沈先生在干校时期搭的架子，后来又有所增补的。

70年代沈先生从干校回到北京不久，我们便去看望他，当我们走进他的斗室时，几乎都惊呆了。只见老人正伏在床前聚精会神地抄录什么。他发现我们来了，便亲切地招呼我们说："怎么了？站着做什么？有什么新材料没有？"那时，我们激动得落下了眼泪，可是沈先生反而安慰我们说："嗳！嗳！不要这样，这有什么，可不能只看到个人，个人受点委屈有什么要紧。我们这么长的文明史，可文物研究还赶不过日本汉学家，心里难过得很。我们的文化，最有发言权的应该是我们自己，得努力呀！要做一个合格的公民，就不能用感情代替工作。"这就是老人的思想境界。他是多么倾心地爱着我们的文化啊！

从干校回来，他又以空前的热情，一头埋到文物研究工作里去了。那时，《中国古代服饰研究》虽毫无出版希望，但老人仍孜孜不倦地不断给它充实新材料、新内容。他是这样想的："不承认现实不行，毕竟70多岁了，得抢时间多留下一些东西，伏案而终是我对自己的要求。"同时，他把在干校期间搭起架子的几十个专题，也逐一撰写文章。为了方便工作，他那十多平方米的小屋，四壁都被钉挂上各朝各代的文物图像和资料口袋。满桌满床几乎都堆叠摊放书刊图册、卡片文稿。当时，摆在沈老面前的困难是：原手稿早被付之一炬，先前积累起来的资料也大多散失，而且没有必要的图书，没有助手，也得不到起码的关注和过问……可是，老人却认为："是做事的，条件再不好也只管做。不是做事的，条件再好，照例也是养尊处优、一点不做。"没有人画图，他自己动手，没有资料，就重新购置、搜求。因住处过窄，沈从文夫人只好带着孙女住在别处。而他则常常是整天甚至整夜地看书写作，有时忘了洗脸吃饭。邻居大妈告诉我们："沈伯伯做起事来，真正是连他自己也忘了。"他则严肃地对我们说："一个公民永远不许可消极，因为，他是真正的主人。"

# 我所认识的沈从文

吴素乐

完成慕尼黑大学汉学学位后，我接受大陆北京外文图书社之聘，于1983年2月底到达北京。同年春两家德国著名的高水准出版社（Suhrkamp和Insel），请我翻译沈从文作品，我非常高兴地接受了，并立即着手和作者接触。我知道沈从文住在北京，他的《边城》Gladys译成英文，在图书社出版过。但我不愿通过作家协会或沈从文现在所属的社会科学院去见他，我找到了Gladys，请他们夫妇为我介绍这位30年代著名的中国作家，这样我的访问就成为私人性质。杨宪益是沈从文的老朋友，他为我写了介绍函，但告诫我说，沈从文最近中风，虽已由医院返回家中，但不见任何访客，我如果被拒请不要失望。

我计划译沈从文的《边城》以及一本他的小说选。但是很快我发现沈从文作品中有许多民间传说和方言俚语，很不容易翻译，特别是外国译者更困难。我向中国朋友请教这些问题时，发现对民间传说和儒家思想，中年以上的人还熟悉，20多岁的年轻人，对中国文化似乎已全然无知。这种情况使我很痛苦，因为就是中国文化令我尊崇，才选择汉学作为自己毕生致力的学问。

# 沈氏作品德译力求传神，取得原作者之助

为了翻译需要，我读了Gladys译的《边城》英译本。Gladys是杨宪益的夫人，她和杨在英国相识，当时杨还是个学生，后来她随杨同去大陆，为他生儿育女。可怜的Gladys，始终热诚、努力地工作，翻译了大量作品。1983年她已是70多岁，虽然如此，我见她依然健捷如故（至少看上去是），仍为外文图书社努力工作，或许工作得过分努力。

如前所述，我本打算借助Gladys《边城》英译本，但是对照译文和原著后却发现许多有意义的词句，甚至段落都省略或简化了，沈从文小说独特风格的美全部丧失。很不幸的，西方不了解内情的翻译家却把北京外文图书社的翻译作品，视同原著来引用，这也是为何近代中国文学始终得不到国际应有的认同（如诺贝尔文学奖）的原因之一。

由于这种种情况，读者或许已可想象，我是如何盼望亲自会见沈从文，取得他本人直接的帮助。我已经知道沈的南方口音很重，因此请了一位南方人的朋友帮助我。1983年9月，终于机会到来，我一手拿着介绍函、一手挽着那位朋友，走向沈的住地，开始了我的第一次访问。

沈从文家离北京新火车站不远，我们按地址发现那是一座十六层公寓，像世界各地这类大楼一样，是个毫无特色的大水泥块。入口处壁上钉着一块木板，上写"社会科学院宿舍"。经过小小的走道，我们进入一个窄小阴暗的后院，再通过一道铁门来到楼梯间。那里虽有电梯却不能用，沈从文住在五楼，我们只好绕着电梯的四面外墙拾阶而上，因为没有灯，虽只是下午4点钟，已经黑得难以认出路来，最后我们终于站在沈从文的门前。门上有一纸条："沈从文因病住院"，纸色发黄，显然贴有多时了。想到杨宪益已写信给沈从文介绍我们了，我终于鼓起勇气敲门。

门开了，一位端雅瘦小的老年妇人出现在我面前，灰白的短发，明亮的眼睛，我立即意识到她一定是张兆和女士，沈从文夫人。我介绍了自己和我的朋友，她用清晰的普通话请我们进去（后来我知道她是江苏苏州人）。门并没有全部打开，我看到门后靠墙倚放着一张木床，后来知道这是为照顾沈从文病体的年轻亲戚准备的。沈夫人谦虚地让我们走进门厅。房子窄小得可怜，除了木床以外沿墙还放着不少杂物。门厅右侧是厨房和一小间，我们走进左侧的一间。按照北京的标准，这算是个大房间，有两扇窗户，一扇窗前放着写字桌，两边靠墙是书架，高达房顶，其中一部分有玻璃门以防止北京有名的沙尘侵入。中间有小茶桌和三把椅子，门边靠墙立着一木质小立柜，上面放着盛有鲜花的花瓶以及两个刻绘着中国古代服饰的木偶。门边右方是张大铁床，上有一小灯，墙上贴着纸条，上写"请小声说话，病人需要休息"。床上半躺着一位老者，一条毛毯盖到他的胸前，蓬丛的发束罩着凹陷的面颊，嘴角满布着皱纹，鼻上架着厚厚的近视眼镜——他就是沈从文。他安详友好地望着我，沈夫人介绍后，沈仍不说话，指着床边的椅子示意我坐下，然后把他温热的微微颤抖的手递入我的掌中。他试图开口说话，但声音极其低弱。我立即决定中止我的访问。约一月后，我又来到沈宅。沈夫人请我先在右侧小间的木床上坐下（木床占小房一半空间），告诉我沈从文病情更坏，然后让我站在沈的房门外看去，我见他仍躺在铁床上，似乎正睡着。

## 沈氏左侧瘫痪，但右手仍可握笔

1984年1月10日下午，我又去沈家。这次和以前不同。沈从文坐在椅子上欢迎我，像见到老朋友一样，我告诉他两家德国出版社请我翻译他的作品时，他显然很高兴，并指着他在1980年访问美国时买回的音箱说，他非常喜欢德国音乐。他原以为他的作品从未有过德译本，但我告诉他西德一本杂志上曾载过他的几篇短篇小说，在《20世纪中国文学选集》中有他写的自传译文。至于东德方面我并不清楚。然后我请他为我挑选若干篇短篇小说，他答应过几天给我。沈的全部作品约有600篇之多，包括短篇、中篇小说、游记、自传、论说、研究、诗等。我忽然发现书柜玻璃上有张毛笔字写的纸条，立即认出是沈的手迹，当年他的书法和他的小说同享盛名。沈夫人告诉我这是沈上午写的，他现在每天还练习书法几个小时。她注意到我的怀疑，于是笑着拿出一块木板，说他虽左侧瘫痪，但右手仍可以握笔。这块木板是孙子做的，专供他写字之用。这时我忽有一想法：请沈从文为我的译本题名。我提出后，沈夫人说他只在清晨写字，现在太晚了，但是沈从文却笑嘻嘻地要她把那木板放在椅臂上，拿来笔墨纸，为我写了《边城》《沈从文小说选》两幅题签字，直到现在我方意识到这两幅字的宝贵，因为后来沈再次中风，已无法握笔了。为沈从文的宽宏大量所鼓励，我又请他为译文写个序，并建议如他书写不便，可口述我们笔录，但为沈氏夫妇所拒绝，当时我不太理解他们为何不愿意。

1984年夏天，沈健康大有好转。某日上午，我去访问时，发现他正坐在椅上喘气、出汗、脸红红的。我十分惊讶，问发生了什么事。沈眯着眼睛，狡黠地用手指着他的妻子。她解释说："他需要运动，但电梯常坏，他无法由五楼走下去，我就让他在室内运动。在他口袋里放一把豆子，从门口到窗户，每来回一次就放一粒在小木柜上，放完为止。"然后她在我耳边轻声说："每天我都多放一点豆子在他口袋中。"这时沈从文孩子般地笑起来，似乎在说："我早就知道你的花招了。"

# 沈氏说故事，抒情重于叙事

老年的沈从文有些发胖，已不像30年代那张穿着长袍年轻潇洒的照片。但他的听觉仍然完好。有一次我正向沈夫人称赞所喝茶的芳香，忽然他笑了起来，说："这茶来自湘西。我家乡有这样的传统，每年春秋两季茶叶采收后，年轻姑娘们打扮得十分美丽，齐集在一起焙制茶叶。这时远近四乡的人都会来观看，尤其是青年男子，很多爱情故事就在此开始……"沈继续笑着说："直到现在我家乡的姑娘都是制茶的好手。"他讲的小故事使我联想起充满在他作品中的活的、生动的田园气息。令人遗憾的是1949年后他却停笔不写了，虽然他胸中仍然藏着许多故事，他是一位天才的小说家。1949年后改行从事研究古代中国的艺术品、手工艺品、青铜器、丝绸服饰等。先在故宫内做艺术品分类造册工作，以后在历史博物馆，最后担任社会科学院历史研究所研究员。

1902年沈出生在湘西山区，他的祖先是清代派往这里控制苗族的汉族军官。正如一首苗族民谣（山歌）中唱的"爱和大自然同样不接受任何限制"。汉族军人和苗族姑娘通婚，使双方文化得以融合。沈在他的许多小说中（如《边城》）描写了这样的故事。这是沈的家乡，也是他熟悉的世界，沈的祖母就是位苗族姑娘。祖父、父亲、叔叔都是汉族军人。在短篇小说《灯》中，沈让小说中的主角说出了他自己家族情形。

每次访问，沈从文都会谈到一些逸事，或者小故事。使人觉得他写小说似乎也是如此轻松，不费力气，但只要仔细分析小说结构后就会改变这样肤浅的认识。他叙述故事的基本态度是抒情诗调重于叙事诗调，他的小说结构十分完美、严密，每一细节上都经过很好的构思。例如用一些双关语，如《萧萧》（1929）中的一个喜欢女人的人叫"花狗"，如果不用很长的注释就很难译好。还有省略法、并列句、暗讽、象征性形象（通常取自宗教，或反映作者的自然情怀）、温和的讽刺等。有时作者会在主观叙述的视点之中，加上插叙，或在田园诗般的进行中突然插入某人物的一句话，或突兀的比较，或重复出现的某种"因素"来预示最后的不幸结局。如《贵生》（1937）中的《火》。《月下小景》（1933）是个很好的例子，使读者联想到诗。故事开首，主角——年轻的苗族小寨主告诉他的秘密情人说"你嘴里有快乐源泉"，之后唱道："人人说我歌声有毒……"最后这对不幸的恋人决定一同死时，他以吻将毒花送入她的口中。

沈告诉我说他的每篇小说都花费很大精力，常一连几天不睡觉，不动身子，甚至忘了吃喝。由于耗费巨大精力，写作中他常会鼻子流血。

# 电影《边城》

凌之风1980年开始改编沈的《边城》为电影，但至1984年春方完成。沈从文告诉我这部电影的某些制作经过，患病前他也曾看过一些片段。他特别喜欢在他的出生地——凤凰实地拍摄（不是小说中的故事发生地——茶洞，那里情况已变样，修建了铁路、公路、桥梁）。凌之风并请了当地老百姓客串演出，包括苗族部落人和一位货真价实的道士，为"祖父"丧事念经。但是沈说，遗憾的是他的妻子没有看过。此后不久，一个偶然机会我认识了凌之风。他请我参加了在北京电影制片厂内的《边城》试映。虽然尚无声音，但片中美丽的情景，雾中的高山，翡翠般的松林，闪光的山溪，以及围绕翠翠和她祖父缓慢展开的故事，激动着观众的同情心。凌告诉我声音配好后有另一场试映，将邀请某些艺术家、文学家、文艺批评家观赏。一周后我接到他助手的电话，次日同一地点举行第二次试映。那是个周末，我立即决定放下手头工作，思考如何去通知沈夫人（沈家无电话）。

我决定骑自行车去。一路上又思考她如何去电影映所。北京拥挤的公车对她这样一位老人太危险，但不用公车又怎么办呢？一小时后我抵达沈家，他们正吃完晚饭，我没有进屋就在门口告诉沈夫人，请她明日同去观赏。正如预料，她显然非常高兴。第二天照计划进行，出租车停在楼下，我叩门后，沈夫人开了门，她今天容光焕发，像个年轻女孩似的，我进入室内，沈从文坐在椅上，微笑着促她快走，说不要为他担心，两个小时他不会有问题……沈夫人显然很感动，多少年来为了照顾老伴儿，她从未有过娱乐。她那天的打扮可算相当漂亮，穿件白色丝绸上衣，领上绣着花，在车内我还闻到散自她身上的芳香味，我想她一定在耳后抹了香水。到大陆后一年半内，这是我第一次看到一位普通妇女打扮自己。到电影厅时，她的出现出乎所有在座人的意外，大家站起来向她热烈鼓掌，她和我都很感动。我想这一时刻足以安慰她数十年来的辛苦与烦恼。

1984年10月我在沈从文面前提到有关这部电影的传闻时，沈笑着拒绝深谈，转而请我谈谈在青岛度假的日子。我告诉他曾沿着海边循着他自传中说的路线走过，他兴奋地问我某些老建筑物的情形。沈说当时他在青岛大学，正热恋着比他小八岁的张兆和，她是他1928年在上海中国公学教书时的学生。几年中他给她写了200多封信，她没有回答。但是最后她终于来到他的身边，成为他的妻子，那是1933年……沈说时像个孩子似的淘气地笑着，他的妻子却不好意思地阻止了他继续说下去。到1984年，这对老人已整整共同度过了半个世纪。

谈到愉快的往事，沈从文变得活泼起来，又指给我看桌上瓶中的鲜花，说他的一个儿子在北京市花圃工作，每隔几天都送来鲜花。后来我提起请他写德译本序之事，沈夫人向我解释自从沈被推荐为诺贝尔文学奖得主候选人后，许多国家的翻译家要求他写序，他实在不能一一照办。或许是因为刚才的谈话使沈从文极为高兴，他忽然对我说，如果我不需要他写篇长序，他可以为德译本写几行字。

有次偶然发现沈从文的生日竟然和我同一天——12月28日，于是我们商议好届时一同庆祝。但当我正准备几天后带上沈从文喜爱的德国音乐去时，却接到沈夫人来信，说就在圣诞节前沈又得病，人事不知，住进了医院……1985年春，收到我所译的《边城》德文本时，我立即寄去给沈，不久沈夫人回信除感谢外并告诉我沈仍健康不佳，尚住在医院中……此后不久，我离开了大陆，和他们的联系也从此中断。

# 中国人知道沈从文吗？

胡　戟

　　被誉为"西方伯乐"的马悦然先生，在沈从文先生逝世后三天，以《中国人，你可认得沈从文？》为题，发表了一篇表达自己扼腕之痛的悼念文章。马悦然先生是瑞典皇家学院院士，诺贝尔文学奖评审委员，为了使沈从文得到他应有的世界承认——诺贝尔文学奖，前些年他做了卓有成效的工作，他甚至努力将沈从文作品译成瑞典文。译著在1988年8月出版，可是沈先生却在5月去世了。

　　沈从文，作为留下近千篇小说和散文的多产作家，那是他20年代到40年代的一段历史，自40年代末封笔以来，他在文坛上沉寂的年头太长了，而后在文物学的领域里，他又埋头工作30多年，可这是个大多数人不熟悉的行业。国外有人称颂："沈是五四以来最伟大的中国作家……是个纯中国风味的作家。"法国把沈列为学习汉文必修的四位语言大师之一。国内也有人预言："在中国文化史上，他将是墨子、庄子……之后，又一个什么子。"无论最终给他的评价是什么，中国人应该知道自己身边又出了这样一位文化伟人。

　　我有幸在沈先生年届古稀时结识了他，是王序先生执意要带我去见见这位非常值得认识的人。我们便去了东堂子胡同，当时那里还是门可罗雀般冷清。

进了那间好歹剩给他的十一二平方米的小屋，我简直无处插足。眼界之内，全是书籍、图片、手稿和纸袋，床上也堆满了书，要挪出一块能睡下去一个人的地方，也得费点劲。因而被称为"小小窄而霉斋"。沈先生长期就在这里夜以继日地伏案工作。

见面之后，沈先生便亲切地对我以小弟相称，顺手从桌上拿起一纸淡红的洒金花笺，上面刚写好他游漓江时作的一首小诗：

绿树蒙茸山鸟歌，溪间清润秀色多。

船上花猪睡容美，岸边水牛争过河。

沈先生指着念着，念到他最得意的那句"船上花猪睡容美"，他笑得那么开心，那么天真。诗中所写挤在一条小船上过日子的一家人，还要养头猪，这情景，城里人见了大凡是要皱眉头的，但在熟悉他们，把无限的温爱给了他们的乡土文学家眼里，那熟睡的猪竟是那样美，激发了诗兴。读到这首诗的作家荒芜说："像沈先生这样把猪写入诗，这在中国历代诗歌中，是绝无仅有的……看来沈先生比刘禹锡洒脱多了。他的审美观念也比刘的进步多了。"

沈先生又拿起一只通体晶莹的细瓷茶杯，指给我看上部一道一厘米宽的翠三色装饰花纹，说是他提供的丝绸纹样，建议景德镇烧造到瓷器上。沈先生有一种见解，认为许多工艺品，在器形、纹饰上都是可以相通的，从来就是彼此借鉴，互相移植的。这种见解指示了我们作考古研究的一条途径，即从纹饰寻找历代文物间的承袭关系。古为今用，这也是今天搞工艺设计的一路门径。细看沈先生手中那只杯子的纹饰，那质感果然仍是锦缎般的柔和，真是很成功的一件艺术品，是我见到过最美的杯子。沈先生笑眯眯地端详良久，眼神中充满着兴奋和欢喜。

我们就这样从无拘无束的话题开始了十几年的交往。而后他在友谊宾馆为《中国古代服饰研究》那本大书定稿时，我们又同住一室，朝夕相处数月。工作之余，陪他休息聊天，交谈的内容十分广泛，从他小时候逃学去游泳的顽皮，报考北大落选但三年后被请进大学（中国公学）讲课的自豪，第一次走上讲台涨红了脸半天讲不出一句话的狼狈，在黑板上写"我有点紧张，请等一会"，对学生尊重地秩序井然感到的欣慰（学生们看过他发表的作品），到他与上层下层各种人的交游，和过去现在的文学、文物工作，无话不谈。这些谈话，不仅使我了解了他的业绩、品德和志趣，更为后辈树立了一代风范。特择要记之，以飨读者。

# 关于他的文学和退出文坛

沈先生不时深情地回忆起自己20年代到40年代的文学生涯和当年的朋友们。他有些避讳30年代文艺界的是是非非，所以他后来在美国也特别选讲《20年代的中国新文学》这个题目，但即使鲁迅、郭沫若对他的误解或伤害，他能有一种前嫌俱释的胸怀。只是对丁玲，提起来不免心潮难平。

说到文学创作，他用重重的湘西口音对我讲了一句至理名言："做人要规矩，写小说要调皮。"这很可以帮助我们将他的为人和艺术统一起来。

当时一些出版社又开始选编他的文集，沈先生问我的意见。我从他带到友谊宾馆的几个集子里点了几篇，特别提出《月下小景》，我喜欢那叙述一对恋人殉情悲剧的优美语言：

横断山下一些为人类所疏忽、历史所遗忘的残余种族聚集的山寨里，保持下来一种源于野蛮初夜权的古老习俗："女人同第一个男子恋爱，却只许同第二个男子结婚。若违反了这种规矩，常常把女子用石磨捆到背上，或沉入潭里，或抛到地窟窿里。"面对"只许结婚不许恋爱"的"魔鬼所颁的法律"，这对愿意把自己整个交付给对方的小寨主和他的情人，因为谁也不想照习惯先把贞操给一个人蹂躏后再来结婚，便在野合后一起"很快乐的"咽下毒药，"微笑着"在柔美的月光下同赴黄泉。

这个短篇很好地体现着沈先生文学创作注意人性与命运冲突的主题，和在平静美丽的文字中蕴含对一切不合理旧事物强烈批判和控诉的文风。这主题，这笔法，就是沈先生自己主张的"作品对于人类进步、世界和平"要有"真正的贡献"的文学宗旨的实践。

沈先生的创作有深厚的生活底子，对于自己作品的有些人物，他还能列举生活中的原型。他特别惋惜一些受过高等教育，嫁给某官长之类，当了太太、贵妇人、名媛之后，终日玩牌消磨生命的女子。浪费时间，浪费生命，在他看来是最不可取的。唤起这类女性的人生觉悟，在有生之年做点有益的事情，也是沈先生作品经常的主题。

沈先生的文论和美学理论很有独到之处。他认为数学与音乐之美，又在文学美之上的观点耐人寻味。他从来不穿西装，但却酷爱西方音乐，陶醉于音乐的表现力。他在《北京有许多博物馆，同时又是个大型建筑物馆》一文中，说到"真是够庄严、深厚、沉静和一种不易形容的美丽"的北京时，有这样一段话：

……蓝空下的北京一切，诗人即或想用文字来叙述赞美，不免会感觉到难于措词。即色彩丰富的绘画，也只能画出部分的印象。或许只有某种伟大音乐，综合百十种不同器乐中所具有的豪放和精细、壮美和温柔的声音，融化组织不同的时空下形成的种种旋律和节奏，写成一个大乐章，才有希望能作出适当的反映。

　　沈先生有极高的形象思维能力，作为一个搞具体形象美的文学家，居然那样赞赏抽象的音乐以及数学的美，这表现了他美学思想的深度。

　　苏联一位著名数学家雅科夫列夫教授这样讲过："数学是美妙的，清晰简捷，没有任何多余的东西。"数学的长处还在于像音乐一样，不用任何翻译加工，就能为世界上所有人欣赏、接受。

　　沈先生已经走到了这一步，和一些高层次的数学家、音乐家想到一起了，他深深向往着数学美和音乐美，在对美的理解和追求上，他超越了同时代的文学界同行。我们读他的文章，不难感受到一种数学的简洁美，他的文字则跳跃着音乐感。记得沈先生在听到姚雪垠先生写《李自成》的计划时，曾建议这个题目做30万字就可以了。现在姚先生的鸿篇巨制完成了，回过头来做书评时，想想沈先生当初的建议是否会合理呢？

　　关于他从文学改行搞历史文物，也是大家关心的问题。依他在文学方面的成就，主要凭40年代以前的作品，已处在诺贝尔文学奖候选人中被看好的地位，可是到50年代以后，他突然在文坛上消失了。是什么原因使这位矢志要学个35年把文学完全掌握住的文坛宿将，从文学阵地上落荒而走，走得无影无踪？他给一位朋友留有"（民国）37年除日封笔试纸"的字，那一年早些时候，他被郭沫若的一篇斥文扣上沉重的政治帽子，随后又发生了重大的社会变化，从时间上推论，他随后真的封笔大约是与这些有关的。

按他自己的说法，"是由于社会变化过于迅速，我的工作方式适应不了新的要求"，晓得自己不宜再写小说，要另外搞碗没有风险的饭吃，也是因为爱好，便从新文学转到研究历史文物方面。显然这是个绝顶聪明的选择，这使他后半生的工作，能够对于个人对于国家都比较有意义，不仅没有浪费时间，而且有了新的成就。巴金在怀念他的文章里写道："我多么羡慕他！"由衷地佩服他的机智，大概很少人能如他那样，在历史转变关头，一下子就对世情人事看得那么透，以壮士断腕般的决心，放弃轻车熟路的文学之道。别人30不学艺，他50还改行，毅然做出重新开始自己后半生的重大决定，而且矢志不渝，一直走到生命之路的尽头。

　　当时我最想问的，是沈先生既然自称作品是"试验"，是"习作"，那么现在回过头来看，这试验的结论是什么？我希望沈先生能对自己的文学创作有个总结，这个问题和所有别的提问不一样，沈先生陷入深深的思索，良久没有回答。过了几天才对我说："有我的文章在，大家可以看，我不用说什么了。"那是用一种充满自信的口气说的。我赞成马悦然的看法："他是个骄傲的人，因为他自己深深知道自己的价值。"我理解沈先生想的是，自己的作品被冷落了多年，人们不熟悉他，国内研究他的人，屈指可数，现在文学界的评论模式和思维方式，很难理解他的作品和他这个人，与其作说不明白的解释，还不如留下作品让后人去评说。他着急的是，自己的时间不多了，"我还是平静点，才能多做些事"。

　　曾经有30年的时间，他失去了作家的名分他都不在乎，那时他参加文代会的身份是不入流的"杂家"，到80年代他才第一次以作家身份到会，他幽默地说过这件事。好比是出土文物，文学界终于又发现和承认了他。

# 关于他的文物学和研究构想

沈先生解释，他到文物工作上来，也并非偶然和勉强，这方面他是有爱好有根基的。

早年在沅水畔故乡的县城和小镇上，他就熟悉了竹木、油漆、棉麻等加工业，受过"飘乡手艺人"的熏陶。16岁时在旧军队里当文书时起，就喜欢购求碑帖，悉心临写，练就一手好书法。1922年夏到北京前，曾在一个统领官身边做小师爷（即文书），他的会议室里有一批书，还有许多古代的铜器、书画和瓷器，他利用这一年，把那里包括四部丛刊在内能够看懂的书都读了。到北京后，前门外几百个古董店好比是"明清两代六百年的人文博物馆"，"东看看，西看看"，"那些当时不上价的唐、宋、元、明破瓷器和插在铺门口木架瓷缸的宋元明清'黑片'画轴，也就够使我忘却一切，神往心倾而至于流连忘返了"。可以说是在这"社会大学文物历史系预备班"毕了业，打下又一路学问的底子。

以后他从没有忘怀对文物的留意，即使抗战时执教于西南联大，还在昆明收集了一批耿马漆盒，大大小小，数目不少，后来全部赠送北大新成立的博物馆陈列室。

因此调历史博物馆工作，他还是能接受的，登上午门城楼，在满是灰尘的几具木乃伊和断头器中开始了他新的事业。

沈先生从当讲解员开始。一天，一位从朝鲜归国的年轻志愿军走进博物馆，坐在门口的沈先生起身相迎，带着他看了一整天。最后沈先生问："看明白了没有？"这位在文工团搞舞台美术的军人说："不大明白。"于是又相约第二天、第三天再去，沈先生一连陪这位陌生人看了三天，告别时，深受感动的军人请教"先生的大名怎么称呼？"当听到回答是"沈从文"时，真吓了一跳。从此这两人结成忘年之交，这位年轻军人就是中国服饰学会名誉会长王㐨。50年代转业后他先后在考古所和历史所工作，30多年中从沈先生那里学了许多，也帮了沈先生许多，成为沈先生最得力的助手和学生，《中国古代服饰研究》那本大书就是以王㐨为助理完成的。这是沈先生在平凡的工作中以诚恳的服务精神赢得的无私朋友。

进入历史博物馆，对沈先生也可说是一种幸运，从此他有了接触更多文物的机会。故宫收藏的文物，他几乎件件过手，一一登录，即使是巨大的地毯，也由多人帮助抬进抬出，一张张打开看过。"三反""五反"时参与清理北京市各文物商店的古董，又是80万件之多，经他过目鉴定的，在一半以上。其他如各地博物馆藏的名画，他也曾遍访过。人们说他有一个计算机式的头脑，看得仔细记得清，别人忽略的东西，他专门你弃我取。一一排列组合贮存在大脑中，做精心的分析研究。李约瑟来问中国马镫的来源。西方学者有一种观点，认为使用马镫改善了骑兵的战斗力后，欧洲的封建堡垒、封建制度被冲垮，而马镫是从中国传去的。问了几位考古专家，一时都没能回答上来。沈先生却侃侃而谈，指出最早的马镫是一只套大拇脚趾的环，而后如何逐渐演变，一一举出有关实物和画塑资料。这个事例表明沈先生在学术上的广博深厚。

1980年沈先生访问美国时，在讲演中说道："若将来有机会我能拿我研究中比较有头绪的一二十个专题来，配上三五十个幻灯片，我相信各位一定会有兴趣的。"

据我所知，沈先生陆续积累起来研究有素的题目不下30个，除服饰和1957年起陆续发表的《中国丝绸图案》《唐宋铜镜》《明锦》《龙凤艺术》外，还有前期山水画、扇子、灯、屏风、家具、女子坐具的发展、发饰、妆具、歌舞服装、两宋服饰史、百戏、乐器、玉器、彩陶、清初瓷器、陶瓷艺术、漆器、金银错、鼻烟壶、车乘、舆轿、马的装具、马球、狮子在中国、熊经鸟伸等。

比如前期山水画，探讨中国画起源，内容是极有价值的。去年在《中国文化》第二期上发的遗稿《说"熊经"》，所附西汉银错管状车器等文物上的熊经图案，一只只熊都是打太极拳的动作，十分可爱。说明"熊经"是模仿熊的动作而创造的一种健身术，用文物资料证明《庄子》中所说的熊经鸟伸到华佗"五禽戏"是一脉相传的，填补了文献的不足，对研究眼下热门的气功导引也是有用的材料。

在东堂子胡同那间小屋里，有一天沈先生应我请求，给我讲了我国琉璃（即玻璃）发展的历史。他说琉璃的发展应是很早的事情，史前人烧陶的时候，就可能有些矿物质烧熔结晶出来，便是最初的琉璃珠子。后来掌握了各色琉璃的烧造技术，用于装饰。这技术在历史上曾经失传，到隋代何稠又给恢复起来。沈先生很推崇何稠这种有许多发明的少数民族人物，由于他的发现，隋唐时的玻璃器就不都是舶来品，也有内地生产的，按质地是否铅玻璃就可以区别开来。但是还很珍贵，唐代诗人互赠礼品，就有只送一只夜光杯的。为什么后来我们的玻璃工艺长期停留在做装饰品为主的水平，没有像西方一样迅速发展平板玻璃和玻璃器皿呢？沈先生解释，是因为中国的窗户纸、丝绢和瓷器太发达了，用丝绢和纸糊窗户，透光透气，可以代替平板玻璃，瓷器水平很高，就不往玻璃器皿上发展了。大凡新工艺的产生，都是生活先提出要求，既然已经有了绢、纸和瓷器，玻璃的发展就受到制约，沈先生的解释是非常合情合理的。

《扇子》一题早就基本写成了，书中把历代各式各样的扇子都按年代顺序排起队来，说明每种扇子的名称，特点和使用年代。这份资料等于为我们提供了一个考古断代的坐标，在墓葬或画塑中，只要有扇子出现，一查对就可以判断其年代的上下限。若结合其他文物图像，也这样做多方面考察，来回一卡年代，就可以相当精确地解决断代的困难。用这方法，往往比用仪器考古简便又准确。扇子题目虽小，按沈先生的方法去做，成了一篇大文章。

他在美国的演讲，有一次便是以扇子为题，非常成功。先生真是多识古物，提问越多，越知道他知识的渊博。

我曾建议沈先生，在服饰研究这一本总论脱稿之后，把他准备编十大本服饰图录的计划暂放一放，先总结整理一下他的文学。文物方面，服饰之外的其他题目也照顾一下，哪怕先把梗概的意见记录下来也好。正巧那时他的"洋妹夫"傅汉思先生来中国到友谊宾馆看他，送了一台当时国内还很稀罕的盒式录音机，我们想用录音的办法，先将沈先生的意见记下来。可是对这些通上电开开关关的洋玩意儿，沈先生就是不能接受。录音机一打开，他就紧闭住嘴，死死盯住看，一言不发，真是拿他一点办法都没有。

服饰一书脱稿以后，沈先生差不多还有10多年时间，但是都粘在这本书和后续的图录上了。书出不来，他总是不停地增补，书出了，他还补。这是没完没了的事。新材料会不断出土，怎么补得完呢？既然已经有了第一本书，可以交给别人和由后人去做了，大可不必由他本人一直做下去。可惜这意见没有被接受，其他题目和文学方面的总结都没有做，永远地扔下了。

在友谊宾馆时，我们还议论过建立中国物质文化研究中心的事。当时想到，只有这样一个中心才能充分发挥沈先生的作用。

中心要建立诸如纸张、丝绸、陶瓷、火药、服饰、车舆、印刷术等一系列专题博物馆，集文物收藏、陈列、研究、复制、培训于一身，展示数千年来中华民族创造的物质文明。最好中心就建在圆明园废墟上。

我们热热闹闹地侃了好几天，还写成了一份书面的建议，沈先生看过后，轻轻放在一边，说不会有人支持的。50年代时，关于博物馆事业他就热心地提过建议，毫无结果。他是老马识途，自动悄悄地收了场。这件事的夭折，今天想起来是不无遗憾的。

# 沈先生豁达执着的人格力量

> 雷电的一击，声音光明皆炫目吓人，但随即也就完事了。一盏长明灯或许更能持久些，对人类更合用些。生命人格，如雷如电自然极其美丽炫目，但你若想过对于人类有益是一种义务，你得作"灯"。（《废邮存底·给某作家》）

沈先生这段讲人生哲理的哲言，正是他本人生平的写照。履行着"永远地拥抱自己的工作不放"的箴言，无比勤奋地笔耕一世，在文学和文物学两条漫漫长路上，为后学留下两盏指路明灯。

沈先生的一生，过得是非常不容易的，但是他很少谈自己的坎坷，即使说到台湾禁他的书，大陆也批判他，两面都觉得他不行，他反而感到"那是很有趣的"，是"把我抬举得太高了"。说到1953年烧掉他的著作纸型，"文革"中军代表帮他"消毒"，烧了他所有的书信，他的语气竟是那么平和，真是像他自己说的，"凡事不在乎"了。

实际上沈先生并不是对政治很冷漠的人，他只是主张"把文运从'商场'与'官场'中解放出来……防止作品过度商品化与作家纯粹清客家奴化"。他反对文人从政，认为应该将全部精力放在文学上，因为全力去做50年，还不一定能做好。

有一天他同我讲道："人是没有权利杀人的。"类似的话他在两年后美国演讲时也讲过。这句话给我印象特别深，是我恐怕要用毕生的时间去理解其含义的。大概是用他十几岁时在湘西见到的数百人、成千人一起被砍头的悲惨场面留下的印象太深刻、太痛苦了，使他格外爱惜人民的生命，主张人类和平。

沈先生在他那孱弱的身躯里，蕴藏着对自己同类的博大的爱，他以命运和人性的搏斗为主题来进行文学创作，他的文学追求的正是人类友爱的人性美。一种"优美、健康、自然而又不悖乎人性的人生形式"。他从爱乡土出发，他的"爱历史文物，爱博物馆事业，亦就是他的爱乡土的忠诚和热忱的深化与扩大"。

在对美好事物的追求中，沈先生表现出了超凡的独立的人格力量，生活留给他的路，曾是那样窄，可是他走出来的路，竟是那样宽。积累了那么多的磨难和坎坷，他能不断地很快地克服自己脆弱的一面，他能战胜彷徨与绝望，生活得洒脱，生活得执着坚强，在文学之后，又留下了在文物学方面的成功，最后终于能说："我活得很快乐。"

他承认自己是软弱的，"能够忍受生活上的一切压力，反抗性不大"。而这又正是他的坚强之处。"凡事不在乎"，能随时调节自己的心理，去适应环境，保持住良好的工作情绪，不受干扰破坏。他"怕写遵命文学，也是为了减少是非"，中辍了文学创作，又正是为了坚持自己的初衷，坚持他自己的文学道路不被扭曲。无论对，无论错，他宁可让后人去评论，也不违心地做事。"我从不丧气，也不埋怨，因为晓得这个社会向来就是这样的。"靠对人生对历史深刻的洞察力，磨炼出一种忍受寂寞、孤独和别人误解的巨大精神力量，一种非凡的超人的力量，一种使他能够不断成就的力量。

这是他留给中国人的一笔很大的精神财富。作家古华说："在我最困苦的岁月里，是他的作品给了我生命的抚慰、人性的滋润。"翻译家杨苡说："是他们鼓舞的话语支撑了我走过这半个世纪。"对此我深有同感。也许我比他们更幸运的是，我不仅从沈先生的作品里，还从和他十几年的交往中，特别是在友谊宾馆朝夕相处一室的那段经历中，直接感受他那种独特的，或可称之为沈从文式的人格力量。

# 心中繁星无物能消磨

徐城北<sup>*</sup>

沈的房间也就十平方米，家具是老式的，大多还有点残破，毛笔、宣纸和各类文玩散乱充塞其间。成鲜明对照的，是一部簇新的外国留声机，摆在矮小的茶几上，每每与客谈话，他都要打开留声机，放起外国古典音乐。沈操着浓重的湘西口音，说话声音很轻，再加上外国音乐的忽高忽低、骤紧骤慢，所以来客能完全听懂的人并不多。沈也怪，他似乎并不要求对方完全听懂，他只是如淙淙流水不停地讲，不时伴以含义丰富而神秘的微笑。所放的古典音乐大约是他听熟了的。他谈话的节奏通常也与音乐的起伏相应和。每到一个乐段结束，沈的谈话随之告一段落。他的"收式"十分特别——总是扬起右手，掌心向上，五指岔开，水平地旋转一下手掌。再"丰富而神秘"地笑笑，于是音乐与谈话一并停歇。

每当沈和父母这样谈话，早已不是顽童年纪的我，便总是兴味很浓地坐在一边，悄悄地观察沈，分辨他的口音，直到能完全听懂他的谈话。记得，

---

　　* 徐城北，系著名新闻记者、散文家徐盈和子冈夫妇之子，当代戏曲理论家、散文作家。

沈曾说过——写文章时也打开留声机，"悠扬的乐声潜入身体，钻入骨髓，然后上升到脑子里，灵感就由笔下汩汩地流淌出来。"（大意）他说得真神，我听得有些发迷，但又想，语言课本选载的那些课文（如赵树理、周立波的文章，也包括妈妈50年代深入官厅水库后写出的《官厅少年》），老师在讲解时，不都是强调长期深入生活的作用吗？灵感与音乐——尤其是外国古典音乐，究竟有什么关系呢？沈从不唱歌，甚至是五音不全的，他怎么就能听懂音乐呢？

我曾问母亲——沈伯伯是写什么的？妈妈回答："了不起的作家，解放前与茅盾、巴金、老舍齐名，长短篇小说就写了七八十部……"

我在旁听完戏曲学院的课程之后，曾经为如何就业的事情发愁。当时国家正在困难时期，每年工作指标有限，并且总是工作选人而非人选工作。沈伯伯劝我别急，鼓励我多学些传统文化，"你正在学知识的时候，这时候不抓紧，将来想学也学不进去了"。于是，我继续读古文、写旧诗、练毛笔字、唱京戏，同时随一位翻译家学英文。后来，他悄悄问我母亲："我现在有挑选助手的权利，城北愿不愿意来？"'

他当时在历史博物馆搞文物研究，上级允许他自选助手。这好意是明显的，也因为我能够听懂他的话、识得他的毛笔字，这在同龄青年中是不多见的。我想，先试试再说吧。沈便让我从青铜镜入手钻一钻。于是，我按照沈提示的书目图录，跑到北京图书馆坐了一个月的冷板凳。这滋味太难受了，我好像掉进一个满是灰尘和蛛网的梦幻世界，满是盘陀路，又到处有迷宫，经过撩拨和擦拭，我发现东面藏有珠玉，西边埋有象牙。我兴奋，但更焦渴，因为找不到珠玉和象牙之间的联系，更无法把它们带回到现实人间。后来，我只好对沈伯伯实话实说，他宽怀地笑了，没勉强我再干下去。那次谈话一直延续到晚饭后，沈凭窗远望，指着南天几颗闪亮的星星说："这颗是巴金，那颗是冰心……我隐伏在地面的黑暗中，我祝他们永远明亮……"

我听得出，沈说这番话的感情是极复杂又极深刻的，但最基本的一点，则是"羡而不妒"。

"文革"中有一阵儿，沈伯伯曾只身下到湖北咸宁干校，被安置在一个叫双溪的不毛之地闲住。双溪是一个区政府所在地，沈和另外两户合住在小学校一间废弃的教室，中间用芦席隔开。那两户都是老两口儿在一块儿，独立起火做饭。只有沈伯伯孤家寡人，每餐都要拎着饭盒去区政府食堂打饭。沈伯母则在几十里之外的同一干校的菜班当班长，别看她瘦小，干活可泼辣。于是"悲剧"发生了，越努力就越不能和沈伯伯调到一块儿。

沈肯定是寂寞的，但他很会排遣寂寞。他经常给我写信，写他拎着饭盒去打饭时的途中风景——双溪县是丘陵，四周皆水，树木葱茏，长空时有雁阵经过。沈时常在这样静谧的天地之间独来独往（雁叫更增加了静谧），他时走时停，时而发思古之幽情，时而作抚今之浩叹。他依然是用毛笔在宣纸信笺上写信，写毕就寄往新疆。我在新疆收到信，一边细细咀嚼，一边把信转给母亲——当时，我父母也下到湖北的另一个干校，距沈大约有一两百里之遥。母亲看完，便直接写信给沈，最后却嘱咐"请转城北"……一来二去，"三地书"持续了好几年时间。

记得，我在信中曾说："昔在东堂子胡同（沈家所住地），您曾夜数繁星，谓此系巴金、彼系冰心。城北今在祖国西陲，云暗风黑，繁星不得见矣。"沈则回信："九霄繁星遭风欺雪裹，心中繁星则无物能消磨。"足见他与巴金、冰心友情之笃。后来，"三地书"中更传递了新内容——沈已把北京家中大量硬木家具运到双溪，因为领导曾嘱告"多带生活用品，除了煤球"。而这许多硬木家具，是抗战后从地摊上所购。沈购买此类东西与众不同，别人求新、求完整（由此取得价值），沈则仅仅注重式样、花纹，至于有无磕碰反倒不大注意——他追求的，仅仅是审美价值和对历史的认识价值。因此我每每产生如下的联想：每当打饭归来，沈由那一种大自然的难言

128

美丽，拔身进入由芦席隔成的斗室，不能说是毫无苦痛的。但是，当他重新面对这些久经磕碰的硬木家具时，必然会沉湎进一种历史文化的难言美丽之中！两种难言美丽交织在一起，他会不会认为反而是他的福气呢？

"文革"后，我又在东堂子胡同见到沈伯伯。原来的房子只剩下一间，沈把这一间住室兼工作室命名为"小小窄而霉斋"。沈伯母带领孙女住在邻近的一条胡同里，两小间，每天起火做饭。沈为了集中精力工作，懒得回去，于是送饭的事就落到沈伯母身上。沈伯母晚上要照料孙女，送不了饭，所以通常一天只送中午一顿。夏季天热，怕食物变馊，沈就经常预先服用防止泻肚的药。

沈工作起来是不管白天、黑夜的，他要追寻回"文革"丧失的时间，因此房中的一切都是摊开的——书是摊开的，纸是摊开的，画册是摊开的，墨盒是摊开的，连一张张的宣纸信笺都是摊开的……沈写长信，常常不是一气呵成，每写到一段儿便停下来，转而去做别的事情（包括给别人写信），等到心中萌生新的意思，才再度继续那没完成的信件。沈有这样一种固执的习惯：一方面把时间看得无比珍贵，同时又舍得向好朋友、好学生倾吐心声。每逢老朋友造访，他能抛开原来的工作，一谈就是两三个钟头；每逢学生求教，他能抛开自己正在研究的专题而为学生解答最普通的常识。这是一种怪癖，不知道能不能这样解释：他心中埋藏了深深的苦痛，新中国成立前的文学活动不被承认，著作纸型焚毁，无异向活着的自己身上抛撒纸钱；改行研究文物依然困难重重，尤其是"文革"中，某些过去为自己钟爱的青年"反戈一击"，使自己怒火中烧，但在淫威下又有口难辩！如今回到北京并被允许工作，但那些整人者仍居高位，仍在纵声谈笑并伺机继续整人！自己就只能如鲁迅"躲进小楼成一统"之诗，"小小窄而霉斋"是任何人摆布不了的独裁天下！就是要摊——把一切都摊开，摆得乱乱的，叠得高高的，谁管得着？自己不愿上街，不愿听到样板戏、造反歌和见到红色标语，自己把自己关在书斋里，尽管"窄而霉"，可自己看上去无异于古色古香，且有规律可循！因此，中午要老妻送饭，晚上足不出户，见"没话人"半句嫌多，见"有话人"千杯嫌少，这岂不成为顺理成章之举！

1975年，我结婚了，妻子是北京人，运动中随父母去河南干校，在那里招工进厂。我当时仍在河北固安县教书。这样联姻，前途未卜。

来祝贺的亲友不少，贺礼大多是枕巾、被面、茶杯、暖瓶、床单等实用之物。沈伯伯也来了，他的礼物可谓独出心裁——一个清乾隆时的"五蝠（福）捧寿"瓷盘，一只蝙蝠头上贴了一块用红纸剪成的"喜"字；另外，在一块拳头大的朱红蜡笺上面，用他潇洒的行书写了如下字句："祝两位多福多寿。"这两句的卜边，又用小字做了注解："为国家多做好事为多福，长寿则可为国家多做几十年好事。从文敬贺。"

应该说，沈伯伯这份不同寻常的贺礼及贺词，使我的婚礼升了格，并且定下了基调。

几年之后，我调回北京，和沈伯伯的联系更多了。父亲的一位老朋友、上海电影厂的一位著名导演，表示想把沈老的小说《边城》搬上银幕。沈老得到消息，一方面表示感谢，同时又显出不可思议的淡漠。改编本还没有诞生时，沈伯伯在给家父的一封信中，就表示出对于"地貌已变"的巨大忧虑：

照最近的新闻报道，王村下面的凤滩已改为发电25万千瓦的大水电站，那里两岸最美的景物，大致已全部永远淹没在水中。茶洞渡口已有个大桥，日有上千大小汽车往来。就我20年前记忆，具有相同或更好看渡口背景的还不多，一是沅陵附近马蹄驿（上官庄）村子，若值秋冬之际，四周山色红紫烂漫，简直像一件人间奇迹。即宋人最高明画迹中亦不及万一。另一是距自治州仅二三十里的张八碧，同样是一乱清水，四周远近山色红紫烂漫，最难得处，是一个渡口和小船，简直还保留千年不变。可是事实上这20年人为变化，看来也早把原有景色的静谧，完全改变成乱哄哄生产区了……我估计受时间影响所失去的，肯定还不止这些。即留下的自然景物，部分虽不易变化，但成为公式新型红砖建筑，一排排既不适用、又不美观的玩意，却必然到处存在，就使人毫无办法处理它！……

当后来看到改编本中的人物关系，或多或少都被贴上了"阶级斗争"标签时，沈没有正面批评，但是在给家父的信中，便毫不犹豫地关上了"合作"的大门。

沈伯伯病了——在他的《中国古代服饰研究》出版之后，在他赴美探亲讲学之后，在由国外向国内传递的"沈从文热"兴起之后。他几度住院，得到了力所能及的正规治疗。然而病魔却没有退却，第二次脑血栓发作后半年，他已然不能行走和讲话，当被抱坐在轮椅上，头也无力地向胸垂落。西医已没有办法。老朋友和弟子们见了，只能在心内默默叨念："至多只几个月时间了，可怜的人……"

这时，南京来的一个年轻中医开始对沈治疗。他叫吴宗宁，南京人，"文革"中在苏北乡下插队，恰与沈伯母的一个晚亲在一块儿。吴偶然读了一本沈的小说，便敬仰沈的为人和才华。后来回到南京，吴便在一个粮库的医务室当医生。吴是个"怪人"，喜欢哲学，喜欢与有思想的人进行海阔天空式的探讨，习惯从各个角度对病人进行辨证治疗，其手法和道理常常是出乎常规的。他开的方子，一般中医看了连连摇头，因为毫无道理可言；高明中医看了连连点头，因为无懈可击。他专治疑难病症，专接被大医院"判处"了死刑的患者。也奇，有一些这样的患者居然就在吴的手中起死回生了。吴的名声开始飞扬，甚至当年叶帅病危之际，中央曾从全国召集来十多位有"绝招儿"的草泽医人，其中竟也有吴这个后生晚辈在内……

沈伯伯第一次脑血栓时，吴闻讯就赶到北京"毛遂自荐"。可沈家不敢让他"上手"，原因是谁也想不到的——沈当时头脑还清醒，他根本不相信中医！即使如此，吴也毫不气馁，默默观察了好些天，每晚就和沈的儿子挤睡在一张单人床上。脑血栓第二次发作，沈已整日昏沉，大医院也毫无办法，于是沈家这才同意吴"试着来吧"。

吴的第一剂药"渺少"得惊人，一种小儿常用的什么"散"，八分钱一管。为的就是解决沈排痰的困难。以往大医院为了解决排痰，请了多少专家会诊，把多少种复合治疗方案研究来研究去，最终未见效。如今不料这一"散"下去，居然灵了，痰没了。以后的治疗过程不必详述，便奇迹终于发生——沈有了精神，头能够抬起并可以自由转动，慢慢恢复了讲话能力，慢慢能够下地行走……

吴与沈的关系是奇特的——因为沈不信中医也拒服汤药，吴便从南京购买中药药材（一为保证货真质好，二为价格相对便宜，因沈服中药从不报销），制成粉剂装入胶囊。沈则"不辨中西"，糊里糊涂服用下去。吴每年都在季节转换时来到北京，住在沈家一段时间，白天只默默观察沈（大约就是"望闻问切"中的"望"）；夜里，则利用沈家丰富的藏书武装自己。据说，他从书架上抽出一本《马尔萨斯心理学》，认真读了，又推荐给沈。那是一个早晨，沈坐在藤椅上，一个小时居然静静读了十几页……总之，在沈生命的最后几年中，他习惯家中不时出现这样一个"常客"。他安之若素地让吴给自己针灸，也许知道胶囊系吴所制，但不承认吴是自己的医生，更不相信自己一天天的进步是吴的医术所致。但沈确认吴是个好人，是个奇人，是个有思想的人，是个谈得来的后辈，总之，相信吴是个朋友……

沈的好转，赢得了许多老朋友对吴的尊敬。出于礼貌，许多人这样问吴："您有家传吧？""没有。""您肯定是学医出身。""我没上过大学，只当过赤脚医生。""您在什么医院工作？""南京一个粮库的医务室。""您如今——（想问工资、级别、职称之类，却又不好开口）"吴却一眼看穿，坦然相告："我是工人，工资级别四级半，连初级职称也没有。"说罢便直盯盯地望着对方。

老朋友们惊异了，马上也感动了，因为眼前秉性奇异之人，和从文在自传中的"小学学历""生性顽劣"等语如出一辙……

沈先生去世之后，我到沈宅借了那本沉甸甸的《中国古代服饰研究》，准备回家细读一番。我心中总有个不解之谜：为什么这本书在国外获得盛誉之后，国内对沈还有一种"只有资料、没有观点"的背后议论？

当我拭净书桌、随即展开这本书的目录时，不禁有些吃惊，它不像我预期的那样是一部总论，讲服饰与经济、政治、文化的联系，笔法纵横捭阖，有时宏论警世；然后才是分门归类的图录及简短说明……沈摒弃了常见的这种"大手笔"写法，全书一上来就是一幅幅的图录及其说明，彼此之间并没有"系统"存在。

我沉吟了片刻，随意翻阅着。我翻到"七五，簪花仕女图"一页，我晓得这幅世传"唐周画"名作。我是从唐诗开始接触古典文学的，近年编写京剧剧本，又翻阅过新、旧唐书，于是我就潜心阅读起沈的2000字说明。因图录仅是全画的一个局部，所以沈先约略介绍了画的全貌和作者。然后，沈集中笔力分析这幅画中的仕女服饰，有种种违反时代的漏洞，最后得出"此画是宋人（或更晚）据唐人旧稿而作，头上的花朵是后加的，项圈且有可能系清代画工增饰而成（清《皇朝礼器图》中有完全相同式样的项圈）"的结论。沈推导结论的办法，用的是系统论的办法——先单项再组合。单项，比如仕女所戴花冠，沈指出妇女花冠自唐中晚期直到北宋的发展历史，并附印历朝花冠式样作为佐证。组合，指出"蓬松义髻、上加金翠步摇已近成份配套，完整无缺。头上再加花冠，不伦不类，在唐代画迹中绝无仅有"。

我深深叹服了。方法是科学的，观点是明确的。尤其是在发现了"衣着材料和背景花木时令矛盾""衣上花纹平铺，和人身姿势少呼应"及"有的内衣目作红地蓝花大团窝撷"种种弊病之后，并且在推翻了周系此"千秋名画"作者之后，沈并没有高兴地大声疾呼，宣布自己取得了如何重大的科研成果。我觉得，沈的这种态度，就丝毫不低于他的发现价值。沈做学问是有观点的，但是内涵在短短的说明中，或许他认为，把问题搞明白、说清楚了，就是有了学问。

# 平和，或者不安分

李　辉

一

在一包旧信中，我居然找出来这样一封信。它是一位医生1984年4月为沈先生的病情而写给我的。恐怕再也不可能找到另一份如此详尽如此朴实而热心的病历了。信中写道：

来信收到。因为工作忙，业余时间安排会议和讲课较多，所以我拖了好多天才去看望沈老。

见过沈老后，我才放下一颗心，并不是我想象中那么差。沈老仍是鹤发童颜，乐观健谈。您文章中写道"半身不遂整整一年，左腿行走不便，右手至今浮肿"，我当时不好判断偏瘫还是多肢瘫，也不好判断病变性质。我带了一套医疗器具，在沈老家做了神经系统的常规检查，仅见到较轻的左侧半身的运动功能障碍，没有发现明显的偏身感觉障碍和偏盲，这是不幸中的万幸。左侧软腭力弱，稍微影响吞咽功能，左手无名指和小指功能差，左下肢力弱影响站立和行走。总的来看，是右侧大脑半球（皮层到放射冠中间）某一动脉血管的血栓形成，阻碍了血液流动，从而引起神经功能降低，而左侧肢体运动功能障碍。应该庆幸的是，此病变没有波及思维、语言、感觉系统，目前运动功能恢复也较理想。我当医生多年，个人认为沈老的恢复还算不错的，有很多人年纪比沈老轻得多而恢复得很差。

我给沈老当参谋，将生活、服药等问题做了一些安排，尤其是对于功能锻炼提出参考意见。以后我将不定期地去探望沈老，尽力提些建议，希望给广大关心沈老情况的读者们提供好消息！

……


这位写信的医生叫黄世昌，至今我也未与他见过面。而且，在与他通过这次信后，也没有继续联系过。在行医多年的时光中，类似的病人，他当然遇到过许多，为这样的病人撰写的病历大概也会不计其数。但我宁愿相信，在他的笔下，决不会有别的病历，会像这封信这样，缜密的科学分析中，也包含着一个医生对陌生的作家的热爱。

1984年春天，我还在《北京晚报》工作，负责文艺方面的采访。新年伊始，在文体新闻版上，我新设了一个专栏"作家近况"，一周一次，陆续介绍一些居住北京的作家的生活，文字与照片均由我负责。或许是因为我偏爱现代文学的缘故，专栏一开张，出现在读者面前的，几乎都是80开外的老人，如冰心、宗白华、胡风、曹靖华、萧军、艾青、骆宾基、端木蕻良、萧乾等。现在回想，我大概是计划从年长到年轻慢慢写下去。后来，我因去编副刊这个专栏也就没有继续了。

沈先生自然也在我所介绍的老作家之列。在只有数百字的文字里，我提到了他半身不遂已近一年的病情。就是这样一篇毫不起眼的小文，引起了这位医生的关注。他读过我的文章后，马上给我来信，提出要亲去为沈先生治疗。在征得沈先生和沈师母的同意后，我将他们的地址写信告诉了他。他去过之后，便给我来了这样一封难得的信。

真没想到，此刻距那个时候，差不多快有八年时间了。（天啊！时间怎么会如此之快！）八年，对于个人并不是一段短暂的时光。静心回溯这些跌落跳跃如流水一般的日子，一切都大大不同于往日，说不出是多了些什么样的感慨。那位被这封信描述的老人，早已不复存在于我们中间。我不知道，在医生的记忆中，是否还有信中描述过的那个老人的影子。在后来的这些日子里，他是否又写出过同样详尽同样朴实的病历，我也不知道。但是，对于我，这样一封特殊的信，却能极为轻易地牵出我的并不久远的记忆。


二


我同沈先生接触不过几年时间，且在他的晚年。沈先生留在我的记忆里的，虽然也有人们通常所说的谦和的笑，以及柔和的声调，但是，最清晰的倒是他的风趣、活泼，还有孩童一般的任性。这也许是老人的共性，但在他的身上，对于我却那么富有情趣。

一次我去看他，知道他喜欢音乐，就特地带去意大利著名民歌演唱家布鲁诺·文图里尼在北京演出时的现场录音。

沈师母张兆和先生打开录音机。沈老靠着沙发，右手平放在靠背上，左手无力地搁在腿上。歌声响起。有些歌可能是初次听到，但是它们的旋律，都像《我的太阳》一样，那么美妙动听。他听得十分入神，一时间，他陶醉了。来自西西里岛的具有浓厚民间气息的歌声，好像一束束阳光，活泼地跳跃在他的脸上。我注意到他的目光里，有一种喜悦，一种激动。

听完几首之后，他对我说，他很欣赏文图里尼的音域广、富于表现力的演唱。他还说："文图里尼的歌有淳朴的特点，民间气很浓、很感人。"他特别感慨地说："中国的演员唱得没有这么有味，这么让人感动。"

沈师母接过他的话对我说："他爱听肖邦、贝多芬的交响乐，更爱听家乡湘西的民歌和戏剧，特别是种叫作'傩堂'戏。"

刚刚说到"傩堂"两个字，我发现，本来很平静的沈先生突然张开嘴巴，笑出了声。我们都停止了谈话，静静地看着他。他笑得很开心，眼泪不一会儿也顺着眼角流了下来。

我很奇怪，两个在我看来极为普通的字，居然会在他的身上诱发出这么有趣的景象。当他稍稍平静一些后，我问他为什么会这样，他说：小时候，常常和小伙伴一起玩游戏，唱歌，后来就爱听民歌，爱看叫作"傩堂"的地方戏，喜欢那些很简单朴实但又很有味道的音调。现在年老之后，只要一听见小时候熟悉的音乐，或者甚至有人提到它们，他马上会想到家乡山水，家乡风俗，特别是想到当小孩子时候的天真情景。

看着面前的老人，想到适才发生的场面，我好像能从中感受到一点儿什么，是什么？当时乃至现在我仍然说不清楚。

沈先生最让感到有趣的，要算半身不遂之后，逼着让他练习散步的事情。

在收到黄医生的信之后，我去沈先生家的次数便多了起来。当时，他们还住在崇文门附近的一幢高楼里，离我的单位极近，去得频繁的时候，差不多一周会跑上一两趟，去的目的之一，就是监督他逼着他练习散步。师母每次都会笑责他太懒、太怕吃苦。

这是一间很小的客厅，我的记忆里，来回走上一圈绝不会超过十步。地上有一半铺着草编，另一半特地空出约一米多长的水泥地，漆着红颜色，师母说是留给他散步的。这个时候的沈先生，行走已经十分不便，右手不时神经质似的颤抖一阵儿，两只脚几乎是拖在地面挪动。每次从座位上站起来后，师母得把他的左腿慢慢捶上一会儿，他才能拄着拐杖在别人搀扶下开始走动。尽管如此，按照医生的分析，他仍然有渐渐好转的可能，只要加强锻炼。大家对此寄予希望。

"每天让他走五个来回，这是指标。"当我第一次见到他练习时，师母对我说。

走完两个来回。

"够了吧？"沈先生问，听得出他是故意问问。

"没有，刚刚两次。他就爱偷懒。"

沈先生笑了。刚走完一个来回，他又说："这是第四次了吧？"似乎带点孩童般撒娇耍赖的劲头儿。

"别骗人，刚刚三次。他每次都想哄人。"师母对我说。

在我们的监督下，他终于无可奈何地又走完两圈，最后一个来回时，不等走到头，他便迫不及待地长吁一口气，大声喊上一句："唉，完了吧？"便径直朝座位上走去。

"你总爱偷工减料。"师母责怪他。他没有反驳，只是很有点儿调皮的样子看看她，然后，两位老人开怀地笑了。

我的印象中，这是一幕极为温馨极为快乐的人生景象，虽然它没有多少深刻或者丰富的意味。两位经历过人生大起大落悠长岁月的老人，在这种时刻，在这样一间窄小却充满安宁平静的房间里，相顾开怀一笑，岂不胜过人世间许许多多无聊的热闹。

一个被人们常常视为淡泊、平和、寂寞的老人，任性而顽皮的一笑，使得我眼中的他，又多了一种别样的色彩。

# 三

最后一次见到沈先生，是在他逝世前的两个星期。那是在1988年4月下旬，在前往贵州参加一个笔会之前，我去看望他。

自调离《北京晚报》之后，因为新的单位距他家较远，去看他就不那么频繁了。此次去看他时，他已经从那套散步的房子，搬到较为宽敞的新居，而且还听说给予他部长级的待遇，对于他这样的文人来说，在京城，这也算挺不错的待遇，主要是有了看病和用车的方便。

他依旧坐在他的藤椅上，同几年前相比，显得更加苍老。或许因为没有戴假牙的缘故，脸庞也更为消瘦。右手已经完全失去知觉，萎缩无力，搁在靠背上，左手也极少动弹，置放在左腿上。他说话虽然有些含混不清，但思路很清晰。和其他一些我所熟悉的老人一样，谈到往事时，他的记忆好得让人吃惊。有时说到高兴处，说着说着，他便抿着嘴想笑，又笑不出来，得憋上好久，才呵呵地笑出声来。那神情，真是像一个可爱的老人。

在交谈中，师母告诉我，沈先生差不多快有一年没有到外面走走了，更别说去公园转转，她劝说过许多次，都不起作用。于是，我们一同做他的工作，最后，他同意在我从贵州回来之后，趁5月北京的春色正浓之际，带他到天坛公园去看看。

他同我谈到我写的《萧乾传》，认为我对30年代京派文人沙龙的描写，是那种气氛。他还又一次谈到了他和巴金的交往，他和巴金关于作品中的热情与平和的争论。（他总是爱谈到巴金，每一次都少不了这个话题。）

当谈到《萧乾传》时，我的脑子里，突然冒出一个念头：劝说他和萧乾和好。

几年来，同沈先生和萧乾先生我都有较多的来往，很为这两位曾经有过20多年深厚友谊的朋友，在晚年友谊破裂而遗憾。30年代，他们之间，其师生和朋友之情多么令人羡慕！残缺，毕竟令人惋惜。我曾经分别询问过他们后来关系破裂的原因，他们各持己见。我历来觉得，文人间的恩怨，有时的确是难以判断是非的，每一个人都会有理由认定自己的正确。我无意搅进任何一件文人纠纷之中，特别是我这样的年轻人，更没有资格来评说、化解像他们这样的老人之间的矛盾。可是，面对两位熟悉和尊敬的老人，我从内心多么希望他们能够在晚年抛弃前嫌，重归于好。真能如此，该是极好的事情。

我终于提出了这个问题。我对他说："你们年纪都这么大了，何必还斤斤计较一些往事，何必都要任性呢？过去关系那么好，现在连见都不见，多么遗憾！"

他没有吭声，但也没有不让我说下去。我接着说：

"你们都也老了，和好不行吗？要是他来看你，你赶不赶他走？"我并没有同萧乾先生商量过，但我想他是会同意我这么说的。

他没有立即回答，稍稍思忖了片刻，说："他来看我，我赶他干什么？"

我当即与他商定，也是等我回到北京后，陪着萧乾先生来看他。现在回想起来，当时他那种表情和语调，真是可爱极了。

离开他家，我马上打电话告诉了萧乾先生。他并没有责怪我的多管闲事和自作主张，而是答应了我的建议。我为他们即将相见于春天而高兴，那该是多么有意思的瞬间！我想到应该把这个消息告诉他们共同的好朋友巴金先生，我知道他曾关心过他们的关系，也为他们的闹矛盾而遗憾。在出差之前，我给巴老写了信。

在贵州的十多天旅行中，我心中挂念着我所答应沈老先生的两件事，盼望着早点儿实现我的承诺。然而，万万没有想到，就在我乘坐飞机返回北京的那一天，他永远地离我们远行了。

萧乾先生也为未能在沈先生去世之前见上一面而懊丧。他颇为遗憾地将自己的心情，写信告诉巴金。巴老回信时说："得到三姐电报知道从文逝世很难过，他的死使我想起好些事情，可以说我的生活的一部分也给埋葬了。你在信中提起李辉帮忙消除你和从文间的误会，李辉也来信讲到这件事情。详情我不清楚，但总是好事，不知你到从文家去过没有。要是来不及了，那多遗憾！但即使是这样，也不要紧，从文已经知道，而且表了态，这说明你们已经和解。"

和沈先生的最后一面，已经过去差不多四年了，我所看到的他最后可爱的样子，永远定格于我的记忆里，而且伴随着莫大的遗憾。


# 四

我早就想写一篇文章，甚至题目都想好了，叫作《不安分的沈从文》，但一直没有写出来。我怀疑自己的了解是肤浅的，像他这样一个人生有过那么多变故、性格又并非简单的文人，任何一种性质的单一概括，我想未必会描绘出他的整体。

这些年来，沈先生在许许多多的评论文章和回忆录中，被强调的是他的平和、恬淡、与人无争、耐得寂寞。《边城》及许多描写家乡湘西生活的小说中的意境、格调，无形之中，在人们的印象中，差不多同他本人的性格混为一体了。那是一个默默地承受命运的压力，没有刚劲、没有锋芒的平和文人。他的生活，似乎一直就是甘于寂寞地度过，不过问文学创作以外的一切，不计较世界和人际间的是是非非。

当我同他多接触几次后，当我把目光稍稍扫描一下三四十年代他的生活，我发现，那些我所熟悉的对他的描述，只是勾画出了他的生命的一个方面，并且是以近30年的历程为依据的。而我所接触的老人，我所追溯的那个活跃于历史之中的湘西人，原本在平和恬淡之外，也有另外的生活形态，他本不是一个那么安分的文人，湘西的跳跃的水，在他的性情中，也是一个自由飞翔的精灵。

我第一次见到沈先生时，他正在一个会议上慷慨陈词。记得那是在1983年春天，我采访全国文联委员全会。在分组讨论时，我走进了沈先生所在的小组。我刚刚坐下，就见我对面的一位长者开始发言。他的样子很谦和，声音也极柔和。我打听一下，原来他就是我久仰的沈先生。

# 湘西，你不要哀恸

萧　离[*]

　　1988年5月10日，尽管北京崇文门外沈家寓所里的悲泣声是低低的，但远隔几千里外的他的湘西家乡却听得清清楚楚……

　　1988年5月18日，尽管八宝山灵堂里的哀乐声是细细的，但它却跨黄河、越洞庭、循清清沅水而上，飘向武陵山区的苗乡土寨，缭绕在南华山下、张家界上和天子山头的苍松翠柏之间……

　　由湘西泥土、山泉、阳光、雨露哺育成长的从文先生，尽管早已成为著名的作家，他在物质文化史研究方面创造性的成就早已在国内外赢得普遍赞誉，但他从外表到内心，始终是一副朴朴实实的"乡下人"的模样，也始终保持着他那择善固执的山民性格，包括那一口不容易改掉的凤凰口音。一句话，从20岁上离乡背井起，直到66年之后走完了生命的最后旅程为止，他留给人们的印象是不折不扣的湘西人民的忠诚儿子。湘西给了他一切，他把一切奉献给祖国的文化事业，反过来也为湘西争得了非凡的荣誉。

---

　　[*]　萧离（1915—1997），湖南古丈人。著名的新闻记者、散文作家。久居京城，与沈从文过从甚密。

从文先生对湘西家乡一贯情真意挚，早在半个世纪以前的旧时代，正处于"风雨如磐黯故园"的艰难岁月，他在《湘西》一书的《题记》中就曾这样说过："当我拿笔写到这个地方时，本人的心情实在很激动，很痛苦，觉得故乡山川风物如此美好，一般人民如此勤俭耐劳，并富于热忱与艺术爱美心，地下所蕴聚又如此丰富，实寄无限希望于未来……"

　　关于从文先生童年生活等，在那本脍炙人口的《从文自传》里已广为读者所熟知。少年时他就不是一个娇生惯养的孩子，恰恰相反，是个地地道道的顽童。也正因为如此，他认识社会，了解社会也比一般在正常情况下成长起来的孩子要多得多和深得多。从少年步入青年那个阶段，他写道："……14岁后在沅水流域上下千里各个地方大约住了7年，我的青年人生教育，恰好在这条水上毕的业"，因此，"我对湘西的认识，自然较偏于人事方面，生活在这片土地的老幼贵贱、生死哀乐种种……"

　　一个像从文先生这样眷恋本乡本土的人，命运却安排他大半辈子身在四方、心怀乡国中度过。特别是在新中国成立后的40年里，他只是在1957年和1982年两次短时间的回乡探亲访旧。他多么希望有更多的机会经常去故乡重温旧梦，但工作情况和健康条件都不允许他如愿以偿。对比之下，我这个和他同山共水的湘西人，由于年龄上比他小了一大截，其他条件也互有差异、从1979年起的十年间，我竟有了五六次机会回到我们共同魂萦梦绕中的故园，这是他唯一啧啧称羡而我又爱莫能助的憾事！

　　写到这里，我自然而然地想起了1982年我们伴同老人一起访问他的故乡凤凰和自治州首府吉首的两件感人旧事：在凤凰大家一起欣赏传统的古老剧种——傩堂戏；老人一面凝神谛听，一面低声随唱，同时还情不自禁地击节说："楚音，楚音！"身边新朋旧友目光顿时集中在这位已陷入童心幻念中的老人身上，只见他脸上铺满了异样的微笑，眼眶里却饱含着晶莹的泪水……为此我曾写过一首小诗。

一样凝情听楚音，先生岂是曲中人。

故园雨洗浅深绿，我对溪山也动情。


　　另一次是老人在吉首大学参加座谈会后，大家一起去游炯河古码头。山青似绣，水绿如蓝，对岸是一列别有风情的吊脚楼，河边上砧声处处，水面上渡船如梭，完全是老人在小说《边城》中描述的景况。已经到吃晚饭的时候了，他却孩子似的不肯离去。一位同行的熟朋友半开玩笑地说："那您就坐在这里好了，我们回去叫人给送饭来，外带一床被窝好过夜。"老人不以为意地笑了，口里说着"就走！就走！"却就是不见他站起身来……

　　前面写的只是这种依依故园情的一个方面，下面我愿提供一些故乡人对从文先生千丝万缕的深情厚谊。

　　同样在《湘西》一书的《白河流域几个码头》那一章里，谈到古称"楚蜀通津"的王村时，从文先生说那里"入目景象清而壮。一派清芬的影响，本县（按指永顺县）老诗人向伯翔的诗，因之也见得异常清壮"。

　　在伯翔先生的诗集《鹤山吟草》里，有作于1939年和1945年的三首诗，不妨抄飨读者，借以说明老一辈乡长对从文先生的评价：


　　海内几人怀椠铅，少年才调独翩翩。乱离踪迹共谁语，迟暮心情只自怜。钱别曾惊花照眼，论文况有酒如川。遥知故土怀王粲，不待登楼已黯然。

　　一去昆明阙寄声，图南万里化溟鲲。短篇荆楚岁时记，落日边城故国魂。自有春秋张武库，应无风雨病文园。碧鸡金马多奇胜，好著虞初写梦痕。


　　关于《边城》，伯翔先生还有一首题为《茶洞》的诗：

岩疆锁钥湘黔蜀，鼎峙三峰旧著名。洞口茶花何处问？空劳沈约记边城。（原注：沈从文所著《边城》，颇以乡土小说见称，盖记茶洞逸事也。）

茶洞属花垣县，县志载称孔尚任曾游此，传"花垣"即指土司王统治时代供其享乐之花园所在地，是否史实待考。但作为"脚踏三省"的边城要隘和小说《边城》的依托之地，它的人事风物确实令人神往。电影《边城》摄制时，除凤凰县城外，茶洞和另一处位于大庸、永顺交界处的温塘都曾被选入镜头。说来也巧，我除了那一次赶往温塘和凌子风导演及剧中的"爷爷""翠翠"交谈了几句之外，《湘女萧萧》在凤凰城郊拍摄时，我又一次有幸在路边一座碾房里向导演和演职员们谨致慰劳之忱。泥滑滑、雨霏霏的坡坡坎坎路，差点没有把我摔下沟去。

前不久，接到消息，花垣人为了表达他们对老作家的尊敬和纪念，着手把这座边城尽可能地恢复旧日的风貌，也曾期待着竣工之后迎接老人家回去访问呢。

保靖是从文先生生活道路上一个重要的转折点——20岁上离开湘西并辗转到了北京，当时这只四海为家的一叶孤舟的起航地点就在这里。与县城隔河相对的岩山上有前人镌刻的四个摩崖大字："天开文运。"有人以为这是他后来成为著名作家的不谋而合的征兆。但是，众所周知，从文先生"文运"之所以大开，并非出于老天爷的恩典，而是由于他对故乡的爱和对乡人的悲悯、关切和希望之情，以及他厚实的生活基础和千锤百炼的文字功力……几年前当我来到这座幽静的山城时，保靖同志递给我一份打印材料，他们把从文先生著作中的有关保靖的章节一字不漏地摘录下来，还托我带一份给沈先生，他们的这分努力连老作家本人也出乎意外。

对永顺县从文先生有着特殊感情，那里原先曾是湘西的行政、文化中心，除前面提到的向伯翔老先生外，还有其他的资历更老的前辈。因此永顺同志来京请从文先生为城郊的著名风景区不二门题字时，老人家欣然命笔题上了"石门天凿"，这四个字早已被镌刻在风景区的最显眼处。

自从1979年张家界开始在报刊上露面以后，从文先生便多次表示过希望有机会能一游这个新辟的国家森林公园。1982年他终于凤愿得偿。无奈年事已高，只被"批准"到金鞭溪畔走走，清清溪水曾给老人以最难忘的印象。

于张家界所在的大庸市新建的武陵大学今年正式招生了，筹建之初就曾聘从文先生为董事会董事。最近，就在老人家逝世的前两天，校方准备邀请在京董事开会，托我把通知转达老人，我当即以沈老病重不能到会作答。没想到，正是那天晚上8点30分，这位一向关心家乡文化教育事业的老人心脏停止了跳动，距离董事会结束也就是两三个小时的事。

泸溪县是沅水上游的一座古城。传说中是伟大诗人屈原行吟之地。今天江边上还有一个名叫"屈望"的村落。前几年我到泸溪访问时正赶上端阳节，这里的龙舟竞赛似乎格外起劲。沅水中还有一座江中古寺，我曾受从文先生嘱托，过江去踏访过，它的现状使老人不胜惋惜！

龙山县的里耶，加上泸溪县的浦市，永顺县的王村和花垣县的茶洞，是湘西自治州的四大镇，都是从文先生经常提到的地方，也都是依山滨水、商业繁盛、风景秀丽之地。但这里我要介绍的不是这些，而是与老人有过关系的一人一事：人是最近荣获"中国工艺美术大师"称号的叶玉翠老人，事是老人把毕生精力与全部智慧所投入的事业——土家织锦（土家语叫"西兰卡普"，汉话叫"打花被盖"或"土花被盖"）。全国62名"大师"中湖南占有3名，一名湘绣、一名花炮，还有一名就是年届80高龄、从艺逾70个春秋的这位土家族织锦高手了。1982年我将回家乡并决心去一访身居偏僻山村当时年过七旬的老人时，离京前从文先生托我两件事，一是希望能得到一副叶大姐亲手制作的"土花被盖"，一是商量一下能否为将来的中国服饰博物馆征集到一件叶大姐早年制作的精品。虽然叶大姐工作安排得很紧，但听到是远在北京的家乡老人的殷切希望时，说："我把别的订货往后推推，说什么也要替沈老打一床的。"不久之后织物寄到，在打开包裹时，老人脸上露出了孩子般的喜悦。这件土家织锦，马上就被列为沈家的珍藏品之一了。

我的家乡——自治州的山城小县——古丈，唯一可以慰藉老人怀乡之情的是茶叶，"古丈毛尖"近年来已被列为全国30种名茶之一，古丈人——从县领导到茶农一致表示：只要沈老喜欢，保证每年把上等的"头道茶"寄到北京，寄到沈老身边去……

至于从文先生生身之地的凤凰县，那就更不用说了。故居即将辟为纪念馆，现正加紧施工。老人受过唯一学校教育的南华山下的文昌阁小学，本来风景就不错，近年来更广植花木。由从文先生捐款一万元赞助修建的藏书楼就在附近。前不久，生活和工作在凤凰的文学青年们，自发组织了一个文学团体——沈从文学社，从事学习和创作活动，互相切磋砥砺，俾能更好地继承前辈老作家的风范。

到今年秋天，建校即届30周年的吉首大学，几年前已经成立了个学术性机构：沈从文研究室。一则因为从文先生是本乡本土人，这方面的研究工作有它特殊的有利条件，同时也是一项不可推卸的责任；再则1982年正是春夏之交时候，从文先生曾到校访问。座谈会上，亲切地回答了若干问题，在与会师生间留下了极为深刻的印象。还有，老人无论早年在文学创作方面的成就和晚年在物质文化史研究方面的贡献都是我们湘西各族人民可以引为骄傲的。而从文先生自己，他那贯彻一生的"临事庄肃、为而不有"的精神，"实践，古为今用，为人民服务"的十一字信条，包括他的说到做到"伏案而终"的誓言，等等，无论哪方面，都是家乡后辈们学习的楷模。

为了纪念从文先生，为了交流关于从文先生文学创作和思想、品格等方面的研究所得，有关各方正在筹划举办一次范围较广，规模较大的学术讨论会。

地点初步考虑在从文先生的家乡——湘西土家族苗族自治州。同时，已着手征集纪念文字，争取在明年从文先生逝世周年时，拿出一本纪念文集来。

执笔之际，已经是从文先生"大去"之后的第25天了。

我是新闻记者出身，文章不论好坏，向来也还不算慢手，但这回却是意想不到的艰涩。为什么？我和从文先生同山共水不说，从30年代中叶起，就一直以半师半友兼采访和被采访的关系相交往，谦虚为怀的从文先生总是从"师"的方面退让，向"友"的方面扩展，使得我从愧不敢当到安之若素——大概这就是所谓"润物细无声"吧。但更使我深念不忘的是40多年间在雨雨风风里的坎坷旧事中，他那无怨无尤的坦荡胸怀、锲而不舍的工作态度，我曾经在一篇题为《不倒的独轮车》的文章里写过下面这么一段话：

> "人不知，而不愠"是人所共知的沈先生的特点。他不是蛱蝶，终日穿飞于万花丛中。也不是蝉，歇在高处，尽说空话。他有如不言不语的蚕，昼夜不分地啃着桑叶，抽丝、作茧，然后由别人去绮罗天下……

换句话说，从文先生一贯不是仅仅用美丽的言辞，而是用踏踏实实的工作，为我们伟大祖国，为社会主义唱赞歌的！

搁笔之际，已经是6月5日黎明之前了，就在今天，我将第6次（从1979年算起）回乡访问，该准备的都已经准备停当了，忽然"近乡情更怯"的诗章涌上心头，我将怎样向家乡人汇报新近发生的这一切……

我愿用本文题目《湘西，你不要哀恸》作答。

用家乡习俗来劝解吧！86岁高龄应该算是"喜丧"了，湘西，你不要哀恸！

在从文先生前半生的文学生涯中，500万字左右的文学作品近年来已先后在国内外出版；在物质文化史研究方面著作已经出版的约50万字，正在整理和出版中的还有约50万字，两者总计100万字。俗话说，失之东隅，收之桑榆，从文先生的人生之旅尽管风高浪急，非但东隅未失，而且桑榆将收，因此，湘西，你不要哀恸！

刚刚来自家乡的一位中年诗人的悼词正好借作本文的结尾：

"他的去与他的来，他的一生，都是协调统一的。"

"在这个世界上，他无意争吵什么，无意喧哗什么，只是默默地做着自己的事业。"

"他得到的是最多的！"

# 他静静地走了

向成国[*]

　　1988年5月10日，沈从文先生辞世了。

　　他走得十分平静。这与他的"临事庄肃，为而不有"的风格是一致的。

　　1987年冬天，沈先生患过感冒，很快就痊愈了。至1988年春暖花开时，他身体一直很好。只是听说要召开全国沈从文研究学术讨论会，感到极为不安。他执意要阻止大规模的讨论会，他说："这与我所看重的、所珍视的完全不同。"4月中旬，他几次要夫人张兆和先生代笔写信给有关方面进行劝阻。

　　5月初，吉首大学沈从文研究室主任刘一友同志到北京专程看望沈从文先生，2日、4日、7日三次到沈先生家里。这时沈先生的精神很好，情绪稳定。特别是7号这天，沈先生谈了整整一个上午，就湘西文化圈的问题与刘一友同志作了广泛深入的讨论。沈从文谈了许多极为精辟的见解，对研究湘西地方文化提出了许多极为宝贵的意见。

　　5月6、7、8号这几天，沈老精神振奋。7号下午，他竟不让人搀扶，从

---

　　*　向成国，湖南龙山人。沈从文研究专家。

客厅到卧室，从卧室到客厅，来回走了好几趟，他乐得像个三岁的孩子，全家人都为他高兴。这天家人为他照了几张照片。这些照片我都一一看过。每一张照片都表现出这位已86岁高龄的老人坚定、自信、乐观的人生态度。那步伐，那身姿，那面容透露出生活强者的决断和勇气。从这些照片可以感到，在沈先生那里，似乎又要出现生命的奇迹。

5月10日，是沈先生在世的最后一天。上午接待吴瑞之先生的来访，交谈了近一个小时。下午约广东电视台的黄维超、李素先夫妇见面。李的父亲是沈先生早年朋友，新中国成立后累受挫折，生前常想念沈从文先生，多次想与沈先生见面，直到去世，终未实现。临终时交代女儿：有机会到了北京，一定要去看望沈先生。1987年，李素先到过北京，因沈先生当时病重，未曾拜见。1988年春，李同丈夫再次到京，沈先生知道后，高兴地要见他们。5月10日下午4点20分，黄、李夫妇到沈先生寓所。李素先谈及父亲的遭遇和思念从文先生之情，不免引起沈老的一些感伤，牵扯出许多旧时的回忆。但沈先生不是很激动，他认真地听着，细心地品味种种不同的、不幸的人生遭遇。不过沈先生这时已很累了。谈话中途，他突感不适，只觉眼睛昏花，慢慢地看不见东西，平缓了一阵以后，又恢复正常。黄、李二位5点10分告辞离去。他们走后，张先生扶沈先生上床休息，给他服用硝酸甘油片，然后迅速打电话请医生，通知儿女和沈先生的几位助手。很快沈先生的助手王序、王亚蓉赶到，孙女沈红赶回，医生带着氧气袋和其他急救药品、器械迅速赶到，救护车也及时守候在楼下。在医生们全力抢救中，沈先生一直很平静。6点左右，沈先生对夫人张兆和先生说："我不行了。"张先生安慰他说："不要紧，我们送你到医院。"沈先生说："送医院也不行了。"沈先生紧紧地握着夫人的手说："三姐，我对不起你。"这是沈先生留给家人最后的话。慢慢地，他神志模糊，下午8点35分，心脏最后停止了跳动。当儿子、儿媳心急火燎地赶回家时，沈先生已经静静地走了。

一颗伟大的心离开了喧哗骚动的世界远去了，一颗明星陨落了，一位中外知名的作家辞世了，一位文物研究的开拓者与自己的事业告别了！

　　5月18日上午，我陪同我校校长张有志同志前往八宝山，参加与沈老遗体告别仪式。一辆上海牌小车载着我们汇入浩荡的车流。虽然春日的融融阳光给人以舒适的暖意，但我总觉得内心一片空白——无法填补的空白！

　　到了八宝山礼堂，沈先生的儿子、儿媳沈龙朱、沈虎雏、马永肺、张之佩，侄女侄女婿沈朝慧、刘焕章在门口候接我们。走进休息室，有许多人正陪张兆和先生。她老人家一身素色，花白的头发梳得齐齐整整，虽然眼角、嘴角的皱纹处一直挂着永远也抹不掉的微笑，但瘦削的脸还是露出了悲痛折磨后的苍白，眼圈是黑的，平时神采奕奕和善的眼神显得滞凝、困顿。我走上前去，握着她瘦小的手，只觉得冰凉。这冰凉闪电般地透进我的心底，我说了句"请多保重"，就再也说不出话了。张先生紧紧地、久久地握着我的手说："你从湘西来，老远的，难为你了。你辛苦了！……从文走得很平静，他没有什么牵挂，最后虽走得匆忙点，但没有痛苦。"不久，朱光潜先生夫人来了，巴金女儿李小林来了。她们泣不成声，双眼通红。张先生拉着她们的手，连声说："别哭，别哭，从文是不喜欢别人哭的，他看到别人流眼泪会不高兴的。"我坐下来，接过别人送来的一杯茶，喝了一口，只觉得咸咸的，不知我喝的是茶还是自己的泪。休息室里坐着二三十个人，谁也不愿说话。胡昭衡、萧离都静静地坐着，仿佛期待着逝者涅槃再生。汪曾祺蓄着长长的花白头发，戴着一顶棕色的巴拿马帽，穿着一件银灰色的夹克衫，古铜色的脸上突现出一双炯炯有神的眼睛。这位本来言语胜似江河的当代著名作家一声不吭，端直地坐在沙发上，似一座雕像，露出深藏的沉痛。李振军同志来了，威严的脸上缺了笑容。这位戎马倥偬的将军不知见过多少战友、士兵在炮火中倒下，今天他为自己的乡亲去世，感到格外的悲痛。刘祖春同志到后，打听多方面的情况，当他得知××社，××台没有记者来时，

154

气得直跺脚，脸涨得通红。这位在沈从文先生影响引导下，走出凤凰山城，先在北大一面读书，一面从事文学创作，后抗战爆发逃出北京，由张兆和先生资助，奔向太原，投入抗日烽火，革命几十年的老同志落泪了，他颤颤栗栗，由夫人雅琪陪扶着，那抹泪的手绢早已透湿。……人们的感情是相同的：怀念和悲痛。

与沈先生遗体告别开始了。王序是组织者，他轻轻地招呼了一声，人们便自然地排成两行队伍缓缓向灵堂大厅走去。这是亲人的送别，没有悼词，没有任何仪式，只有一种沉痛的家庭式的气氛。各人手里拿着一支鲜嫩的月季花，走到沈先生遗体前，深深鞠躬，虔诚地将花放在他身旁。没有花圈挽幛、祭幅和黑纱。沈先生遗像置于灵堂正中的平台上，遗像下工工整整地写着他生前留下的名言："照我思索，能理解我，照我思索，可认识人。"沈先生遗体安卧在翠柏鲜花丛中，周围是亲人们送的几十个花篮。张兆和率子女送的花篮放在遗体前的正中央，挽词是：

让音乐、鲜花和我们的心永远伴随着你

傅汉思、张充和率子女送的花篮挽词是：

不折不从，亦慈亦让
星斗其文，赤子其人

王序、王亚蓉送的花篮挽词是：

伟大公民，来日启明

155

几十个花篮簇拥着一株株翠柏，那翠柏深绿、苍劲、勃勃生机，寓意着逝者生的顽强，死的永垂。沈先生十分安静地躺着，洁白的垫单洁白的盖，一尘不染。往日那深度近视镜片后眯缝着的充满笑意温厚、睿智的双眼紧闭着，那嘴角眼角的丝丝皱纹深处明显地留着慈祥、仁爱、刚直正义、自甘淡泊寂寞、与世无争的笑意。他幸福地躺着，安详、满足而快乐，进入了永远不醒的梦境。他一辈子辛劳奔波，今天终于休息了。他走了，什么也没有带去，没有辎重，一身轻松。他去了，他把自己对我们国家、我们民族、对人类世界的温爱留下了，把无私的奉献留下了。我轻轻地献上了手中的月季花，久久地伫立在他的遗体旁。我想他一定能闻到我献上的花香，感受到花柄上不散的体温和溶在这体温中的献花者的一片怀念崇敬之情。

　　大厅内回响着贝多芬的《悲怆》奏鸣曲，音乐声的间隙处可以听到人们轻轻地抽泣。张兆和先生率子女守候在遗体旁，深情地感激、安慰每一个前来的吊唁者。送别的人们久久地围着沈先生的遗体，谁也不愿离去。

　　灵车终于把沈先生的遗体运走了，沈红紧紧地追赶着，呼天抢地地叫："爷爷！爷爷！"这呼叫声撕裂了每个人的心。送别者涌出厅外，泪眼紧追着缓缓而去的灵车。

　　入夜，我思想空辽，盲无目的地走在崇文门大街上。周围华灯明照、夜空星斗闪耀。我知道崇文门东大街那栋高楼上的那排窗口留下了沈从文先生永不灭的生命之光。我久久地望着那排窗口，我自语喃喃："与天地兮同寿，与日月兮齐光。"但我不知道怎样把屈子的诗与沈从文先生的生命之光联系在一起！沈先生是位深刻的哲人，他始终以清明的眼，对人生远景凝眸，不为权力倾倒，不为名利熏心，不为爱欲炫目，不为尘俗卑猥的一片生活的烦厌而逃遁。他认为无论自己从事什么工作，都首先要考虑对社会、对国家、对人民有没有益。只要有益，就要把它当成一种事业，就要拿自己的生命去投资。他说："知识同权力相比，我愿意得到智慧，放下权力。我明白人活到社会里，应当有许多事情可做，应当为现在的别人去设想，为未来的人类设想，应当如何去思索生活，且当如何去为大多数人牺牲。"我想这莫不是沈从文先生一生清廉淡泊，自甘寂寞，勤奋创造的源泉。

不过沈先生的后事处理这般简单，我还是想不通，第二天上午，我去看望张先生时，专门向沈龙朱同志询问这件事。龙朱告诉我："父亲生前有过专门的交代：处理他的后事，不发消息，不发讣告，不开追悼会，不写悼词，只通知一些亲近友好送别，火化后骨灰不放在八宝山。"龙朱还说："他老人家经历80多年，一生对社会、对人民没有什么要求，总感惭愧的是自己对社会、对人民贡献太少。今天他去世了，我们家人又能有什么要求呢？一切按父亲生前愿望办。"

沈先生满足了，他一定含笑九泉。

大凡年老的人，久病的人或遭遇某种不幸的人都想到过死。但各人的人生哲学不同，对死的意义理解和态度也不同。一生只为国家和民族的生存发展，无私地奉献自己一切的人，对死自有崇高的追求。

鲁迅在他逝世前一个月写一篇杂文《死》，他嘱咐家人："损着别人的牙眼，却反对报复，主张宽容的人，万勿和他接近。""让他们怨恨去，我也一个都不宽恕。"鲁迅在久病中，感到属于自己的时间不多了，但斗争的任务远没有完成，为了民族的解放，必须与那些"损着别人的牙眼，却反对报复，主张宽容的人"针锋相对地进行"以眼还眼，以牙还牙"的斗争，即使死，"一个都不宽恕"。

巴金1988年9月在为我们吉首大学沈从文研究室编辑的大型史料性纪念文集《长河不尽流——怀念沈从文先生》一书写的长篇纪念文章中写道：

"我还记得兆和谈过：'火化前，他像熟睡一般，非常平静，看样子他明白自己一生在大风大浪中已尽了自己应尽的责任，清清白白，无愧于心。'他的确是这样。"

"我多么羡慕他！可是我却不能走得像他那样平静，那样从容，因为我并未尽了自己的责任，还欠下一身债。我不可能不惊动任何人静静悄悄离开人世。那么就让我的心长久燃烧，一直到还清我的欠债。"

　　巴金已到暮年，几十年来著作等身，贡献巨大，但他仍然深深地感到欠下人民一身债，矢志要还清欠债。

　　沈从文先生生前也谈到过死。1982年在美国讲学期间的一次晚宴上，林蒲先生问他对死的意义的追求，沈先生回答说："投岩麝退香。"他解释麝生性绝爱其香，让人紧迫追逐时，爪剔出它的香来，还给大地，然后抽身投射高岩结束自己的生命。麝退香是进行着生命的补偿。沈先生认为自己受益于人民的太多，而给予人民太少，即使死，也要尽其生命所有，给人民以补偿。

　　死或重于泰山，或轻于鸿毛。唯有把民族的命运，人民的事业看得高于一切的人，才具有把死也当作以补偿的崇高追求。这种死是重于泰山的。

　　沈从文先生正是这样，他的死是对人民的一种补偿。

# 一个令人信赖的朋友

田 涛[*]

我和沈从文先生相识，还是我在北平读书的时候，那时候我是个中学生，读了不少文学作品，爱好文学，课余耐不住动动笔，试写些散文、短小说。那是1934年的事了，沈从文先生主编《大公报·文艺副刊》。当时《大公报》在天津出版，沈从文先生为《大公报》主编的《文艺副刊》（周刊）的编辑部设在北平西斜街甲55号。我把试写的东西不抱希望地寄给《文艺副刊》。过了几天，从文先生给我回了信。稿子没有刊用，他的回信给了我很大的鼓励，让我修改，再寄给他看，从此，我认识了他。

我早期读过他的《入伍后》。初次见面，没有想到他是那么和人容易熟识，说话的声音很小，和蔼亲热，很快就像老朋友了。所以，以后我再寄给他稿件，也就没有什么顾虑了。

从那时候算起，经过抗战、解放、新中国成立以来，几十年来，常有

---

　　* 田涛（1915—2002），原名田德裕，河北望都人。作家。1938年在武汉参加文协、1946年任上海法学院文学教授。新中国成立后任中南文联编辑部副部长、《长江文艺》副主编、河北省作家协会副主席。

信来往，因为不住在一个城市，见面的机会少了。有时候我到北京办事或开会，便到他家里看看他。

记得我在他编的《文艺副刊》发表最后一篇小说《幸运》时，他决定将副刊改为《文艺》，让给萧乾主编。他夸耀萧乾比他能干，一定比他编得好。他要我给萧乾联系，给《文艺》写稿，支持他把刊物办好，他也要热心帮助。他的话，完全是真诚无私的。还在他编的最后一期《文艺》上刊登启事。把他个人的通信地址和作家们给《文艺》投稿的地址做了个声明。从此，《大公报·文艺》便由萧乾同志负责编了。

沈从文先生虽然不编《大公报·文艺》了，对于《大公报·文艺》上出现的新作家很关心，例如李蕤、吴蔷（强）、杨刚、李欣（胡昭衡）、刘祖春、严文井、王西彦、黄照（黄育照）等。当时，他和朱自清先生为国民政论教育部编教科书，工作十分忙碌。他每天从他的家里到西城西斜街上班。他家住府右街后胡同一号，往返坐人力黄包车，需要半小时。有一次我到他的编辑办公室看他，只见他埋在书堆里，办公桌两边都堆积着书和作者们寄给他的稿件。工作之暇，还要替作者看稿、修改稿。有时候，看见他为青年作者的稿子修改得密密麻麻，花费很多时间，把一篇初学写作者的作品，成全起来。使初学写作的文学青年，很受鼓舞，奋发努力而走上文坛。住在北平的作家们，很少没有同他交往过的。至于老一辈作家，同他的交往就更密切。他有不少的好友，也有一些青年穷朋友。对于有志于上进的青年穷朋友，他不遗余力地帮助他们，甚至于在经济上的帮助。那年月，靠自学成才的青年们，多半是贫苦的，生活上过不下去的，他就给予解囊资助，虽然资助不多。

他同巴金同志的感情很好。巴金每次到北平，都去看望他。他和章靳以同志常常来往。靳以在编《文学季刊》，有的稿子经过沈从文先生转过去的。那时候，大概是1935年，沈先生正在写《湘行散记》散文，连续在天津大公报馆出版的《国闻周报》发表。这一批散文，在当时很受读者的欢迎。他的文字语言的美丽、轻柔，赢得了读者的热爱。《湘行散记》在《国闻周报》刊完以后，他接着又写了《记丁玲》，也在《国闻周报》连续刊载。当时在北平的青年学生和进步的知识分子中，对丁玲同志的作品都很欢迎。最流传的作品是她的《母亲》和《水》。对她的被迫害，都十分关心，流传着各种的传说。记得在《大公报·文艺》上刊出了她的一篇作品，关心丁玲安全的青年读者们才释然了。沈从文先生的《记丁玲》写完后，又写了《记胡也频》。后来我才知道他们曾经是困境中的好朋友。这两本书出版后，在当时的读者中很流行。

1936年一个寒冬夜晚，我从北京图书馆出来，走过北海、中南海白玉石桥，在三座门大街遇上了靳以，他身边跟着一个面色清癯穿蓝长衫胶底球鞋的青年人，他沉默、忧郁，头发蓬乱，经靳以介绍，我知道这青年人是荒煤同志。靳以说他们要到沈从文家里去，问我去不去。我答应了。我们又通过白玉桥。白玉桥上从北海刮来的寒风凛冽刺骨，严寒正封闭着古老的北平城。我认识荒煤感到很高兴，我从《文学季刊》上读过他的《长江上》《忧郁的歌》，他的沉默和表情，从他的作品里使我有了些体会。我问过他的住处，他告诉我住在沙滩西老胡同某公寓里。我们走过白玉桥，往府右街沈从文先生家走去。那一次到沈家，按照靳以同志的意思，只是想介绍荒煤认识认识沈从文。荒煤同志是从上海来。那天夜间，在沈家的南屋会客室坐了一会儿，谈了一会儿客气话，便分散了。

这里再说些题外话：过了两天，我去西老胡同某公寓看荒煤同志，他住在一间阴暗的房间，冬天似乎没有生煤炉子。在这样的房间里，看到他沉默、忧郁的外表，更使我感到他可能处境不佳。过几天我再去看他，他已经离开北平回上海去了。没有多久，我迁往西城辟才胡同一个公寓去住，接到他的一封信，他信中说要来北平。那是日本帝国主义侵略我国最疯狂的1937

年初春。一个中午，茶房忽然到我房间告诉我说，有人找。我开门一看，荒煤提着他一包行李来了。公寓临时没有空房间，便在我的房间里另外支了几块木板住下了。这次他和我相见，他完全变了另一个人。他是一个热情、诚恳、使人信赖的好朋友。对人实事求是，谈创作，有鼓励，有批评。谈话，老成持重。从此，我了解到他绝不是什么忧郁的人，他有独立的见解。那时候，王西彦、王柏山，住在南半壁街乙四号一所民宅。我住的公寓是辟才胡同60号，正和南半壁街南口相对，距离他们的住宅很近。后来刘白羽也迁往他们的住宅去住。几个朋友，见面的时间很多，谈创作的问题也多。讨论相互之间创作上的问题也多。都是开诚布公，有什么问题谈什么问题。荒煤同志意见尖锐地评论我们几个人创作的道路，现在想起来，也是比较正确的。那时候，我们都是20多岁的青年，在文学创作上，刚刚起步。然而，谈论问题，都很热烈。现在回想起来，对于我以后创作的道路，在我们互相讨论，议论中，都有很大的影响。一次在中国大学召开的座谈会上，我们都参加了。魏猛克在会议上做报告，这是在日寇对中国侵略最疯狂的1937年，讨论抗战范围的创作问题。会后，《北平新报》发了一则作家荒煤来北平的消息，荒煤看后，很不安，感到不能在北平住了，要快些离开，做了些准备，他说要去太原，转赴延安。临行前一天买了车票，第二天我们送他到北平西车站上车，车上乘客很多。上午8点钟应该开车，一直等到10点，车仍然没有开动。问车站服务处为什么不开车，他们吞吞吐吐，说是前面发生了事，上级命令不让开车。10点过后，忽然宣布停车退票。这个奇怪的事，人们都不知道前方发生了什么事，有人在窃窃私语。我们回到公寓，才听说"中国军队和日本鬼子干起来了"。大家一时拍手称快。这就是"七七"卢沟桥事变那一天的事。北平城内立刻掀起慰劳抗日军热潮，荒煤同志没有走成，立刻投入抗日救亡演剧队活动，写了话剧《打鬼子去》……

从此，我离开北平，到内地参加了抗战工作。在北平的朋友们东分西散了。听说沈从文先生也离开了北平，到昆明西南联大去教书。从此，一段长时间没有见面的机会。

沈先生的蝇头小字，十分惹人喜爱，无论是毛笔墨迹，或钢笔字。每接到他的来信，我都保存起来，可惜在"文革"中被抄家全部失落。全国解放，我在武汉中南文联工作。一个初春的天气，沈先生随同由北京南去的一批人，到四川去参加土改，路过武汉等船，他到中南文联来找我。他听说我在《长江文艺》编辑部工作，他渴望看到新出版的刊物。在他上船时，我把新近出版的几期刊物送给他，并邀当时在中南局宣传部工作的刘祖春同志到长江码头送他上船。那时候，正处在知识分子进行改造的浪潮，不论是老的、年轻的、新的、旧的知识分子，一概投入改造。沈先生对于接受改造、投入土改运动，没有任何怨言。他在通信中曾经告诉过我，有一位青年作家叫汪曾祺，很有希望。这期间，我曾问到这位作家的情况，他说是联大的学生。在轮船码头上，我们坐了一小会儿，谈到一些熟识的朋友们的情况。我们送他上了船。当时带领土改队的有王亚平同志。此后，很有一段时间，没有来往，也没有音信。

作家海默，从抗美援朝前线回来。听他说在北京参观历史博物馆时，听到一位湖南口音的讲解员给他们讲解出土文物，讲得有根有据，十分动听。他问过这位讲解员的名字，才知道他是老作家沈从文先生。我从海默带来的消息，也才知道沈从文先生在历史博物馆里工作的情况。

我参加全国人民赴朝慰问团回国，路过北京停留了几天，去看了看沈从文先生。他住在一间不到十平方米的小平房里，里面用木板支了一张床，桌子上堆满了书、画、作为资料的文物等。他谈话的声音向来很小，轻声细语，像过去一样。他听说我和王冶秋在重庆期间冯玉祥将军处同过事，他很兴奋地说：

"王冶秋是我的顶头上司。"

我知道王冶秋当时是国家文物管理局局长，历史博物馆归属文物管理局领导。沈先生对王冶秋局长，十分尊重。丝毫也没有要求改善他工作条件的意思，他的兴趣转入古文物研究中去了，对于生活，从来不要求什么。这使我想起30年代，有一次我到他办公的西斜街去看他，已经将近中午了，他还没吃早饭，案头放着一小茶杯细面条，几块水果糖。他在埋头写什么东西。等他看到我时，停下笔同我交谈，才似乎想起吃早饭。喝了那一小茶杯已经凉了的面条，吃了两块水果糖，算是一顿早餐。工作中喝白开水。水，对他的生命像是重要的因素，靠水提精神。

他的不到十平方米的住室，据说是文物管理局下属职员的宿舍，他的这间宿舍兼文史研究室，冬天烧煤炉取暖，似乎也要把放凉了的饭菜放在煤炉上热着。至于那张木板床，却堆满了书籍、资料。有时他是同这些书籍、资料睡在一起的。但他却是兴致勃勃地告诉我说，他的丝绸文史研究即将精印出版了。他在为他艰难条件的压力下创出一条路而兴奋。不久，他的举世闻名的史学著作出版了。

1956年，人民文学出版社要为沈从文先生出一本小说选集。他很兴奋，自以为他又可以拿起笔来重操旧戈了。一个从事文学创作的老作家，这种心情是可以理解的。《沈从文小说选集》于1957年问世。在他的《选集题记》中最后说："希望……还能够重新拿起手中的笔，和大家一道来讴歌人民在觉醒中、在胜利中，为建设祖国、建设家乡、保卫世界和平所贡献的劳力，和表现的坚固信心及充沛热情。我的生命和我手中这支笔，也必然会因此重新回复活泼而年青！"谁知他这个愿望终未实现。1957年以后，"左"的浪潮滚滚而来。沈从文先生没有走出他那文史资料堆积的小平房，一直到"文革"被放逐南方农场劳动。那时，我也进入"学习班""农场"，转而被放逐到唐山，一度没有听到他的音讯。

后来我听说他的消息，我和他联系。在唐山，曾接到过他的信，信中很乐观、又幽默，认为扫厕所是一大乐事，那是领导对他的照顾和信任（因为也包括扫女厕所）。唐山大地震，我从废墟里爬出来，我家里有两口人遇难。友人纷纷写信慰问。巴金同志也写信来安慰我。当时，唐山全市瘫痪，邮电断绝。我从一大堆信件里，也拣到了沈从文先生的来信。巴金同志寄赠给我一本《家》，他的名著，作为慰问品，沈从文先生也寄赠了他的《沈从文小说选集》作为慰问品。在危难中，看到他们真挚的慰问信和慰问品，忍不住热泪盈眶。他们和我是两代不同龄的人，他们的作品在全世界读者中有很大的影响，都是文学巨人，对于一个晚辈这样关心，使我感激不尽。以后，我到北京看望沈从文，他像是随从眷属从干校回北京来，仍住在那间不满十平方米的小平房内。与过去不同的是，书减少了，文物也少了，木板床没有了。我仔细观看，原来过去他的宿舍兼工作室是小套间，现在又减去了一半，套间被别人侵占，进屋几乎转不过身来。但他还是很乐观，谈到一些朋友们在"动乱"里的情况，问到我在大地震中的灾难。他仍是对他的史学研究工作，抱有极大的乐趣。

十一届三中全会以后，沈从文先生十分兴奋，他的小说选集得到重印，他的散文选和文集相继出版了，在国内外受到读者的欢迎。他的精神状态，从被封闭的状态里解放出来。他仍有跃跃欲试的创作欲望，想拿起笔来从事创作。然而，已经晚了，在极"左"思潮的迫害下，记忆力和体力已经不足了。他对他过去的作品，谦虚地称为习作，自认为"我和我的读者，都共同将近老去了"。自认为他的书虽然出版了，经不多的时间便会被人淡忘。他这种谦恭之词，在他的书信中常有提及。

有一次我听熟悉他的一个朋友说，沈先生得病了，住在医院里。我去看望他，他还能被人搀扶从床上坐起来。在第二次我有机会到他家去看他时，他的夫人张兆和说，他大不如以前了。

现在沈从文先生默默地去了。他的作品流传国内外，他的读者遍及世界。他将仍然活在他的读者的心目中。

# 迟写的纪念

## ——追忆少年同窗从文先生

熊澧南

　　从文，你去了。虽在意料之中，却又那么令人难以置信，因为1982年在京都幸会，你我虽均岁届耄耋之年，但步履从容绝无衰老之态。你健谈如旧，笑声朗朗，头顶倒没见沾霜呀！万想不到时隔仅仅六个年头，你却先我去了，而且走得如此匆忙，如此平静，对世界毫无眷恋，对人生毫无遗恨，像一颗燃尽了光热的星辰无声无息地陨落了。

　　从文，你走的又是多么不该呀！颠沛流离中你不走，丧失亲人中你不走，十年浩劫的苦难中你不走，却偏偏在你有条件舒心吐气的时候，安居颐养的时候；延年益寿的时候；你这回是真真实实地去了！

　　人生的生老病死，本是自然规律，自当无须伤情，更何况你无愧于"江东父老"，无愧于中华民族，无愧于生养培育你的一片故土……你可以无憾于世了。

　　北京那次晤面，是那么令人难以忘怀。兆和嫂为我们青岛别后迄今50年的重聚备了"纪念餐"，菜肴虽不复杂，却全是地道的家乡风味。我们对于

166

烟酒均没嗜好，然破例畅饮了当时特别走俏的矿泉啤酒。万没料到这离揖一举，却成永诀！

我走进厨房与兆和嫂道劳，她兴致勃勃地问我："兰坡，你说说，从文是不是旱鸭子？"

我虽与嫂子是初次见面，但仿佛成了多年故交，她是那么贤惠、文静，神情又是那么欢快、爽朗。我马上意识到你们伉俪之间的情笃意挚了。

我只好用笑来做回答。

记得20年代，我俩相会在黄浦之滨，那是大革命时期，我刚从高中毕业来到上海待考，你也才初涉文苑，才华横溢犹如一轮红日刚刚升起。然而你我都入世不深，见面倒无话可谈，相互用含笑互勉。我当时是个从山旮旯儿里刚来到这大世界的土包，对于社会的思维和人世的冷暖全是一片灰白。你鼓励我要坚持学好英语，要有锲而不舍的进取精神，虽然后来的现实我使你彻底失望，但你的热诚和期待却成为我在过来的人生道路上战胜困难、抵御风雨的力量。

最使人记忆犹新的是在风景如画的青岛，我们相濡以沫的那些日日夜夜。那时你是山东大学的文学教师，同相依为命的胞妹岳萌在一起。我因暑假随校实习来到青岛，借寓在山大，凑巧你也在那里，这是自上海别后的重逢，真是幸会！

那日万里无云，海风习习。我们带着小妹，游览德国当年撤退时废弃的炮台遗址。我为小妹选取了旧炮台为背景，她摊着太阳伞背向大海，海上有白帆点点海鸥翔翔，那蓝天、大海、小人物的图景简直是一个天然的艺术造型。我虽初学摄影，但这种美丽、和谐的自然构图给予我灵感的启发，倒使作品好似出于经验丰富的老摄影家之手。冲洗后片子令人十分满意，我一直把它珍藏着和分送给一些知交。遗憾的是"文化大革命"中却被当作"四旧"抄缴了。北京重逢时，我本想问及你身边是否还保存有小妹的这张照片，但毕竟小妹早已不幸夭折，我唯恐你受伤的心再为此流血，因此就此作罢了。

至于小妹何时离开人世，这对于我至今仍是一个谜。我不知道像她这样端庄、善良而富于教养的人为何命运却如此跌宕？"天国"里毕竟还是世上的好人多。因此，我亦常常为小妹的过早离去而惋惜！

我在工作之余，寂寞处常追忆起那段黄金岁月，就窒息地感到深深地内疚。

青岛依水傍山，满目苍翠，海韵迷人。如画的街市毗邻海滩，有潮汐如线，碎沙晶莹，游人如织，渔舟唱晚。环市人众，无论男女老少、青壮童叟、高层仕女、贩夫走卒各色人等都邀约一起，投入了宽广无限的大海情怀，用沁凉的海水洗去人世间的一切烦恼。

山东大学校址距离海滨游场不过投目之遥，山道不算崎岖，往返都很方便。我虽称不上"浪里白条"，但至少不是秤砣。教你们兄妹游泳还是完全可以胜任的。你们兄妹素性文静，初次下水必然胆怯，有我为你们"保驾"仗胆，也就万无一失了。我虽属来此实习，但教会你们兄妹游泳的时间倒还十分充裕，然而此种愿望却终未能实现，使你们兄妹此生与游泳无缘，而今回想起来，倒成为一生中的一件憾事！

北京的会面有许许多多的话要谈、别后数十载的朝夕相盼，离情别绪一齐涌上心头，然相对无言不知从何说起。我们只好询问了儿女们的情形，当年的亲朋故交的下落和近况，但你谈得最多的还是你的服饰研究和文物的清点与编目。仅半日相聚，如何能够谈及几十年的人世沧桑？甚至连你最近应邀去美国访问一事也没有时间相叙我们就匆匆分手。想不到此一分手就成永别，早知如此我说什么也要陪你久住上些日子。

从文，这年冬初我匆匆去了河北滦河，在迁西工作的二儿处停留了短暂时间。迁西地近清代康熙、乾隆和慈禧等帝后的墓葬，人称"东陵"。此处地势开阔，山色秀丽，唯帝后墓葬而名扬海内。虽曾发生过举世震惊的掘陵掠宝丑闻，遍地糟蹋得狼狈不堪，但经历了时光荡涤，而今已成为游览胜地，中外游者慕名而来，整日人流络绎不绝。我本意前往一观，可惜失之交臂，惜乎！

在此期间，欣闻你得到中央关怀，获得了公正待遇，我为你重见天日而感到由衷高兴。

1985年春，我被幺女夫妇二人由迁西接往湖南安江奉养，因日程已定，途经北京时未能前往你处作别。翌年在安江病疗时，我为探询有关你文集一事，曾去信社科院你工作单位询问你而未见回音，但思念之情却地久天长终难忘怀。

去年秋初，有凤凰同乡的青年来访，了解你我幼年同窗之谊，探寻你少年时期的生活踪迹。从他们的谈话中方知故乡青年以你为骄傲，打出了凤凰县"沈从文文学社"的旗帜。学习你的人品和文风，走你走过的自学成才文学创作道路，研究你的人生和作品。我真为家乡这些有志青年的开拓精神感到欣慰。从谈话中也得知你已经卧床不起，不免又转喜为忧，为你的健康担心……

后来，偶尔又听说你奇迹般地好起来，还能短时间下床在室内走动走动，再后来，又传闻你瘫倒了。

瘫！瘫！一个中国知识分子的克星；这个以温和面目夺走了多少人生命的恶魔，是这般令人深恶痛绝！在我的知识分子知交中给我沉痛最深的，是我的一位有所作为的学生。他正迷恋着人生，迷恋着色彩斑斓的世界。第二个是我的青年时代的球迷。第三个是位女性，她那不屑于死的轻蔑也曾使它束手无策。从文，倘若当年我教会你游泳的健身术，瘫这克星又怎能奈何于你呢？我现在想起来该追悔莫及了。

从文，你的文笔清丽隽永，且不失朴素淳实，不华而不实也不花里胡哨，虽土俚却不鄙俗，属乡言却似行云流水……昔日士林为剪除异己，揶揄你为乡下土包；今朝新知学辈，尊称你为大师哲人。骚人墨客不远千里寻访你的故乡，专家学者著书立说以你文章作据。勒铭名山、驰誉世界，湘西苗岭山寨出了你这位名震遐迩的文学大师，都引以为家乡的骄傲！

从文，回首平生无憾事，留得丹心昭日月，你是一只绚丽无比的凤凰，你展翅徜徉于广袤的天际去吧！

# 您是一颗永恒的星

## ——悼念沈从文先生

韩棕树

像所有受人尊敬的科学家和文学家必将与世长辞一样，沈老，您在长期和病魔拼搏之后终于悄悄地走了，步入另一个永恒的世界。5月10日，当我从报上看到这一噩耗时，我并没有吃惊，因为您能活到86岁，这实在是您人生信念不可泯灭的顽强体现。夜里，当我再次哭读您生前给我写过的一封又一封长信，耳旁回响着您亲切、平和的教诲时，一种从未有过的失落感几乎窒息了我的心胸！

沈老，今生今世我最大的遗憾莫过于对您知晓得太迟，而认识您则更晚更晚！这虽是历史的误会，却怎么也不能弥补了。记得1973年我赴京学习，曾冒冒失失地到处打听您，可偌大的北京没有您的影子。我站在前门，遥想您当年只身闯到北京，抬头望见高大的城楼发出的铿锵誓言："小小沈从文一定要征服大北京！"眼下不知您浪迹天涯何处，心中不免凄凉。以后我才渐渐打听到此时您正在湖北咸宁为革命"大养其猪"呢。1978年，您返回北京了，我第一次给您写信，信中表达我对您的景仰和对文学的热望，但时间过了一年，我没有收到您的回信，即便这样，但仍坚信您不是那种摆架子的人，我读过您的一篇文章，您说50年代初家乡有一位青年从沙澳跑到北京，声言要拜您为师。您不仅热情地接待他，安排他吃住，还精心地指导他写作。后来您看出他实无创作才能，又打发了300块钱作盘缠，让他心满意足地回到故乡……这件事长久地使我激动不已。后来我果然收到了您的回信，很厚、很沉，我当时高兴得快要喊出声来。您说我的信经过多次辗转到达您的手上时已经过了一年余，信封业已破烂得不成样子。沈老，您的一手蝇头小草写得是怎样的娴熟、流利呀，您的修辞选择是何等的朴实、生动呀，我很快就给您回了信，这回我作了您迟回或不回信的准备，我想，一个名作家是不可能和一个无名小辈无休止地进行书信纠缠的——我能收到您老人家的亲笔回信仅此一回就足矣。但出乎意料，信发出后10天竟然又收到您厚厚一沓回函。您在信中除了询问家乡近年山水风物的变迁之外，用大量的篇幅谈文学，谈您的人生经历。您乃复"建议"我"要从短篇写起，要从身边琐事写起"，"文学切忌急功近利"……就这样，我们一来一往，信写得十分热烈、频繁，但因为此，我时常忐忑不安。为了不浪费您宝贵的时间，我决定以后少写或不写信了，谁知您后来竟托人打听我的消息。说我不给您写信是何原因？这期间，我才晓得原来您不止和我一个人通信。家乡一位从事工艺美术设计的年轻人写信向您求教工艺知识，您居然给他也回了长信；中医院一位苗族中医写了一本《苗医史考》的书，将打印稿寄您，您怀着极大的兴趣，在字里行间写下了密密麻麻的修改文字，还为作者开列了一大串医学参考书籍名单，使他惊服得五体投地……

沈老，1982年您在黄永玉、黄苗子等人的簇拥下，奇迹般地回到故乡来了。您不愿意下榻招待所，住在黄家幽静的院子。黄家养了一条大狗，大门口写有"家有恶犬，来客小心"的字样，常使人望而生畏。但家乡人想念您，还是终日络绎不绝地涌进门来和您攀谈。您看着家乡父老的面容，听着

172

文化局送来的傩堂戏磁带录音，禁不住老泪纵横起来……那天，我问您，打算在家乡住多久？您说，这回可能是最后一次了，想住个把月，多看看熟人熟地方，谁知，不到半个月，您却悄无声息地走了，我理解。您常常慨叹："人老了，可用的时间不多了。"您有20多个研究项目，"居多是国内的空白"。

第二年夏天我赴京出差，专门看望您。听说您从美国讲学回来身体就一直不好，我寻到府上，您很高兴，在屋里就嚷开了："是从家乡来的吗？快进来！"您躺在床上，半边身子已经瘫痪了。您吃力地询问家乡的情况，我尽我所知相告。临走时我说："沈老，家乡人民挂念您，盼望您再度还乡。"您点点头，眼睛里闪出兴奋的光彩……

沈老，党中央为您落实了部长级待遇，安排了五居室的住房，配备了助手和工作人员。然而，这一切都晚了，您不能再伏案工作了。您终于带着劳累和对未完成事业的遗憾离开了亲人，离开了人民。好在，您的《边城》等名篇闪射的艺术之光经久不息，为海内外读者留下一片永恒的艺术世界，您的《中国古代服饰研究》已成为国家领导人馈赠外国元首的"国宝"；您留给许多后辈青年人的书简将在他们心中燃放出永恒的火花……您是一颗永恒的星呀！

沈老，如果当真有座望乡台，您一定会听见家乡人深情地呼唤："沈老，回来吧！"

# 不借秋风声自远

——怀念沈从文先生

田志祥

中秋前夕，我从长沙赶到凤凰老家，同刚从台湾回乡探亲的大哥相见。我年近不惑，这是第一次同大哥见面，也是第一次回老家，手足之情还没有来得及畅述，我就急着要去看看沈从文先生的故居。大哥和从成都赶来的三哥也立即响应："我们一起去！"

我们沿着小溪岸边长长的岩板路朝故城走去。当年，15岁的沈从文才跨出小学大门，就沿着这条默默无言的小路"进到一个永远无从毕业的学校，学习那课永远学不尽的人生"。在沅水流域当了五年兵，1922年只身闯入北京，以湘西人特有的蛮劲和执着，刻苦自学写作，十余年间发表了《鸭子》《边城》等作品700余篇，用他清丽的文笔，匠心独运的章法，用他对家乡的一往情深，对下层人民的满腔温情建筑了一个不朽的真善美的艺术世界，赢得了国内外读者持久的敬重和称誉，成为中国一代文豪。1949年之后，他又把全部的激情倾注在物质文化史的研究上，在艰难和屈辱的环境里，完成了《中国丝绸图案》《中国古代服饰研究》等六部学术巨著，为中国文化开创了又一个奇迹。先生的书法功底也极深厚，尤其那笔章草更举世闻名。这样一位为国家为民族做出辉煌贡献的长者，始终以"乡巴佬"自居，经过大半个世纪的冷锤热锻，讲义气，重感情，忠厚朴质的秉性却一点也没有变。

提到沈先生，勾起了大哥40多年前的回忆："那时候我才十五六岁，到昆明去当防空兵。一天我和严兆雄先生几个小同乡到西南联大去找名作家沈从文教授认老乡，受到了沈从文先生的热情款待。从此我们就把沈先生的宿舍当成了自己的家，逢假日就到沈先生那里去打牙祭，同先生的儿子小龙、小虎玩耍。一年之后，严兆雄几个人难以忍受军旅生活，开了小差，由于沈先生的帮助找到了工作。这次回来却再也看不到沈先生了！"

沈先生待人就像家乡铺路的岩板一样坦荡，深山泉水一样透明。半个世纪以来，不知多少有志青年在他的帮助下成了作家、艺术家、学者、科学家。他把帮助别人当成自己的责任，他曾经对我说过："我自己是苦过来的人，也是靠朋友才能在大地方立住脚的。要不，我在北京连打铃的听差也混不上一个，哪谈得上写书呢！"

穿过故城中央的操坪，我们来到一条小巷的尽头。这里有座小院，白色的院墙，栗色的大门，这就是沈从文故居。

推门进院，只见正屋门前支撑着脚手架，板壁、木柱刚刚刷过新亮的油漆，门房和天井堆放着石料和木材，一老一少两石匠师傅正在打凿着石头。已经剥蚀的东厢房旁搭起一个低矮的"偏刷"（简陋的棚屋），听到我们的脚步声，偏刷里走出位清雅精致的老太太，原来她是沈先生的胞弟沈备的夫人。沈先生曾不止一次地同我提到过他早逝的胞弟，惋痛之情，难以言表。老太太非常挂念她的二嫂（沈先生夫人张兆和先生），她说："我二哥（从文先生在兄弟中排行第二），是个很有福气的人，娶了二嫂这样聪明贤惠的内助。二哥能有今天这样的成就，是和二嫂分不开的。二哥去世，二嫂肯定受不了……"

老太太告诉我们，县政府正在筹资修缮这个小院，打算辟为纪念馆对国内外开放。我举目环顾，小院是这样的小、这样的普通。睹物思人，沈先生的音容笑貌浮现在我的眼前：

1981年12月，我到北京参加全国第一次青年自学经验交流会，贸然跑到前门东大街社科院宿舍看望自幼景仰的沈先生。找到五〇八室，见门上贴着一条医嘱："沈老有病，恕不会客！"我踟蹰良久，还是鼓起勇气按了一下门铃，一位身材修长、容貌端庄的老太太出来开门，我想她一定是张兆和先生，我自报了家门，她老人家把我引进"客厅"，一看，墙上挂满了字画，阁楼、窗台、书架、床下都堆满了书籍，书籍的空隙里又挤放着一些古玩和字画。

沈先生正在和萧离先生谈话。我打断了他们，感到很抱歉。沈先生因病未康，但那宽阔的前额和眯眯的眼睛都显得还很精神。他见我一脸局促不安，圆圆的脸上漾起了谦和慈祥的微笑，用一口凤凰乡音招呼我："家乡客千里迢迢而来不容易，坐下，坐下。"兆和先生也笑着道："门上的条子不起作用，他总是来者不拒，特别是家乡人，非谈饱不可。"萧离先生也是湘西人，一提到老家，老人们便谈兴大发起来。

沈从文先生说："湘西人老实本分，语言都很俏皮，是很好的文学语气，连野话收集起来也能写成一本好书。"他们十分眷恋家乡的吊脚楼，火炉塘，十分挂念故乡的乡亲，都说来年要去家乡看看。谈到高兴处，老人们都开怀地笑了，乐得像个孩子。

沈先生询问了我的身世和学习工作的情况，连说："很好，很好，做人就要有志气！"他说搞学问天分是次要的，是可以培养的，勤奋和认真才是最重要的，一天晚睡一个钟头困不死人，隔一餐两餐不吃饭也饿不死人。他初到北京时，常常一连几餐吃不上饭，冬天生不起火，冻得鼻血长流，一只手捂着鼻子，一只手还在不停地写作。苦干了好几年，终于感动了上帝。他又说："我别无优点，只有认真是我的一个长处，一篇稿子我常常改来改去写好几遍。"张先生插话道："他这个人连'文革'期间打扫天安门前的女厕所也是一丝不苟的。"

他津津有味地回首往事，同时又兴奋地计划着将来。他说他快80岁了，但还想把该做的事多做一些。虽然我搞的是技术科学，跟他隔了行，但他仍十分关心我的未来，向我推介了许多卓有成就的科学家和他们的著作，还细致地记到我的笔记本上。

这天我们整整谈了一个下午，沈先生兴犹未完，硬要留我吃晚饭。我推辞说会议伙食好，依依告辞了三位老人。

1982年元月中旬，我把我同别人自费编印的《中文信息处理》学刊多份寄给先生，并附了一封信。投邮之后，我又感到后悔，不该给病中的老人增添麻烦。谁知沈先生不但把学刊一一转给了他的朋友，而且很快给我回了一封长信。在信中，先生说自己"只是个典型庸俗平凡小人物"，早年只是"在人弃我取意义之下，写了几本小说"，"近年来那些四十年前的著作，即有复印机会，至多能起些点缀作用罢了"。新社会改行从事文物研究，"也只宜当成一种常识看待，不可能真如一般传说专到何等程度"。这种深藏若虚、宠辱不惊的治学态度，给了我深刻的教育。

在来信中他又给我开列了几种数学专著，叫我来读读，"自然用处极大"。鼓励我"努力探索，从不断失败中求进展，取经验"！"扎扎实实地干下去，必然比我们那一代出的贡献大得多，有用得多。"读了这封信，使我更加钦佩先生的学识和为人，更加景仰先生正视人生的勇气。

沈先生在信中特别提到他一生中"无一个徒弟，只有朋友"。"在大学混了二十年：和学生只有朋友关系。"使我原来的拘谨涣然冰释。后来因为参加一项科技攻关，我常去北京小住，假日又去看望他老人家。为了不影响他的健康，我一般打个转身就走，但我们却无话不谈了。

先生特别珍重感情，他念念不忘胡适、徐志摩、胡也频、朱光潜诸位先生的师恩和友谊，也谈到与鲁迅先生的误会和隔膜。他尤其推崇巴金先生的文章和人品，说巴金是值得骄傲和信赖的朋友，也是年轻人最好的榜样。

沈先生观察事物细致入微。有一次谈到电影《边城》，他说影片拍得令人满意，只是剧中人物坐着吃饭，躺着谈话，跟湘西民俗不符，我们湘西人吃饭、讲话都习惯蹲着……

水随山弯，城因水曲。城边的岩板小街直通南华山脚。山上古木葱茏，霜叶初染，阵阵蝉声顺着石径流入城市街心，流入小巷，流入古城的每个角落。告别沈先生故居，我们来到南华山麓，造访沈先生的母校——文昌阁小学。

1940年前后，先父田景旸曾在文昌阁小学执教多年，所以我曾主动地向沈先生问起过这所学校的情况。沈先生说这所学校是位伟大的母亲，哺育了一批又一批杰出人才，如钢铁博士肖纪美，画家黄永玉、王永恒，音乐家易扬，高级军事指挥员李振军、沈荃等等。今天，我们怀着崇敬的心来探望这位苗乡教育之母。张子湘老校长和周荣颂老师热情地接待了我们，带着我们游览了学校的建筑和古迹，当然随时随地免不了谈到沈从文先生。

在学校的最高处，巍然屹立着一座两层仿古建筑，二层楼中门门楣匾额上镌有三个龙飞凤舞般的大字"藏书楼"，脚下是重重叠叠，蓊郁如盖的大树，犹如碧海浪尖上的一艘楼船。老师说这是沈从文先生捐资修建的学校图书楼。沈先生1982年回乡时，看到具有80年光荣历史的母校破旧不堪，心情分外沉重。回到北京，把自己一万元稿费捐助给了母校，并写信给校长郑重要求"不要在任何报刊上宣传"。学校准备用这笔钱盖一座"从文藏书楼"，去信征求先生意见，他立即回信"绝不能以我的名字命名，这与我所珍视的和所希望的完全不同，就叫'藏书楼'吧。"并且随信寄来了"藏书楼"三个大字。

学校的一角有一眼古井，旁边立有一方光绪年间的"兰泉"字碑。1982年沈先生那次回校，硬要喝口儿时天天喝的兰泉水，同来的黄永玉、黄苗子等五位先生也争着要喝，"好沾沾凤凰的'灵气'"。校长拿来一口大瓢舀了满满一瓢清冽的泉水，沈先生一行你一口我一口，喝得一滴不剩。黄永玉先生非要黄苗子先生题词不可，黄苗子先生回到住所，挥笔写了"一瓢饮"三个斗大的隶书字，并以草书作记40字，刻于井壁之上。

蝉声满耳，石径无言，我们沿着长长的岩板路回到家里，我的心情怎么也平静不下来，最后同沈先生见面的情景又重现在我眼前：

1985年初，我因病做了特大手术。跟沈先生中断了两年多的来往。1987年病有好转，家人说报纸上报道沈老的病很重，要我不管怎样也去北京看看。1987年9月，受岳父之托我给沈先生送去了几本荒芜先生编辑、岳麓书社出版的《我所认识的沈从文》。这时的沈先生搬进了新居，身体却已经全瘫。他由兆和先生扶着坐到靠椅上，用目光和笑意对我这个好久不见的"小老乡"表示欢迎。两位老人看到岳父送的书很高兴。兆和先生说，荒芜赠给他们的样书都送人了，还有很多人想要，可惜在北京买不到。我告诉他们这本书很抢手，书社连存书也卖光了。

夜幕降临，南华山上此起彼伏的蝉唱还隐约可闻。我不禁想起了唐代诗人虞世南的《咏蝉》名句："垂绥饮清露，流响出疏桐。居高声自远，非是借秋风。"沈从文先生生就一副湘西人硬骨头脾气，永远学不会阿谀逢迎，更鄙夷文人中的宗派习气。他"在旧社会吃不开，在新社会也吃不开"。50年代初期，他的全部作品在大陆被销毁纸型，在台湾也在查禁之列……正如高城深巷挡不住南华山上的蝉鸣，历史无情，可以作证，沈从文在中国文化上的深远影响是抹杀不了的。70年代末以来，从外到内，在读者中自发地掀起了沈从文热，沈先生成了诺贝尔文学奖提名呼声最高的中国作家之一。

"高山仰止，景行行止。"沈先生悄悄地走了，但他那期待殷殷的目光永远激励着我们向前跋涉。沈先生悄悄地走了，但他的作品、他的风范永远长存。

# 严于律己，谦诚待人

——记沈从文先生回乡探望母校给我的印象

廉　浩

　　1982年5月的一天，也就是沈老回到凤凰的第三天，探望了他的母校——文昌阁小学。这里是沈老在童年受过启蒙教育的学校，也是他走上正确道路的起步场所。

　　这天，我因编写《教育志》也到文昌阁母校来采访搜集资料，有幸与沈老一行相遇。与沈老同来的有他的夫人张兆和，以及黄永玉、黄苗子等人。当我向沈老作了自我介绍之后，他热情地握着我的手说："令尊是我最敬佩的业师，这里石桥进门额首原挂有'笃实光辉'的匾一块，是令尊大人的手笔。主要是勉励我们必须实实在在地求学，才有光明灿烂的前途。"这样，我便与他边走边谈地瞻仰了母校。

　　当我们步上石桥台阶，仰面看到门楣上首所挂之匾已换成黄永玉题写的"文昌阁小学"的校牌时，沈老便附着我的耳朵说："永玉的胆子真不小！"我便问他："你为什么不题写呢？"他正容说："这里是我的母校，如同抚养过我的母亲。试问，作为一个人子，能随随便便地给母亲题名题号么？何况，我还有老师在世呢？即使老师不在了，还有比我成就大，贡献多的同学，我怎敢'班门弄斧'呢？"

我们走过石桥，穿越过厅，一眼看到左边那棵高大而挺拔的楠木树时，沈老深有感触地说："看到了这株树，便勾起了我对童年的深刻回忆。记得十五岁那年，我在这个班读书。那时我很贪玩，尤其喜欢看戏。不管是汉戏、阳戏、傩愿戏，还是木脑壳戏，我都爱看。有一天，道门口扎台唱木脑壳戏，我吃过早饭就迫不及待地把书包往土地堂的炉膛一塞，便钻到戏台前，饱饱地看了一天。由于那天唱的是'孙悟空过火焰山'，使我看入了迷，直到歇台才离开。哪晓得当我回家去取书包时，发觉书包不见了。我猜想一定是哪位同学发现，拿去向老师告密去了。这时，我真有点着急：如果家长盘问，还可以蒙混过去，但要瞒过老师这一关，那真是'孙悟空一个筋斗翻不过如来佛的手板心'的。继而转念一想：这有什么可怕呢，好汉做事好汉当嘛！第二天，我还是硬着头皮上学去。刚走到这里，就碰到级任教师毛先生（那时这里称老师叫先生），他一见到我，就脸色严肃地叫我跪在这株楠木树下，并严厉地问：'沈岳焕，昨天你为什么逃学！？'我知道老师已经知道了，便毫不包瞒地回答：'看戏去了。'老师斥责地说：'勤有功，戏无益，为什么你不吸取教训？'我带着一股犟劲回答：'我喜欢看。'老师开导地说：'楠木树喜欢向上长高，你却喜欢在它下面变矮是吗？'这时，旁观的一些同学相互讥笑着说：'高人不做做矮人，真奇怪！'这使我当时感到非常难堪。大约跪了半点钟，老师喊我起来，问我：'你今天可能恨我，对吗？'我毫不掩饰地说：'我恨你不应该当着许多同学羞辱我。'老师慢条斯理地说：'你既然知道不能忍受别人的羞辱，那你为什么不尊重自己。大家都用功读书，你却偷偷地去看戏。这样，别人能尊重你吗？这就叫作人必自侮，而后人侮之。自轻必然自践，自尊才能自贵。

181

要别人尊重你，必须先自己尊重自己。'毛先生的这一席话，给了我深刻的教育，我便处处注意自己的言行，从而发奋读书。在以后的生活道路上，我始终记住：'自尊'而后'人尊'这条教训。在我写作的实践中，能严格恪守创作的规范，与我这次所获得的教益是分不开的。"

在休息当中，母校的老师们不拘形式地拥坐在沈老的周围，请他讲述成名的事迹和对学校的指导。这时，沈老情绪高昂，却谦逊地说："首先，我申明：我不是什么名牌大学毕业的，也没有留过洋，更不是什么作家，我只是一个东闯西荡，到处打烂仗的角色。要知道，作家是大家喊出来、抬出来的，实际上我是当之有愧的。但有一点可以大讲，我是这个学校的学子。今天，我是以漂泊多年的游子来探望'母亲'的。我的年纪比你们大一点，你们可以称我为'老校友'，这是当之无愧、倍感亲切的。至于说对学校工作的指导，我是没有资格的。几十年来，母校有了很大的变化，这些都是党的领导与你们的努力所获得的。而我对母校没有什么贡献，是深感内疚的。我只希望大家根据党和国家的要求，把我们的母校办成一个名副其实的社会主义学校。多培养具有为社会主义现代化服务的基础人才。这不仅是我个人的心愿，也是大家所期望的。"

当一位少先队员替他系上红领巾，并问候"沈爷爷，您好"时，沈老更是心情激动地说："看到你们的成长，我非常高兴。我过去也在这里读过书。和你们是先后同学，可以说是你们的老同学。只是我过去没有你们现在这样的优越条件，更没有享受过幸福的童年。希望你们珍惜现在所处的黄金时代，一定要听老师的话。因为现在的老师，是党培养教育出来的。他们根据国家建设的需要，指引你们走向光明大道，把你们培养成为合格的人才。这一点是我过去远远不及你们的。我过去是在黑暗中像瞎子摸鱼一样，东奔西撞，而你们是在阳光普照，春风和煦的环境里，逐步茁壮成长起来的。你们要努力读书，使我们的学校能多出一些人才，使我们的国家更加繁荣富强。这就是我们老一辈的衷心愿望。"

前人有这样一句名言："听君一席话，胜读十年书。"我与沈老的机遇不多，但他的风范，使我久久不能忘怀。他严于律己，谦诚待人的品德，便是我与沈老在短暂的接触中感受最深最佳的印象。

# 我为沈老送乡曲

向 农

1985年仲夏，我有幸拜望了沈从文老作家。沈老家住在崇文门西大街三号大楼。我怀着崇敬的心情，登上了第五层楼房，来到了沈老的住宅前，正准备敲门，一看，门上贴着一张白纸条，上写："沈老有病，敬谢探看！"字迹很新，还散发着墨香。顿时，举起了的手慢慢地缩了回来，我的心也凉了半截。我站在门外徘徊着、思考着，好难来一趟北京，近在咫尺，却不能见着沈老。怎么办呢？到底叩不叩门？我一时拿不定主意，双脚不自觉地在向后移动。此时，一种强烈的冲动攫住了我惶惑的心，一种渴望看见沈老的心情驱使着我，从数千里之外偏僻的苗乡来到这繁华的京都，不就是想见到他老人家一面吗？如今站在他老人家的门口，怎能失掉这千载难逢的良机呢？于是，我终于又鼓起了勇气，轻轻地叩响了紧闭的大门。约一分钟后，门轻轻地打开了，站在我面前的却是一位清癯和善的老人，在她清瘦的脸上，流露出慈祥的笑容。她大概正在做家务吧，两只瘦削的手还沾满了水珠。啊！张兆和老师，沈老温顺贤良的夫人。1982年她跟随沈老回到故乡凤凰探亲，我们在著名画家黄永玉家里见过一面，因此我认识她。于是，我先做自我介绍："张老师，打扰您老人家了，我是湖南凤凰人，是沈老的同

184

乡，专程登门拜访沈老！"听完我的介绍，张兆和老师亲切地点了点头，脸上露出了难色，委婉地说："感谢你对沈老的关心，他正在进午餐，又有重病在身，加之近来又受了点风寒，精神确实不好。"听了张老师的话，我不好强求，就顺水推舟地告辞说："既然沈老有病，我就不好去打扰他老人家了。"说完，抬脚要走。

"请你等等，我去通报一下沈老，看他的意思怎样好吗？"张老师诚挚的目光，使我感动，我难为情地说："我给沈老添麻烦了！"张兆和老师客气地说："你说到哪里去了，你是沈老的同乡嘛！"不到半分钟，张老师回来了，对我说："沈老说想见见你！"

我按捺不住内心的激动，眼里含满了激动的泪水。这到底是现实还是梦，一时间竟然分辨不清了。

张老师把我带进一间小会客室，要我稍等一会儿。让沈老用完午餐再去见他，接着又热情地为我沏上一杯热茶，告诉我说："这是你们湘西的特产，沈老最喜欢饮用，你尝尝吧！"我接过茶喝了一口，觉得清香四溢，呀！是古丈白毛尖！难怪沈老长饮此茶，其中饱含着他老人家对家乡的一片深情啊！喝过茶之后，张老师又走进去看看，不一会儿，走出来微笑地对我说："沈老已用过午餐，你进去吧，不过谈话的时间不宜过长。"

我走进沈老的卧室，抬眼打量了一下，不到12平方米的房里，简陋的书架上摆满了各种各样的书籍，显得严谨有序，沈老端坐在一张木制沙发上，清癯的脸上泛出一层淡淡的红晕，这显然是他老人家刚才进餐时花了力气的缘故。张老师告诉我，沈老患的是脑血栓病，进餐很困难，自己不能动手，左边身子全瘫了，要别人一口一口地喂。听张老师说后，我心为之一惊，这位当年驰骋文坛的虎将，竟然被病魔折磨得这番模样，我真有点不忍心了。

"沈伯伯，您老人家好，我是凤凰人，在县文化馆工作，今天特地来探望您老人家。"

沈老见到了老乡，疲倦的身体一下子振作起来，脸上流露出欣慰的笑容，伸出颤抖的右手和我握手，我一时感动得说不出话来，泪水不由自主地滴落在胸前。啊！就是这只智慧的手，曾经写出了许多情思缠绵的名篇佳作，在现代文学的宝库里，留下了不朽的篇章。张老师告诉我，沈老前晌受了点风寒，一直精神不好，今天见到你这位老乡，他的精神要比往日好上十倍。我悄悄地告诉张老师，这次来专为沈老带来了两盒《傩堂戏》录音磁带，是否可以放一下让他老人家听听？张老师立即向沈老征询意见，沈老点了点头表示同意。于是，我把磁带送给张老师，张老师立即把录音磁带装进自己的录音机里，并且把音量调到最适宜的程度。室内安静极了，当录音机里传出那古老、粗俗的《傩堂戏》唱腔时，沈老的童心复活了，抑不住内心激动，连声喊着："乡音！乡音！我听到乡音了啊！"

《傩堂戏》的唱腔老朴醇美、抑扬顿挫，时而如涓涓细流，时而又似轰轰雷雨，把他带回到远离京华，山环水抱的苗乡。沈老听得入迷了，不时发出"呵呵"的笑声。

沈老向我介绍："我们家乡的人最爱唱这种乡戏，那时候，有的人家酬神还愿，都要请傩堂戏班子来唱戏，一般人家唱三天三夜，大户人家唱七天七夜。我最喜欢看傩堂戏，只要一听到哪家唱傩堂戏，总要千方百计打主意去看。"我真佩服沈老的记忆力，被他的浓情深深的感动。突然，录音机里传出了凄楚的傩堂悲调。听着，听着，沈老嘴巴颤抖了几下，竟然嘤嘤地啜泣起来，张老师也情不自禁地陪着沈老流泪。这突然变化，使我一时慌了手脚，看着这对相濡以沫的患难夫妻，是劝慰，还是把录音机关上？一时不知怎么做好。

张老师忙掏出小手巾，一边为沈老擦眼泪，一边说："他太激动了，连我也失去了控制。"于是忙把开关关上。此情此景，使我想起了1982年，沈老回到家乡那一幕难忘的情景。他回到家乡的第二天晚上，提出想听听多年听不到的傩堂戏。为了满足他的心愿，县文化局和文化馆的同志，专门请来了民间傩堂戏班子在他下榻的著名画家黄永玉家庭院里唱了起来。漂泊了大半生的老人，听到这纯朴古老的乡音，多么的高兴啊！唱到高兴处，沈老放声狂笑，唱到悲哀处，沈老又伤心落泪，那神态简直到了入迷的程度。眼前的情景，不正是当年的旧景重现吗？我告辞沈老出来，走在宽广的长安街上，心潮难以平静，我终于见到了沈老，以同乡的名义，拜望了一位名震遐迩的大文学家，我的内心充满了喜悦。

然而，时隔仅三年，想不到他老人家却悄悄离去了，一代文星陨落了，故乡失去了一个漂泊的赤子，我们失去了一个文学的老师，啊！敬爱的沈老，你没有死，你风范长存，功德永在，将与家乡的山水共存，日月同辉！

# 情寄青山绿水间

钟亚萍

夕阳的余晖给凤凰古城披上一层绛红色轻纱，我的密情也在夕阳中滋烧……

受沈老的作品影响，我常对故乡的青石板路凝眸。那弯弯的小路牵引住我，撩拨着我的思绪，看上去蜿蜒的石板路犹如一匹绿绸，块块青石板好似一面面铜镜，镶嵌着年年岁岁风风雨雨。

我打着赤脚在石板小街上行走，一任春之声叩击着心扉，浑身上下有种说不出的舒畅。

我想起了沈老笔下的石板路："一落雨就得穿钉鞋，我可真不愿穿那种笨重的钉鞋，虽然在夜半有人从街巷里过身，钉鞋的声音实在好听。"夜阑人静，雨打石板路发出的音响实在迷人，更何况高墙深巷，有钉鞋敲击着青石板"叮、叮叮"的声音传来，这恐怕不亚于听钟磬之声吧？我多么想再听听沈老描述的动听乐曲啊！

正当我凝神遐想之时，夕阳中走来一位鹤发童颜的老人，满头银发在夕阳里闪光。老人步履稳健，兴致勃勃地低头注视着脚下的石板路，一边喃喃自语："老样子，老样子，一点没变……"陪同的人滔滔不绝地向老人介绍着什么，老人只是礼节性点点头，却一个劲在寻觅着，目光里闪烁出欣喜和孩童般的光泽。

这是谁？是那么熟悉，又是那么陌生！

我赶紧退让到路旁，老人抿着嘴盯着我的一双赤脚板，慈祥地笑了。那是暮春时节，天气还冷，赤脚板并不多见。这赤脚板是不是勾起了老人对往事的回忆！

"沈从文！"不知是谁惊喜地喊了出来。

是他，沈从文先生……

我睁大了眼睛。眼前这位平凡而和蔼的长者，这位"乡音未改鬓毛衰"的老人就是我心中景慕的大作家、大学者么？

我目送老人走过去了，久久地我还站在原来的地方一动不动，老人慈祥的微笑还在眼前浮现着……

在沈老下榻的门前，我不停地徘徊，当夕阳的金线洒满宅院时，沈老偕同夫人张兆和先生回家来了。老人站在院子里的台阶上与夫人合影，沐浴着夕阳的余晖，老人眯缝起双眼。多么幸福的时刻啊！

我倚在大门旁，好奇而崇敬地注视着老人。终于，老人发现了我，向我点头示意，一双眯缝着的眼睛，盯着我的赤脚板，他似乎想说什么，但没说出声来，脸上的微笑如春潮荡漾……

我满足了，我与老天做了一次情感上的无声沟通，虽然没有正式交谈，然而，一个沈从文先生作品的崇拜者还复何求呢？

不久，我因参加全州语文教学座谈会去了国家森林公园——大庸张家界。

张家界名不虚传，水流潺潺，翠峰如簇。游览了一整天，情操受了一次自然的陶冶，心中充溢着美的享受。

傍晚，我怀着对大自然的怀恋，情不自禁地奔向了金鞭溪。

我的耳旁响起了沈老作品中的话语：

"我情感流动而不凝固，一派清波给予我的影响实在不小……"

"我学会思索，认识美，理解人生，水对于我有极大的关系……"这些富于哲理的诗句，诱惑着我走进这自然的王国，去探寻人生的奥秘。

金鞭溪一水送波，斗折蛇行。龙虾花绰约多姿，常绿树夹岸成荫，像一条玉带蜿蜒飘逸，把两岸群峰尽收水底。

夕阳中走来一位白发老人："赤脚板妹仔，你踩在水里做哪样？"我猛一抬头，惊呆了，简直不敢相信自己的眼睛，这分明是在故乡刚见到的沈老呀！老半天，我望着老人说不出半句话。

老人笑呵呵地对张夫人说："你看，真是有缘，又碰见凤凰妹仔。"张夫人也笑起来。

这时传来了"嘀嘀"的喇叭声，同伴们远远地喊着我的名字，这是在催我上车回去。

我尴尬地对着老人站着，老人倒急了起来：

"那不是在催你上车吗？别把别人等急了，还不快跑。"

我提着鞋向两位老人深深地鞠了个躬，撒腿就跑，身后传来老人关切的话声：

"慢些，当心赤脚板……"随即响起一阵哈哈大笑，笑声回荡在青山绿水间……

6年过去了，在这2000多个日日夜夜，我心中常常记起那永生难忘的初次相识，也总抱希望能在故乡再与沈老相见，然而可敬的老人却悄悄地离我们远去了。思念之际，我真想写一曲夕阳的颂歌，写老人对故乡的眷恋，写故乡的青山绿水……

回来吧，沈老！

第二辑

**桃李情浓：不长于讲课，善于谈天**

# 星斗其文　赤子其人

汪曾祺*

沈从文逝世后，傅汉思、张充和从美国电传来一幅挽词。字是晋人小楷，一看就知道是张充和写的。词想必也是她拟的。只有四句：

不折不从　亦慈亦让

星斗其文　赤子其人

这是嵌字格，但是非常贴切，把沈先生的一生概括得很全面。这位四妹对三姐夫沈二哥真是非常了解——荒芜同志编了一本《我所认识的沈从文》，写得最好的一篇，我以为也应该是张充和写的《三姐夫沈二哥》。

沈先生的血管里有少数民族的血液。他在填履历表时，"民族"一栏里填土家族或苗族都可以，可以由他自由选择。湘西有少数民族血统的人大都有一股蛮劲、狠劲，做什么都要做出一个名堂。黄永玉就是这样的人。沈先

---

*　汪曾祺（1920—1997），江苏高邮人。中国当代作家。20世纪40年代在西南联大时为沈从文先生的学生。

生瘦瘦小小（晚年发胖了），但是有用不完的精力。他小时是个顽童，爱游泳（他叫"游水"）。进城后好像就不游了。三姐（师母张兆和）很想看他游一次泳，但是没有看到。我当然更没有看到过。他少年当兵，漂泊转徙，很少连续几晚睡在同一张床上。吃的东西，最好的不过是切成四方的大块猪肉（煮在豆芽菜汤里），行军、拉船，锻炼出一副极富耐力的体魄。20岁冒冒失失地闯到北平来，举目无亲。连标点符号都不会用，就想用手中一支笔打出一个天下。经常为弄不到一点东西"消化消化"而发愁。冬天屋里生不起火，用被子围起来，还是不停地写。我1946年到上海，因为找不到职业，情绪很坏，他写信把我大骂了一顿，说："因为一时的困难，就这样哭哭啼啼的，甚至想到要自杀，真是没出息！你手中有一支笔，怕什么！"他在信里说了一些他刚到北京时的情形，同时又叫三姐从苏州写了一封很长的信安慰我。他真的用一支笔打出了一个天下了。一个只读过小学的人，竟成了一个大作家，而且积累了那么多的学问，真是一个奇迹。

沈先生很爱用一个别人不常用的词："耐烦"。他说自己不是天才（他应当算是个天才），只是耐烦。他对别人的称赞，也常说"要算耐烦"。看见儿子小虎搞机床设计时，说"要算耐烦"。看见孙女小红做作业时，也说"要算耐烦"。他的"耐烦"，意思就是锲而不舍，不怕费劲。一个时期，沈先生每个月都要发表几篇小说，每年都要出几本书，被称为"多产作家"。但他写东西不是很快的，从来不是一挥而就。他年轻时常常夜以继日地写。他常流鼻血，血液凝聚力差，一流起来不易止住，很怕人。有时夜间写作，竟致晕倒，伏在自己的一摊鼻血里，第二天才被人发现。我就亲眼看到过他的带有鼻血痕迹的手稿。他后来还常流鼻血，不过不那么厉害了。他自己知道，并不惊慌。他的作品看起来很轻松自如，若不经意，但都是苦心刻琢出来的。《边城》一共不到七万字，他告诉我，写了半年。他这篇小说《国闻周报》上连载的，每期一章。小说共二十一章，$21 \times 7 = 147$，我算了算，差不多正是半年。这篇东西是他新婚之后写的，那时他住在达子营。巴金住在他那里。他们每天写。巴老在屋里写，沈先生搬个小桌子，在院子里树荫下写。巴老写了一个长篇，沈先生写了《边城》。他称他的小说是为"习作"，并不完全是谦虚。有些小说是为了教创作课给学生示范而写的，因此试验了各种方法。为了教学生写对话，有的小说通篇都用对话组成，如《若墨医生》；有的，一句对话也没有。《月下小景》确是为了履行许给张家小五的诺言"写故事给你看"而写的。同时，当然是为了试验一下"讲故事"的方法（这一组"故事"明显地看得出受了《十日谈》和《一千零一夜》的影响）。同时，也为了试验一下把六朝译经和口语结合的文体。这种试验，后来形成一种他自己说是"文本夹杂"的独特的沈从文体，在40年代的文字（如《烛虚》）中尤为成熟。他的亲戚、语言学家周有光曾说"你的语言是古英语，甚至是拉丁文"。沈先生讲创作，不大爱说"结构"，他说是"组织"。我也比较喜欢"组织"这个词。"结构"过于理智，"组织"更带感情，较多作者的主观。他曾把一篇小说一条一条地裁开，用不同方法组织，看看哪一种形式更为合适。沈先生爱改自己的文章。他的原稿，一改再改，天头地头页边，都是修改的字迹，蜘蛛网似的，这里牵出一条，那里牵出一条。作品发表了，改。成书了，改。看到自己的文章，总要改。有时改了多次，反而不如原来的，以致三姐后来不许他改了（三姐是沈先生文集的一个极其细心、极其认真的义务责任编辑）。沈先生的作品写得最快，最顺畅，改得最少的，只有一本《从文自传》。这本自传没有经过冥思苦想，只用了三个星期，一气呵成。他不大用稿纸写作。在昆明写东西，是用毛笔写在当地出产的竹纸上的，自己折些印子。他也用钢笔，蘸水钢笔。他抓钢笔的手势有点像抓毛笔（这一点可以证明他不是洋学堂出身）。《长河》就是用钢笔写的，写在一个硬面的练习簿上，直行，两面写。他的原稿的字很清楚，不潦草，但写的是行书。不熟悉他的字体的排字工人是会感到困难的。他晚年写信写文章爱用秃笔淡墨。用秃笔写那样小的字，不但清楚，而且顿挫有致，真是一个功夫。

他很爱他的家乡。他的《湘西》《湘行散记》和许多篇小说可以作证。他不止一次和我谈起莲花坡，谈起枫树坳——一到秋天满城落了枫树的红叶。一说起来，不胜神往。黄永玉画过一张凤凰沈家门外的小巷，屋顶墙壁颇零乱，有大朵大朵的红花——不知是不是夹竹桃，画面颜色很浓，水气泱泱。沈先生很喜欢这张画，说："就是这样！"80岁那年，他和三姐一同回了一次凤凰，领着她看了他小说中所写的各处，都还没有大变样。家乡闻知沈从文回来了，简直不知怎样招待才好。他说："他们为我捉了一只锦鸡！"锦鸡毛羽很好看。他很爱那只锦鸡，还抱着它照了一张相，后来知道竟做了他的盘中餐，对三姐说："真煞风景！"他在家乡听了傩戏，这是一种古调犹存的很老的弋阳腔，打鼓的是一位70多岁的老人，他对年轻人打鼓失去旧范很不以为然。沈先生听了，说："这是楚声，楚声！"他动情地听着"楚声"，泪流满面。沈先生80岁生日，我曾写了一首诗送他，开头两句是：

犹及回乡听楚声，

此身虽在总堪惊。

端木蕻良看到这首诗，认为"犹及"二字很好。我写下来的时候就有点觉得这不大吉利，没想到沈先生再也不能回家乡听一次了！他的家乡每年有人来看他，沈先生非常亲切地和他谈话，一坐半天。每有同乡人来了，原来在座的朋友或学生就只有退避在一边，听他们谈话。沈先生很好客，朋友很多，老一辈的有林宰平、徐志摩。沈先生提及他们时充满感情。没有他们的提携，沈先生也许就会当了警察，或者在马路旁边"瘪了"。我认识他后，他经常来往的有杨振声、张奚若、金岳霖、朱光潜诸先生，梁思成林徽因夫妇。他们的交往真是君子之交，既无朋党色彩，也无酒食征逐。清茶一杯，闲谈片刻。杨先生有一次托沈先生带信，让我到南锣鼓巷他的住处去，我以为有什么事。去了，只是他亲自给我煮一杯咖啡，让我看一本他收藏的姚茫父的册页。这册页的芯子只有火柴盒那样大，横的，是山水，用极富金石味的墨线勾轮廓，设极重的青绿，真是妙品。杨先生对待我这个初露头角的学生如此，则其接待沈先生的情形可知。杨先生和沈先生夫妇曾在颐和园住过一个时期，想来也不过是清晨或黄昏到后山谐趣园一带走走，看看湖里的金丝莲，或写出一张得意的字来，互相欣赏欣赏，其余时间各自在屋里读书做事，如此而已。沈先生对青年的帮助真是不遗余力。他曾经自己出钱为一个诗人出了第一本诗集。1947年，诗人柯原的父亲故去，家中拉了一笔债，沈先生提出卖字来帮助他。《益世报》登出了沈从文卖字的启事，买字的可定出规格，而将价款直接寄给诗人。柯原1980年去看沈先生，沈先生才记起有这回事。他对学生的作品细心修改，寄给相熟的报刊，尽量争取发表。他这辈子为学生寄稿的邮费，加起来是一个相当可观的数字。抗战时期，通货膨胀，邮费也不断涨，往往寄一封信，信封正面反面都得贴满邮票。为了省一点邮费，沈先生总是把稿纸的天头地头页边都裁去，只留一个稿芯，这样分量轻一点。我在昆明写的稿子，几乎无一篇不是他寄出去的。1946年，郑振铎、李健吾先生在上海创办《文艺复兴》，沈先生把我的《小学校的钟声》和《复仇》寄去。这两篇稿子写出已经有几年，当时无地方可发表。稿子是用毛笔楷书写在学生作文的绿格本上的，郑先生收到，发现稿纸上已经叫蠹虫蛀了好些洞，使他大为激动。沈先生对我这个学生是很喜欢的。为了躲避日本飞机空袭，他们全家有一阵住在呈贡新街，后迁跑马山桃源新村。沈先生有课时进城住两三天。他进城时，我都去看他。交稿子，看他收藏的宝贝，借书。沈先生的书是为了自己看，也为了借给别人看的。"借书一痴，还书一痴"，借书的痴子不少，还书的痴子可不多。有些书借出去一去无踪。有一次，晚上，我喝得烂醉，坐在路边，沈先生到一处演讲回来，以为是一个难民，生了病，走近看看，是我！他和两个同学把我扶到他住处，灌了好些酽茶，我才醒过来。有一回我去看他，牙疼，腮帮子肿得老高。沈先生开了门，一看，一句话没说，出去买了几个大橘子抱着回来了。沈先生的家庭是我见到的最好的家庭，随时都在亲切和谐气氛中，两个儿子，小龙小虎，兄弟怡怡。他们都很高尚清白，无丝毫庸俗习气，无一句粗鄙言语——他们都很幽默，但幽默得很温雅。一家人于钱上都看得很淡。《沈从文文集》的稿费寄到，9000多元，大概开过家庭会议，又从存款中取出几百元，凑成一万，寄到家乡办学。沈先生也有生气的时候，也有极度烦恼痛苦的时候，在昆明，在北京，我都见到过，但多数时候都是笑眯眯的。他总是用一种善意的、含情的微笑，来看这个世界的一切。到了晚年，喜欢放声大笑，笑得合不拢嘴，且摆动双手作势，真像一个孩子。只有看破一切人事乘除，得失荣辱当置之度外，心地明净无渣滓的人，才能这样畅快地大笑。

沈先生50年代后放下写小说散文的笔（偶然还写一点，笔下仍极活泼，如写纪念陈翔鹤文章，实写得极好），改业钻研文物，而且钻出了很大的名堂，不少中国人、外国人都很奇怪。实不奇怪。沈先生很早就对历史文物有很大兴趣。他写的关于展子虔游春图的文章，我以为是一篇重要文章，从人物服装颜色式样考订图画的年代和真伪，是别的鉴赏家所未注意的方法。他关于书法的文章，特别是对宋四家的看法，很有见地。在昆明，我陪他去逛街，总要看看市招，到裱画店看看字画。昆明市政府对面有一堵大照壁，写满了一壁字（内容已不记得，大概不外是总理遗训），字有七八寸见方大，用二爨掺一点北魏造像题记笔意，白墙蓝字，是一位无名书家写的，写得实在好。我们每次经过，都要去看看。昆明碰碰撞撞都可见到黑漆金字抱柱楹联上钱南园的四方大颜字，也还值得一看。沈先生到北京后即喜欢搜集瓷器。有一个时期，他家用的餐具都是很名贵的旧瓷器，只是不配套，因为是一件一件买回来的。他一度专门搜集青花瓷。买到手，过一阵就送人。西南联大好几位助教、研究生结婚时都收到沈先生送的雍正青花的茶杯或酒杯。沈先生对陶瓷赏鉴极精，一眼就知是什么朝代的。一个朋友送我一个梨皮色釉的粗瓷盒子，我拿去给他看，他说："元朝东西，民间窑！"有一阵搜集旧纸，大都是乾隆以前的。多是染过色的、瓷青的、豆绿的、水红的，触手细腻到像煮熟的鸡蛋白外的薄皮，真是美极了。至于茧纸、高丽发笺，那是凡品了。（他搜集旧纸，但自己舍不得用来写字，晚年写字用糊窗户的高丽纸，他说："我的字值三分钱。"）在昆明，搜集了一阵耿马漆盒。这种漆盒昆明的地摊上很容易买到，且不贵。沈先生搜集器物的原则是"人弃我取"。其实这种竹胎的，涂红黑两色漆，刮出极繁复而奇异的花纹的圆盒是很美的。装点心，装花生米，装邮票杂物均合适，放在桌上也是个摆设。这种漆盒也都陆续送人了。客人来，坐一阵，临走时大都能带走一个漆盒。有一阵研究中国丝绸，弄到许多大藏经的封面，各种颜色都有：宝蓝的、茶褐的，肉色的；花纹也是各式各样。沈先生后来写了一本《中国丝绸图案》。有一阵研究刺绣。除了衣服、裙子，弄了好多扇套、眼镜盒、香袋。不知他是从哪里"寻摸"来的。这些绣品的针法真是多种多样，我只记得有一种绣法叫"打子"，是用一个一个丝线疙瘩缀出来的。他给我看一种绣品，叫"七色晕"，用七种颜色的绒绣成一个团花，看了真叫人发晕。他搜集、研究这种东西，不是为了消遣，是从中发现，证实中国历史文化的优越这个角度出发的，研究时充满感情。我在他80岁生日写给他的诗里有一联：

玩物从来非丧志，
著书老去为抒情。

这全是纪实。沈先生提及某种文物时常是赞叹不已。马王堆那副不到一两重的纱衣，他不知说了多少次。刺绣用的金线原来是盲人用一把刀，全凭手感，就金箔上切割出来的。他说起时非常感动。有一个木俑（大概是楚俑）一尺多高，衣服非常特别：上衣的一半（连同袖子）是黑色，一半是红的；下裳正好相反，一半是红的，一半是黑的。沈先生说："这真是现代派！"如果照这样式（一点不用修改）做一件时装，拿到巴黎去，由一个长身细腰的模特儿穿起来，到表演台上转那么一转，准能把全巴黎都"镇"了！他平生搜集的文物，在他生前全都分别捐给了几个博物馆、工艺美术院校和工艺美术工厂，连收条都不要一个。

　　沈先生自奉甚薄，穿衣服从不讲究。他在《湘行散记》里说他穿了一件细毛料的长衫，这件长衫我可没见过。我见他时总是一件洗得褪了色的蓝布长衫，夹着一撂书，匆匆忙忙地走。新中国成立后是蓝卡其布或涤卡的干部服，黑灯芯绒的"懒汉鞋"。有一年做了一件皮大衣（我记得是从房东手里买得的一件旧皮袍改制的，灰色粗线呢面），他穿在身上，说是很暖和，高兴得像一个孩子。他吃得很清淡，我没见他下过一次馆子。在昆明，我到文林街20号他的宿舍去看他，到吃饭时总是到对面米线铺吃一碗一角三分钱的米线。有时加一个西红柿，打一个鸡蛋，超不过两角五分。三姐是会做菜的，会做八宝糯米鸭，炖在一个大砂锅里。但不常做。他们住在中老胡同时，有时三姐骑自行车到前门月盛斋买一包烧羊肉回来，就算加了菜了。在小羊宜宾胡同时，常吃的不外是炒四川的菜头，炒茨菇。沈先生爱吃茨菇，说"这个好，比土豆'格'高"。他在《自传》里说他很会炖狗肉，我在昆明，在北京都没见他炖过一次。有一次他到他的助手王亚蓉家去。先来看看我（王亚蓉住在我们家马路对面，他70多了，血压高到200多，还常为了一点研究资料上的小事到处跑），我让他过一会儿来吃饭。他带来一卷画，是古代马戏图的摹本，实在是很精彩。他非常得意地问我的女儿："精彩吧？"那天我给他做了一只烧羊腿，一条鱼。他回家一再向三姐称道："真好吃。"他经常吃的荤菜是：猪头肉。

他的丧事十分简单。他凡事不喜张扬，最反对搞个人的纪念活动，反对"办生做寿"。他生前屡次嘱咐家人，他死后，不开追悼会，不举行遗体告别。但火化之前，总要有一点仪式。新华社消息的标题是沈从文告别亲友和读者，是合适的，只通知少数亲友——有一些景仰他的人是未接通知自己去的。不收花圈，只有约20多个布满鲜花的花篮，很大的白色的百合花、康乃馨、菊花、菖兰。参加仪式的人也不戴纸制的白花，但每人发给一枝半开的月季，行礼后放在遗体边。不放哀乐，放沈先生生前喜爱的音乐，如贝多芬的《悲怆》奏鸣曲等。沈先生面色如生，很安详地躺着。我走近他身边，看着他，久久不能离开。这样一个人，就这样地去了。我看他一眼，又看一眼，我哭了。

沈先生家有盆虎耳草，种在一个椭圆形的小小钧窑盆里。很多人不认识这种草。这就是《边城》里翠翠在梦里采摘的那种草，沈先生喜欢的草。

# 沈从文先生在西南联大

*汪曾祺*

　　沈先生在联大开过三门课：各体文习作、创作实习和中国小说史。三门课我都选了——各体文习作是中文系二年级必修课，其余两门是选修。西南联大的课程分必修与选修两种。中文系的语言学概论、文字学概论、文学史（分段）……是必修课，其余大都是任凭学生自选。诗经、楚辞、庄子、昭明文选、唐诗、宋诗、词选、散曲、杂剧与传奇……选什么，选哪位教授的课都成。但要凑够一定的学分（这叫"学分制"）。一学期我只选两门课，那不行。自由，也不能自由到这种地步。

　　创作能不能教？这是一个世界性的争论问题。很多人认为创作不能教。我们当时的系主任罗常培先生就说过：大学是不培养作家的，作家是社会培养的。这话有道理。沈先生自己就没有上过什么大学。他教的学生后来成为作家的，也极少。但是也不是绝对不能教。沈先生的学生现在能算是作家的，也还有那么几个。问题是由什么样的人来教，用什么方法教。现在的大学里很少开创作课的，原因是找不到合适的人来教。偶尔有大学开这门课的，收效甚微，原因是教得不甚得法。

　　教创作靠"讲"不成。如果在课堂上讲鲁迅先生所讥笑的"小说作法"

之类，讲如何作人物肖像，如何描写环境，如何结构，结构有几种——攒珠式的、橘瓣式的……那是要误人子弟的，教创作主要是让学生自己"写"。沈先生把他的课叫作"习作""实习"，很能说明问题。如果要讲，那"讲"要在"写"之后。就学生的作业，讲他的得失。教授先讲一套，让学生照猫画虎，那是行不通的。

沈先生是不赞成命题作文的，学生想写什么就写什么。但有时在课堂上也出两个题目。沈先生出的题目都非常具体。我记得他曾给我的上一班同学出过一个题目："我们的小庭院有什么"，有几个同学就这个题目写了相当不错的散文，都发表了。他给比我低一班的同学曾出过一个题目："记一间屋子里的空气"！我的那一班出过些什么题目，我倒不记得了。沈先生为什么出这样的题目？他认为：先得学会车零件，然后才能学组装。我觉得先做一些这样的片段的习作，是有好处的，这可以锻炼基本功。现在有些青年文学爱好者，往往一上来就写大作品，篇幅很长，而功力不够，原因就在零件车得少了。

沈先生的讲课，可以说是毫无系统。前已说过，他大都是看了学生的作业，就这些作业讲一些问题。他是经过一番思考的，但并不去翻阅很多参考书。沈先生读很多书，但从不引经据典，他总是凭自己的直觉说话，从来不说亚里士多德怎么说、福楼拜怎么说、托尔斯泰怎么说、高尔基怎么说。他的湘西口音很重，声音又低，有些学生听了一堂课，往往觉得不知道听了一些什么。沈先生的讲课是非常谦抑，非常自制的。他不用手势，没有任何舞台道白式的腔调，没有一点哗众取宠的江湖气。他讲得很诚恳，甚至很天真。但是你要是真正听"懂"了他的话——听"懂"了他的话里并未发挥罄尽的余意，你是会受益匪浅，而且会终生受用的。听沈先生的课，要像孔子的学生听孔子讲话一样："举一隅而三隅反。"

沈先生讲课时所说的话我几乎全都忘了（我这人从来不记笔记）！我们

有一个同学把闻一多先生讲唐诗课的笔记记得极详细，现已整理出版，书名就叫《闻一多论唐诗》，很有学术价值，就是不知道他把闻先生讲唐诗时的"神气"记下来了没有。我如果把沈先生讲课时的精辟见解记下来，也可以成为一本《沈从文论创作》。可惜我不是这样的有心人。

沈先生关于我的习作讲过的话我只记得一点了，是关于人物对话的。我写了一篇小说（内容早已忘记干净），有许多对话。我竭力把对话写得美一点，有诗意，有哲理。沈先生说："你这不是对话，是两个聪明脑壳打架！"从此我知道对话就是人物所说的普普通通的话，要尽量写得朴素。不要哲理，不要诗意。这样才真实。

沈先生经常说的一句话是："要贴到人物来写。"很多同学不懂他的这句话是什么意思。我以为这是小说学的精髓。据我的理解，沈先生这句极其简略的话包含这样几层意思：小说里，人物是主要的、主导的；其余部分都是派生的、次要的。环境描写、作者的主观抒情、议论，都只能附着于人物，不能和人物游离，作者要和人物同呼吸、共哀乐。作者的心要随时紧贴着人物。什么时候作者的心"贴"不住人物，笔下就会浮、泛、飘、滑，花里胡哨，故弄玄虚，失去了诚意。而且，作者的叙述语言要和人物相协调。写农民，叙述语言要接近农民；写市民，叙述语言要近似市民。小说要避免"学生腔"。

我以为沈先生这些话是浸透了淳朴的现实主义精神的。

沈先生教写作，写的比说的多，他常常在学生的作业后面写很长的读后感，有时会比原作还长。这些读后感有时评析本文得失，也有时从这篇习作说开去，谈及有关创作的问题，见解精到，文笔讲究——一个作家应该不论写什么都写得讲究。这些读后感也都没有保存下来，否则是会比《废邮存底》还有看头的。可惜！

沈先生教创作还有一种方法，我以为是行之有效的，学生写了一个作品，他除了写很长的读后感之外，还会介绍你看一些与你这个作品写法相近似的中外名家的作品。记得我写过一篇不成熟的小说《灯下》，记一个店铺里上灯以后各色人的活动，无主要人物、主要情节，散散漫漫。沈先生就介绍我看了几篇这样的作品，包括他自己写的《腐烂》。学生看看别人是怎样写的，自己是怎样写的，对比借鉴，是会有长进的。这些书都是沈先生找来，带给学生的。因此他每次上课，走进教室里时总要夹着一大摞书。

沈先生就是这样教创作的。我不知道还有没有别的更好的方法教创作。我希望现在的大学里教创作的老师能用沈先生的方法试一试。

学生习作写得较好的，沈先生就做主寄到相熟的报刊上发表。这对学生是很大的鼓励。多年以来，沈先生就干着给别人的作品找地方发表这种事。经他的手介绍出去的稿子，可以说是不计其数了。我在1946年前写的作品，几乎全都是沈先生寄出去的。他这辈子为别人寄稿子用去的邮费也是一个相当可观的数目了。为了防止超重太多，节省邮费，他大都把原稿的纸边裁去，只剩下纸芯。这当然不大好看。但是抗战时期，百物昂贵，不能不打这点小算盘。

沈先生教书，但愿学生省点事，不怕自己麻烦。他讲《中国小说史》，有些资料不易找到，他就自己抄，用夺金标毛笔，筷子头大的小行书抄在云南竹纸上。这种竹纸高1尺，长4尺，并不裁断，抄得了，卷成一卷。上课时分发给学生。他上创作课夹了一摞书，上小说史时就夹了好些纸卷。沈先生做事，都是这样，一切自己动手，细心耐烦。他自己说他这种方式是"手工业方式"。他写了那么多作品，后来又写了很多大部头关于文物的著作，都是用这种手工业方式搞出来的。

沈先生对学生的影响，课外比课堂上要大得多。他后来为了躲避日本飞机空袭，全家移住到呈贡桃园新村。每星期上课，进城住两天。文林街20号联大教职员宿舍有他一间屋子。他一进城，宿舍里几乎从早到晚都有客人。

客人多半是同事和学生，客人来，大都是来借书，求字，看沈先生收到的宝贝，谈天。

沈先生有很多书，但他不是"藏书家"，他的书，除了自己看，也是借给人看的，联大文学院的同学，多数手里都有一两本沈先生的书，扉页上用淡墨签了"上官碧"的名字。谁借了什么书，什么时候借的，沈先生是从来不记得的。直到联大"复员"，有些同学的行装里还带着沈先生的书，这些书也就随之而漂流到四面八方了。沈先生书多，而且很杂，除了一般的四部书、中国现代文学、外国文学的译本，社会学、人类学、黑格尔的《小逻辑》、弗洛伊德、亨利·詹姆斯、道教史、陶瓷史、《髹饰录》《糖霜谱》……兼收并蓄，五花八门。这些书，沈先生大都认真读过。沈先生称自己的学问为"杂知识"。一个作家读书，是应该杂一点的。沈先生读过的书，往往在书后写两行题记。有的是记一个日期，那天天气如何，也有时发一点感慨。有一本书的后面写道："某月某日，见一大胖女人从桥上过，心中十分难过。"这两句话我一直记得，可是一直不知道是什么意思。大胖女人为什么使沈先生十分难过呢？

沈先生对打扑克简直是痛恨。他认为这样地消耗时间，是不可原谅的。他曾随几位作家到井冈山住了几天。这几位作家成天在宾馆里打扑克，沈先生说起来就很气愤："在这种地方打扑克！"沈先生小小年纪就学会掷骰子，各种赌术他也都明白，但他后来不玩这些。沈先生的娱乐，除了看看电影，就是写字。他写章草，笔稍偃侧，起笔不用隶法，收笔稍尖，自成一格。他喜欢写窄长的直幅，纸长4尺，宽只3寸。他写字不择纸笔，常用糊窗的高丽纸。他说："我的字值三分钱！"从前要求他写字的，他几乎有求必应。近年有病，不能握管，沈先生的字变得很珍贵了。

沈先生后来不写小说，搞文物研究了，国外、国内，很多人都觉得很奇怪。熟悉沈先生历史的人，觉得并不奇怪。沈先生年轻时就对文物有极其浓厚的兴趣。他对陶瓷的研究甚深，后来又对丝绸、刺绣、木雕、漆器……都有广博的知识。沈先生研究的文物基本上是手工艺制品。他从这些工艺品看到的是劳动者的创造性。他为这些优美的造型、不可思议的色彩、神奇精巧的技艺发出的惊叹，是对人的惊叹。他热爱的不是物，而是人，他对一件工艺品的孩子气的天真激情，使人感动。我曾戏称他搞的文物研究是"抒情考古学"。他80岁生日，我曾写过一首诗送给他，中有一联："玩物从来非丧志，著书老去为抒情"，是纪实。他有一阵在昆明收集了很多耿马漆盒。这种黑红两色刮花的圆形缅漆盒，昆明多的是，而且很便宜。沈先生一进城就到处逛地摊，选买这种漆盒。他屋里装甜食点心、装文具邮票……都是这种盒子。有一次买得一个直径一尺五寸的大漆盒，一再抚摸，说："这可以作一期《红黑》杂志的封面！"他买到的缅漆盒，除了自用，大多数都送人了。有一回，他不知从哪里弄到很多土家族的挑花布，摆得一屋子，这间宿舍成了一个展览室。来看的人很多，沈先生于是很快乐。这些挑花图案天真稚气而秀雅生动，确实很美。

　　沈先生不长于讲课，而善于谈天。谈天的范围很广，时局、物价……谈得较多的是风景和人物。他几次谈及玉龙雪山的杜鹃花有多大，某处高山绝顶上有一户人家——就是这样一户！他谈某一位老先生养了20只猫。谈一位研究东方哲学的先生跑警报时带了一只小皮箱，皮箱里没有金银财宝，装的是一个聪明女人写给他的信。谈徐志摩上课时带了一个很大的烟台苹果，一边吃，一边讲，还说："中国东西并不都比外国的差，烟台苹果就很好！"谈梁思成在一座塔上测绘内部结构，差一点从塔上掉下去。谈林徽因发着高烧，还躺在客厅里和客人谈文艺。他谈得最多的大概是金岳霖。金先生终生未娶，长期独身。他养了一只大斗鸡。这鸡能把脖子伸到桌上来，和金先生一起吃饭。他到处搜罗大石榴、大梨。买到大的，就拿去和同事的孩子的比，比输了，就把大梨、大石榴送给小朋友，他再去买！……沈先生谈及的这些人有共同特点。一是都对工作、对学问热爱到了痴迷的程度；二是为人天真到像一个孩子，对生活充满兴趣，不管在什么环境下永远不消沉沮丧，无机心，少俗虑。这些人的气质也正是沈先生的气质。"闻多素心人，乐与数晨夕"，沈先生谈及熟朋友时总是很有感情的。

文林街文林堂旁边有一条小巷，大概叫作金鸡巷，巷里的小院中有一座小楼。楼上住着联大的同学：王树藏、陈蕴珍（萧珊）、施载宣（萧荻）、刘北汜。当中有个小客厅。这小客厅常有熟同学来喝茶聊天，成了一个小小的沙龙。沈先生常来坐坐。有时还把他的朋友也拉来和大家谈谈。老舍先生从重庆过昆明时，沈先生曾拉他来谈过"小说和戏剧"。金岳霖先生也来过，谈的题目是"小说和哲学"。金先生是搞哲学的，主要是搞逻辑的，但是读很多小说，从普鲁斯特到《江湖奇侠传》。"小说和哲学"这题目是沈先生给他出的。不料金先生讲了半天，结论却是：小说和哲学没有关系。他说《红楼梦》里的哲学也不是哲学。他谈到兴浓处，忽然停下来，说："对不起，我这里有个小动物！"说着把右手从后脖领伸进去，捉出了一只跳蚤，甚为得意。有人问金先生为什么搞逻辑，金先生说："我觉得它很好玩！"

沈先生在生活上极不讲究。他进城没有正经吃过饭，大都是在文林街20号对面一家小米线铺吃一碗米线。有时加一个西红柿，打一个鸡蛋。有一次我和他上街闲逛，到玉溪街，他在一个米线摊上要了一盘凉鸡，还到附近茶馆里借了一个盖碗，打了一碗酒。他用盖碗盖子喝了一点，其余的都叫我一个人喝了。

# 40年代末的沈从文

袁可嘉[*]

　　1946年联大复员回北京，沈从文先生在北大中文系任教授，同时兼任几家报刊的主编工作。每逢有青年作者去请教他，他总是笑嘻嘻地把稿子收下，不声不响地、尽快地在他主持的报刊上予以发表。沈老平日不爱在年轻人面前说什么夸奖话，只是静悄悄地审读和细心修改来稿，静悄悄给予刊出，这种重实际行动的鼓励和鞭策，比什么都更珍贵。沈老实在是引导许多年轻人走上文学道路的一位恩师。

　　《新废邮存底》中收有几篇沈先生当时（1947—1948年）写给一些青年作者的书信。篇幅不多，但很能见出他如何苦心孤诣地帮助和培养40年代的年轻作者的。他为他们指出作诗和做人的基本道理，劝他们走"诚实学习"的正路，不要"急于小成，对工作又缺少虔敬和谦虚"，"写完后自己懒得再看，只希望编者多改改"。有的作者，心浮气躁，见到诗稿退回，便对编

* 袁可嘉（1921—2008），浙江慈溪人。著名诗人、翻译家、英美文学专家。1946年毕业于西南联大外文系。历任北京大学西语系助教、外文出版社翻译、中国社会科学院外国文学研究所研究员。

者提出不合情理的责备，沈先生又耐心地加以解释。特别令人感动的是1947年9月他亲自在《益世报》刊登启事，自愿为一个年仅16岁的经济困难的小作者（广州诗人柯原同志）"卖20张条幅字"。据柯原同志的回忆，这事确实帮他度过了困难，使他"一直对沈老怀着深深的感激之情"。沈老并说："我还想为几个死去了的作家家属卖半年字，以这个方式表示对于人类爱和文化知识的尊重。"

当时沈先生是个大忙人。除在北大授课、自己从事写作以外，还身兼《大公报·星期文艺》和《文艺》《益世报·文学周刊》《平明日报·文学》等刊物的主编，带领着一批年轻作者，为中国新文学的发展做着重要的开拓工作。这几种义艺刊物办得认真严肃，可跻身于当时国统区最好的文学刊物之列。在上面发表诗文的既有著名的前辈作家，也有一批新起之秀，可以不夸张地说，沈老通过刊物和个人交往栽培了40年代开拓文学一代新风的一批作家群。

"开一代新风"这事，今天在怀念沈老的时刻，特别值得一提，因为长期以来，狭隘的政治和文学观点使许多人对40年代后期北方国统区的文学运动采取盲目抹杀的态度。客气一点的称之为"形式主义""唯美主义"的"桃红色"文学，严厉一点的则公开诬之为"反动的""反革命"的逆流。这是完全不符事实的。沈从文先生从来不提倡脱离实际生活的唯形式主义、唯美主义的创作道路，在国内局势极度动荡的1947年，他说"诗可以为'民主'，为'社会主义'或任何高尚人生理想做宣传，但是否一首好诗，还在那个作品本身"，这不过是说明诗的主题并不足以决定它的价值这个浅显道理，而不是反对以诗反映政治和现实生活。在给柯原的信中，沈先生认为诗是"一种新的情绪哲学系统，它和政治发生关联处，应当由于思想家的深湛纯粹品质，和追求抽象勇气，不宜于用工作员的社交世故身份，以能适应目前现实为已足"。这再一次清楚地表明，沈先生并不反对诗与政治有关联，不过他强调这种关联应当表现为作品的深刻思想性，而非庸俗的、浅薄的功利主义。

如今我们回头看看沈从文先生在那个时期的文学活动，特别是主持编辑几种重要刊物的工作，实在应当做出切实可信的新评价。我个人认为，沈先生作为当时北方国统区文学界的一面旗帜，抵制了泛滥一时的庸俗社会学的创作和批评思潮，以及标语口号式的概念化倾向，坚持了文学表现丰富人性、表现美的道路，栽培了一批诗人、作家、批评家和翻译家，有的（如"九叶派"中的西南联大诗人）当时已在开拓新风中崭露头角，后经40年的掩埋，在80年代才重以出土文物问世。这一段的文学史显然有待重写。沈从文先生是这段文学史的主将之一，他所发挥的重大历史作用是必然会垂诸史册的。他所坚持的文学的深刻思想性、完美艺术性更是我们在形形色色功利主义思潮猛烈冲击文化界的今天必须努力捍卫的。

# 执拗的拓荒者

刘北汜[*]

## 一

从1939年秋我在昆明第一次见到沈从文先生，到1988年5月10日他在北京病故，在这将近半个世纪的漫长岁月里，我在文学写作上从他受到的教益，我在为人处世上从他受到的启发，我在近十年从事文物书刊编辑工作中得到的他的支持，哪怕一点一滴，一时一事，在我都是难以忘怀、铭记在心的。

我更不能、也无法忘却的，是他对待他为之献身的工作的执拗精神，而且几十年如一日，总是心安理得，淡于名利的。

在昆明时，他已经是以多产知名、出版了几十部短篇小说集的著名作家，已经是当时最高学府、著名的西南联合大学中文系的教授，讲授现代新

---

\* 刘北汜（1917—1995），原名刘惠民，吉林延吉人。作家、历史学家。1939年入西南联大历史系，并开始创作。抗战胜利后，任上海《大公报》编辑，主编《文艺副刊》。新中国成立后任故宫博物院研究室主任、北京史研究会副会长等职。

文学、各体文习作，也教一年级国文课，而薪金不高，生活上并不富裕，有时还是拮据的。他春秋经常穿件褪了色的灰布长衫，冬天，又套在旧棉袍上，再围上围巾，一冬也就混过去了。

那时，他住在昆明北城一条小街的一个小杂院的二层小楼上，院内除了他家，再就是其他房户和房东了。

房子是他自己租的，也像其他大学里的同事一样，因为学校里除了几十排草顶泥墙学生宿舍、几十处铁皮顶带窗教室、一个大图书馆外，并没有为哪个教授准备一间宿舍，闻一多、朱自清、杨振声、吴宓、刘文典、冯至、张清常、卞之琳等这些中文或外文系的教授，以及三校长之一的梅贻琦等，也都是在离学校较近的大街小巷里自己租房子住的。

他这处小楼，坐东朝西，灰瓦砖墙，木楼梯一步一响，地板一踩一颤，已经很古旧，是座危楼了。沈先生一家四口、夫人张兆和和两个孩子小龙、小虎，却能泰然处之。沈夫人当时在一个中学教书，一周上18个钟头的课，还要操持家务。沈先生除了到建在城外的学校去上课，日本飞机来轰炸昆明时一家人到郊外逃警报，就很少离开他这个暂时安身的小楼了。他在这里备讲课稿、写文章，热心指点前来请教的同学们的文学习作，乐乐呵呵款待登门拜访的同事朋友。无论做什么，他都是认真的，很少见他有不耐烦的时候。

那时，选读他《各体文习作》的同学很多，三间大的教室，总是座无虚席，不少同学不得不搬了椅子坐在门外窗外听讲，因为，不止中文系的同学来上这一课，有空来旁听的其他系的同学也不少。我当时读历史系，也是常来旁听的一个，有了习作，也是常到他家里求教的。

后来，太平洋战争爆发，日本飞机空袭昆明的次数增多，不少教授避居昆明郊区，沈先生、卞之琳等也搬到了呈贡县的龙街，只在联大有课的日子，他才搭乘滇越铁路火车，赶40里路到学校上课，然后再搭晚车回呈贡。

此外，有一个时期，他每周还抽出两天，每天往返四五里，去教一所难童学校的学生们，得些收入，这又要比住在昆明市内时辛劳多了。

尽管如此，沈先生的写作也好，授课也好，仍然认真得很，把全部精力都放在了上面。那年暑假，我们几个同学去呈贡看他，以为他可以在滇池边上的乡间好好休息一下了，谁知他桌子上堆了高高一堆同学们的习作，他正用毛笔一篇篇写下他的读后意见。竹制的书架上，书以外，又摆放了他从呈贡街子上买来的当地烧制的几件彩陶器皿，却不是为了使用，而是作为艺术陈设品，对上面的几何形纹饰赞不绝口，说是真想结识一下那些彩陶绘制能手。事实上，还在昆明时，他在课余就已在热心搜集当地和边疆一些少数民族的工艺品和刺绣品，　　　陈设在他的书架上，时常拿起一件竹编小器物、一件手工编织的带穗挎包、刀鞘、伞袋，向我们称道一番；或是翻出一件什么铜器的铭文拓片，要我们和他一道沉浸在对于我国古代灿烂文化的慨叹中。

当时，老实说，对于沈先生这种文学以外的爱好，我是很不理解的，甚至感到这不过是他的一种业余爱好，犹如某些人有古董癖，有些人嗜好工作之余养花、养金鱼一样，并没有想到实际上他在挚爱的文学写作和教课工作之外，已经对祖国灿烂的工艺品和文物，产生了浓厚的钻研兴趣。

抗战胜利后，组成西南联合大学的北京大学、清华大学和南开大学分别复员回北方，各自复校。沈先生一家离开昆明后，先到苏州住了一个时期，后来接受北京大学聘书，于1946年夏回到了北京，在北京大学任教。

然而，没有多久，在新中国成立前后，来自各个方面的对他的不公正的批判和评价就一点点加码了，不但他过去几十年的文学成就被一笔抹杀，全盘否定，连他在抗战后期在昆明《战国策》上写稿也成他与战国策派合流的政治问题，很是喧嚷了一阵子。

新中国成立后不久，沈先生离开了北京大学的讲坛，放下了他的文学写作，转到新成立的中国历史博物馆工作。其后，进革大学习了一些日子，又回到历史博物馆。

我知道这个情况，已经是1951年的年初了。那时，我在上海《大公报》编副刊。这年年初，我随上海记者组去朝鲜采访，路过北京时，停了几天，特地到当时设在故宫午门前东西朝房的历史博物馆办公场所去找他，正赶上他在午门楼上展览室里当讲解员。

我上了午门门楼，走进老大的展览室，远远就听到了他浓重的湘西口音在大声讲说什么。围听的人很多。他一边讲，一边移动位置，聚精会神地讲解那些陈列品。直到他讲到一个段落，停了下来，我才赶过去和他打招呼。

这是他离开昆明到北京，我离开昆明到上海后，我们之间的第一次会面，要说的话很多，却没时间多说，因为他还要继续讲解，陆续到来的观众都在等着他。他只简单告诉了我是文化部文物事业管理局局长郑振铎介绍他到的博物馆，要我记下他家的住址，约我从朝鲜回来后再来看他，我们便分手了。

我在朝鲜七个月，回来的时候，竟未能如愿在北京停留，再去看看沈先生，而是直回到上海去了。心里却一直有些放心不下，总认为他放下文学创作太可惜，一心希望他能够再把他那支使熟了的文学的笔拿起来。

此后，我随《大公报》迁天津，再迁北京，虽然还在编副刊，却无缘和文物界打交道，加上一个运动接一个运动，自顾尚且不暇，和沈先生的联系也就少多了。

事实上，这时候的沈从文先生，已经在中国历史博物馆扎下了根，有条件接触馆藏的6000年来的大量中华文物，过眼的杂项文物数量成千上万，也比较广泛。当时馆里人手少，文物编目和鉴定工作，陈列品卡片抄写工作，展品陈列、保管工作，他都承担了一部分，而且勤奋到了废寝忘食的程度。他涉猎广泛，兴趣逐步专注到了过去一些鲜为人注意、少有人研究的杂项文物领域，逐步成为这方面的一个执拗的拓荒者。1956年初冬，他应故宫博物院之聘，到织绣研究组兼任业务指导，每周到故宫工作两天，重点是指导组里年轻人学习业务，他自己很快又被故宫浩如烟海的更多文物，特别是历代织绣品牢牢地吸引住。他一头扎进去，又以研究所得陆续写了不少文章，从他到故宫博物院兼任业务指导工作的第二年起，他陆续写出的大量文物方面的学术著作，就一本本结集出版了：《中国丝绸图案》（1957年）、《唐宋铜镜》（1958年）、《明锦》（1959年）、《龙凤艺术》（1960年）。

这个时期的沈从文先生，事实上已经从一代名作家转而成为卓越的文物考古专家。就他个人来说，放弃文学写作固然可惜，但对我国的文物研究工作来说，他的转业与改行，却是一件大有裨益的事情。他的这些著作的出版，以及后来他以十七八年的精力潜心研究中国古代服饰，终于完成出版的巨著《中国古代服饰研究》，可以说，都是填补我国文物研究工作中的空白之作，没有执拗的工作态度，没有拓荒者的勇气与毅力，这些工作是很难完成的。

# 二

到了1969年11月，他被下放到湖北咸宁沼泽地区看果园子。在一年多的时间里，住处换了六次，对他说来，一切都乱套了。但劳动间歇，他心思仍然放在如何充实他那本未能出版的大书上，常就记忆所及，对书稿初稿中有所疏漏或错误多余处，一一摘记下来，作为日后修改增补之用。

后来，因为体弱多病，沈老提前回到北京，一个人住进东堂子胡同他那一间平房里。张兆和不久也从干校回来，住进作家协会在小羊宜宾胡同为她找的两间小房里。从此，一家人分居两处，中间相距两里之遥。饭菜只能由沈夫人在东边那个家做好，送到沈老那里，或是沈夫人到沈老那里，在蜂窝煤炉上煮点面条，两个人一起吃。日子是过得十分艰苦的。

沈老却能安然处之。有一天我到东堂子胡同去看他，他正一个人卧床休息。见我来了，他在床上支起上身，背靠床头，只顾兴冲冲地同我谈起他的那本大书，他的增补改写计划。他指指堆满屋地当中的一大堆书，说是前几天他才从几处中国书店买回来，有不少材料正是他要参考的。说着说着又叹了一声："可惜，前几年失散抄走的那一些，有的再难买到了。"

对他在咸宁干校的情况、身体情况，他只略谈几句，就忙着打听我这几年的情况了。

1975年的夏天，我从北京昌平小汤山下放回到北京后，到小羊宜宾胡同5号去看沈从文先生。

他一家几口，住两间窄小低矮的平房，在一所大院的东南角上，坐东朝西。房前种了一圈花草，用来遮挡夕晒，中间围出一块3平方米大小的空地，也是他经常支起一张小桌，用来写作和吃饭的地方。他的工作室里，一样新家具也没有，旧书架上堆满书，桌上也是书，墙上有画，有绣片，靠墙的几案上，有青花瓷罐、陶俑和一些小陈设。整个屋子，小而杂乱拥挤，光线也是暗的。

我到的时候，正赶上他身穿短衫，冒着暑热，专心一意地坐在迎门处摆的一张长茶几旁，专心一意地修改早在1964年写出初稿、十年动乱前由中华书局排出而未能出版的《中国古代服饰研究》试印本毛样，上面已用红笔勾画了不少地方，额头上已经汗水淋淋了。

看到我，他很高兴，放下笔，要我看摆在茶几上的两只彩绘女陶俑仿制品，说他正在对照这个女陶俑，修改他已经写出的唐代中晚期服饰部分的文字。

他一脸是笑地点点那个女俑，说："你看这发髻，上面插几把小梳子。眉是八字细眉，脸上涂赭黄，大袖子，裙子拖地，是唐代中晚期典型的上层社会妇女，跟唐代《宫乐图》中的妇女服饰一样，白居易在诗里就描写过这种服装……"

跟着，他又招呼我看他书桌上码的几堆小卡片，一只木俑和一只泥俑，像一个孩子意外地获得心爱的东西似的，忍不住笑笑说，卡片上的材料和这些俑，都是他这本书初稿毛样排出后，他陆续收集到的，有的已请人摹绘下来，准备日后作为插图补进书中；有的文字部分，也要根据新发现的材料重写，或加上。

沈夫人在屋前小空地上摆好小饭桌饭菜，催我们吃饭了，沈先生嘴里应着，却又拉我一把，要我看他墙上挂的一小方块彩色绚丽的织绣，说是出自他老家湘西凤凰县妇女的好手艺，针法如何如何……

这天，沈先生脸色红润，一直是兴奋的。眼见自己为之付出艰巨心力的专著问世有望，他又怎么能掩盖得住他内心的喜悦呢。

朋友和同事，知道这部大书的分量和价值的，又何尝不感到高兴呢，毕竟中国文化史上这空白的一页，将由古稀之年的从文先生一笔一笔填上了。

沈先生的这本大书《中国古代服饰研究》最后终于增改完成，彩版的插图也都一一准备好，是他在1978年从中国历史博物馆调到中国社会科学院历史研究所之后，在考古所和其他几位同志协助之下，一起在友谊宾馆紧张工作了几个月，才最后定稿，发往商务印书馆香港分馆排印。

1980年冬，沈先生在夫人陪同下，应邀到美国十几个大学去讲学，1981年春天回来，书已排出大样，他又应邀去广州，住在站前街商务印书馆香港分馆驻广州办事处，从头到尾仔细审读了全书大样。这本大书最后出版，已经是1981年的9月，沈老已达79岁高龄了。

这是第一本系统研究中国古代服饰的大型学术专著。对各个不同时代，上起殷周，下到明清3000多年间不同阶层服饰的发展、沿革，及与当时社会生活、思想意识的关联，都做了深入探讨，提出了许多新问题、新见解。因而出书以后，国内外学术界、读书界评价极高，认为对文史研究、考古断代、古典文学研究，都有极重要的参考价值，对工艺美术、服装、发型、饰物等设计专业人员，也有极大实用参考价值。沈老能在如此高龄锲而不舍地完成这一艰巨的工作，是很难能可贵的。

# 三

"十年动乱"后，北京《大公报》停刊，我在下放回京之后，在1978年5月转到故宫博物院研究室、后来又转到紫禁城出版社工作。

转年开头，"十年动乱"前不定期出过两期的《故宫博物院院刊》改为季刊，由我主编，恢复出版。我为沈老寄去了复刊号，约他为季刊写稿。信迟迟未见复，直到5月18日他才写来复信，我才知道他在《中国古代服饰研究》一书定稿交卷以后，又去了南方四个城市，历时两个月。

他复信的前两段说：

北汜兄：日昨从南方工作回来，得见《故宫院刊》第一期，十分感谢。嘱作文章，从体力看来，恐已难望定时交卷。因南行二月，申、苏、杭、宁各住10天，半天看博物馆，半天休息。归来后才发现体力耗损，而需待回复、待致谢信一堆，一一作出，或许即得半月时间，而未必能了事也。

在中不敢惊动熟人，只看看巴金。闻不日即将由其大小姐相陪，和徐迟等去法国，近或已返申。读《作品》上他写的忆蕴真一文，令人感慨。因回想蕴真、杨静如、树藏、小施及兄等同在青云街小楼上暂住，一切犹如昨天，事实上则已40多年旧事，熟人老同事大多数已成古人，社会变化之大更令人难于设想。

沈先生南行两月，有20个整天的时间参观博物馆，想必还是他过去在北京两大博物馆里认真钻研文物、文献的劲头，他的辛劳是可想见的，他也就难免感到体力上耗损过大了。

他从在沪看望巴金，联想到巴金的妻子蕴真，即陈蕴珍，笔名萧珊，宁波人。沈老信里说的巴金忆蕴真一文，题为《怀念萧珊》，最初发表在1979年2月2—5日香港《大公报》副刊《大公园》上，后来广州《作品》转载。沈老在昆明西南联合大学任教时，萧珊和王树藏等人都是西南联合大学的学生，都是常和沈老来往的。

沈老来信的第三段说：

> 近因1964年进行之工作（关于服装），得几个同志帮忙，已勉强交卷。待进行之旧作选集，这次南行，带几本旧作，抽暇重看，经常是看不到数页，即形成催眠效果，即此可知，本身体近于结构简单机器，经摔耐磨，快到80年，表面上犹保持原状，事实上则零件已因耗损过久，报废将只是迟早间事，是否能看到重印选集付印，还难预料。

沈先生说的旧作选集，事实上并没有过多久，即由一些出版社分别以不同版本出版，或称"文集"，或称"选集"，在1981年后，就已陆续摆在了他的书架上，有花城出版社、湖南文艺出版社出的，也有香港时代图书有限公司印的《从文散文选》等等。

至于他的身体状况，这个时期倒是比较好的，这才有1980年10月他由夫人陪同，应邀到美国十几个大学讲学之举，奔走美国各地，一共讲了十几次。后来，1982年，他夫人又陪他回到离别20多年的故乡湘西凤凰县，住了些日子。

在这封复信的后半部，沈先生重点讲了他已有初稿的《扇子应用发展》一文和其他一些准备写的专题，以及收集文章图片的困难。话是紧跟前面三段文字写的：

至于另外一些待完成杂问题专文，大都是因为缺少足够图照；若不能得到各大收藏文物单位特别协助，亦恐不易逐一完成。有的材料且分布全国各省市，冻结于库房中，是否有用，还得亲自去看看，又还必须有一得力助手，应照的照，应绘的绘。每到一处，总得停留十天八天，才会取得结果。可用生命既有限，每一出门，除公家花费极大，即有文物局、科学院、部中介绍信，为解决交通工具和安排食宿问题，都十分麻烦（既麻烦他人，也麻烦自己）。正因此具体一些事实，所以业已脱稿的《扇子应用发展》，为补充图像（共图约百种，由战国开始），宋代部分就还有常州出土一温州描金漆盒子上妇女手执折扇形象未得，和江阴出土一明代镂花油纸扇待照。故宫藏品四柄元代盛懋、朱德润等人款识，实待重新看看，也才可望得到进一步理解。若能得故宫方面特许，还有一用马远派山水画折扇面也应当看看，才可望把《扇子应用发展》一文完成得较全面。因为还是个新问题，前一段可从东周战国图像葬起，第二段从汉代挑材料，才明白原来全是马王堆半规式样。"便面"是主要扇式，纹扇可极少，西晋还受禁止，不许作。晋南北朝主要是"麈尾"或"羽扇"，并流到唐代。唐代早期还是椭圆形，由"麈尾"影响明确。真正的纨扇出于盛唐后期，元和以后才成主要用具。诗中有"轻罗小扇扑流萤"语，从图像中看来，又才知道早期小扇有的只如手掌大小，真够得上小！似闻所未闻，十分有趣。宋代折扇也用文图互证法，知道些新问题。真正全国流行，似成熟于明初，由川扇大量进贡，转为苏浙生产，出土实物日多，花样百出。出于帝王赠予的，多素面洒金，不加花纹，表示尊重。所以明初诸藩王殉葬，多有一柄洒金扇子。王锡爵墓中物也不加花纹。全面洒金加图画，似在永乐以后，所以我拟以十多年前徐邦达先生相示四柄元人款识浑金带画折子扇，时代可能晚一些。待商孙院长许提出重新看看，比较一下，将来这个专题或即送《院刊》发表，内中似乎还有些新意思，特别是汉代部分的"便面"图像和魏晋以来的"麈尾"及"麈尾扇"部分，以及宋代的"折子扇"和"团扇"并行进展，……大多是前人未及注意到的问题。……

下边还有250多字，谈他另外计划写的一些小专题，有《前期山水画》《琉璃进展》《鼻烟壶》等，就不照录了。

沈先生信里提到的《扇子应用发展》一文的内容，是他顺手写出的，却把一些主要时代各种扇子的应用、演变、规格，都扼要勾画清楚了。同时，也从中反映了他认真细致、深入谨严的治学、为文精神，虽然已经有了初稿，已经收集了大量图片，但因为他觉得还未能"完成得较全面"，还有一些重要实物材料未能细看研究，无法写进他这篇专文，还有些重要实物分散在各地，未能取到图片，他这才没有把他这篇关于扇子的文章初稿拿出来发表。他这次南行两月，以主要时间到申、苏、杭、宁四处博物馆参观，看来正是有目的地去寻求他要写进文章中的实物材料的。尽管年事更高，他钻研学术问题的求实态度、对待工作的执拗精神，却未曾稍懈。

# 四

不幸的是，1983年间，沈先生突然患脑血栓，以致偏瘫。本来，从40年代起，他就长期患高血压、冠心病，这一来，各种疾病汇集一身，他的身体就很衰弱了。经过住院治疗，这才一点点恢复起来，可以看看书了。不料1984年底突然来了一次大病，他又病倒了。

1984年11月25日，我收到老友萧离打来的电话，说沈老突然病重，他已经在头一天帮着沈先生家里人把沈老送进中日友好医院，简要说了说病情，说清病房号码，就把电话撂下了。

第二天中午，我赶到医院住院处，径直赶到楼上，终于在紧靠钟惦棐先生的病房西边找到沈先生的病房。沈先生的儿子沈虎雏一眼看到我，迎我进去，轻轻告诉我："好些了，清醒了。"

话虽说得轻，还是被躺在病床上的沈先生听到了。他缓缓转过头，认出了我，轻声问我："两个刊物还出不？"

他问的是《故宫博物院院刊》和1980年夏创刊、也由我主编、在香港出版的《紫禁城》双月刊。我走近床头，俯身告诉他：两个刊物都在按期出版，水平有提高，只是我的工作主要放在去年成立的紫禁城出版社上了，已经有书出版，还有些在排印中。

他轻轻一笑，又问："孙院长好？"

他脸色红润，看定我的眼光是凝聚的。他问的孙院长，是1956年沈先生到故宫博物院陈列部织绣研究组兼任业务指导的部主任，名孙觉，和沈先生一起共事过，后来提升为副院长。我告诉他，孙院长还忙着抓业务，他在织绣组的熟人陈娟娟、高霭贞听说他病了，都很关心，要我代她们向他问好。

他脸上又露出笑意，轻轻问："她们，忙吗？"

我简单告诉了他。我说，于善浦常来故宫看我，也常同我谈起他，说到过去织绣组里人、包括于善浦自己，从他受到的教益。

"于善浦？"沈老眨眨眼睛，停了一会儿，终于想起来了，"呵，呵！他在做什么？"

我说："于善浦现在是清东陵文物管理处的副主任，写了不少文章，出了书，东陵乾隆妃容妃墓已清理出来，就将开放，慈禧陵前还布置了一个慈禧历史文物展览室。"

"啊！啊！……出息啦！出息啦！……"沈老轻轻地，喃喃地念叨。

我怕谈多了妨碍沈老休息，俯身说了祝愿他早日痊愈的话，轻轻退出病房。

沈虎雏送我出来，在病房外低声告诉我：医生说，他父亲是因为脊椎供血不足，引起脑血栓，经过抢救，已脱离危险期，至少还要留院诊治两个多月，恢复得好一些以后，才能回家继续调养。

我下了楼，在底层大厅，迎面碰到从家里匆匆提着几个小包赶来探视沈老的沈夫人张兆和。她脸色疲惫，也瘦些了。听我说故宫一些人都要我代他们向沈老问好，沈老也一个劲打听故宫的熟人时，沈夫人脸上一阵激动，说："是啊，是啊，他从来也没忘开故宫……"

是的，沈先生忘不开故宫，故宫的人又怎么能忘开他呢！从他20多年前在故宫兼任织绣组业务指导时起，他和故宫的人之间就结下了不解之缘了。

沈先生在故宫兼职的时间不过短短两年，当年织绣组里的年轻同志，至今还有些人留在原来的岗位上，从我1978年到故宫博物院后，就不止一次，不止一个人带着十分怀念、崇敬的心情向我谈过沈先生了。

他们说沈先生没架子，是以身作则的好带路人。每次到故宫来，他总要跟组里青年人一道，进库房，理藏品，搞陈列，甚至亲自动手写展品说明。院外举办的文物展览，他也常带组里人一起去看，引导同去的人一道观摩研究。1957年，天坛公园里举办西长安街双塔庆寿寺海云可庵和尚塔墓出土文物展，展出的宋代绣花方绸、缂丝花绸、花绫白帽，都是他第一次看到的，事后很久，还常常同组里人讲到这些展品，说他视野又宽了。

他们说，沈先生钻研文物，不拘泥于历史文献或已有著作，总要对照实物，比较对照之后，再作出自己的判断。他常带组里的年轻人去前门大街、珠市口一带的估衣店，因为不难从那里发现故宫藏品中所无，而确为明、清时期或更早一些的织绣品或服饰，从中看出不同于其他时期的用料、做法、纹饰、形制来。有一次，珠市口一家估衣店的老板拿出一件缂丝《麻姑献寿图》，说是清代珍品。沈先生笑笑，指出是民国年间的仿制品，人工作的"旧"。沈先生说得句句在行在理，店老板只好如实承认，同去的组里人则从中上了鉴定缂丝真伪的一课。

他们说，他们学写文物、织绣方面的文章，也得力于沈先生的鼓励。对组里经手的织绣品，沈先生总要一一过目，摘记笔记，对院藏其他文物，他只要有机会看到，也总要认真揣摸一番。每有所得、所见，他总要在组里念叨念叨，公诸同好，或就某一专题发动讨论，推动研究的深入。如果哪个年轻同志写出点什么，他会兴奋得如同文章出自己手，直到帮助那位同志把文章改好才罢手。因而，和他一起工作过的年轻人，在感情上和他是贴近、交融的，以致他离开20多年后，谈起他来，一种对他的由衷的崇敬和怀念之情，还会情不自禁地流露出来。

他们的这种怀念之情，我自己也亲身感受到一次，使我难以忘记。

1980年间，我到故宫博物院工作两年多以后，沈先生写信给我，说他还有些书和零碎东西留在故宫，他不在故宫兼职时未拿走，托我抽空代他查查，他想取回去。

我替他查到了，原来还存在织绣组里，竟是满满一玻璃书橱的书，橱上还有一架雕镂精美的小屏风和其他零碎物品，橱上贴着封条，已经代他保存了20多年了。

组里的陈娟娟告诉我："这些书，都是沈老在我们组当业务指导时，一本本从家里抱来、提来的。就像蚂蚁搬家，今天搬来几本，第二天又抱来几本，只要我们想看的，或是他认为我们应该看的，哪怕珍本、孤本，他都毫不吝惜地为我们找来，放在组里，由着我们随便翻阅。"

组里另一位同志高霭贞告诉我："那时候，多亏沈先生搬来这些书，又耐心指导我们阅读，我们业务上才有较快的提高。有的古籍我们看不懂，他先拿红笔点出标点符号，再指出重点，一句句讲解，从没见到他不耐烦过。"

我看了看书橱里的书，有我从未见到过的线装书，有早已绝版的民国年间的图书和画册，也有纸张黄了也脆了的早年刊物、报纸。

不久，沈先生的这些存书和其他零碎，由沈虎雏找了车，拉回家了。

沈先生在故宫兼做业务指导的情况，都已是20年前的事情，是故宫里人怀念他，才向我提起的。我自己代他寻找存书，距离他这次住院，也已是两三年前的事情了，不知道怎么，这天探视过他之后，离开中日友好医院回来的路上，却一一浮现在我脑际，很多天也没有平复下来。

沈先生这次住院三个多月，恢复得较好，在1985年3月初出院回家。

# 五

沈老出院八个多月后，1985年11月20日，我到前门东大街他的新居去看他。他脸色红润，精神兴奋，病体显然在好转中，只是行动仍然不便，有人搀扶才能缓缓挪出几步。

我拿出相机，为他和沈夫人照了几张相。他忽然孩子似地乐了，说：

"等我举起右手，再给我照一张！"

他在沙发上坐正，笑眯眯张着嘴，右手一点点向上举，举过肩头侧。我连按了两下镜头，他大病后又能举起右手的照片便留下了。

相照完了，他很高兴，嘴好半天也没合拢，说："这手，又能写了，又能了。"

嗓音不高而清晰，兴致极高而不像大病之后。

沈夫人也乐呵呵地，说："又待不住了。要给他那本大书出增订本；又计划这个，想那个，又想把他没写完的小专题拾起来……"

沈先生要了圆珠笔和纸，纸下垫本书，放在沙发扶手上，一笔一画写了两个大字：碎金。说他要再看看这本古籍，故宫博物院图书馆里有，要我为他借出，他修订《中国古代服饰研究》时要参考。

我说，我记下了。

他换了一张纸，继续写了七条：

（一）明王锡爵洒金扇及家具模型照（苏州博）；

（二）明初江西益庄王墓葬出土洒金折子扇；

（三）明万历湖南出土二折子扇，有扇坠，用针戳孔作人物山水，似倭扇；

（四）山东明初朱檀墓褶洒金折子扇；

（五）常州出土漆盒盖描金执折扇妇女；

（六）张士诚母墓中金银器；

（七）上海明潘某殉葬家具模型照。

这七种实物照片中，有的是他新发现的，有的是他多年以来孜孜以求，尚未到手，仍然是为了充实他那篇早在1979年就已经有了初稿的《扇子应用发展》一文之用的。因为必要的图片一直未凑齐，未搜全，他这篇专著拖到现在迟迟没拿出发表。另外一些，又显然是为他计划写的别的专著准备的。

沈老注意收集图像资料，是为了以图像为主，结合文献进行综合分析，比较探索，从而得出更切合实际的结论。这种研究古代文化、文物的方法，正是他一贯都在坚持的。

沈老要看的《碎金》，是本类书，我从故宫图书馆借到了民国二十四年的影印本，复印了其中《蚕织》《服饰》《彩帛》《绦色》《艺业》《珍宝》等篇，及余嘉锡为影印本写的跋，为沈老挂号寄去，问他是不是还需要复印其他各篇。

书名叫《碎金》而内容相近的书，从宋元到明代洪武、永乐年间，有多种版本，无著撰人姓名，而流传甚广。故宫的这个影印本，原书为明永乐初年利用明洪武四年刻本修改而成，原藏于清宫内阁大库。全书共40篇，无卷数，上自乾坤仪学，帝王人伦，下至蚕织服饰，疾病争讼，禽兽水族，等等，均各自成篇，各篇又分若干小篇目。如《服饰》篇，中间就包括男服、靴鞋、女服、首饰、房卧、梳洗、孩服、缁服、僧服、道服、制造等目，分别撰述，检阅很方便。

几天后的12月13日，沈虎雏写来回信，说是复印各篇正是沈先生要再看看的，"另外的不必复印了"，却又透露了一个令人不安的消息，说是沈先生"近日受天气影响，精神不大好。暖气一连三天出毛病，只有9—14摄氏度"。隆冬天气，屋里气温这样低，正常人都有些受不了，老先生的身体当然难免要受影响了。他要增订《中国古代服饰研究》的工作会不会受影响呢，我又不免惦念不安了。

过去，沈先生写小说，原稿总是改了又改，出书以后，还要在书本上勾勾画画，改正他不满意的字或句子，如今老了又多病，再像过去那样倾注全力在这个增订本上，他吃得消吗？虽然有助手帮助他做这个工作，他自己毕竟力不从心了，会不会拖延很久也没法完成这个准备在国内出、让更多的读者看到的增订本呢？

这一年，沈从文先生83岁。进入老年以后，特别是近十年，不要说"颐养天年"这些字眼和他从来不沾边，相反，他有的只是抓紧时间多做一些工作的紧迫感，即使在病中，他一颗心从来也没有离开他为之入迷的研究古代文化、文物的事业，他那手，从来都是待不住的。

但是，他的体力毕竟一天天衰弱，终于不支了。他的一些专题计划，也都不得不放下来，无法完成了。《中国古代服饰研究》国内增订本在社科院几个助手的协助下，虽已完成，何时能出版，还是个未知数，他自然更看不到了，因为，他已经走完生命的全程，在86岁高龄时，在1988年5月10日，永远阖上了眼睛。

86年的生活历程，沈从文先生是扎扎实实、认认真真地走过来的，一旦打定主意做什么，他就锲而不舍了，终于留下了等身著作，留下了执拗地献身于工作的可贵品格。他留下的精神财富是丰盛的，他自己却默默地离开了。

# 师恩没齿寸心知

吴小如[*]

　　我认识沈从文先生，是林宰平（志钧）老先生介绍的。那是1946年，先生刚从昆明回到北大的时候。恰巧就在林宰老的家里，我第一次见到从文先生，而且很快就成为沈门弟子。从此，先生为我改文章，并四处推荐使我的文章得以发表，终于把一家报纸的文学副刊交给我编辑，让我有更多实践的机会。先生就是这样提携、鼓励和培养一个青年学生一步步走向成长道路的。新中国成立以后，我曾因教课中遇到疑难两次写信给先生，先生每次都不厌其详地写了长达五六页的回信，用毛笔作章草，写在八行彩笺上，密密麻麻写得纸无隙地，仍一如既往观面清谈那样，娓娓不倦地解答我提出的问题。其中最精辟的意见就是教文学史必须对古代文物有足够知识，不应只靠文字记载。可惜这些有文献价值的信件（包括多年来朱自清、俞平伯、林庚、吴晗诸师长甚至知堂老人的来信），都在十年浩劫中无可弥补地化为灰

　　* 吴小如，安徽泾县人。著名书法家、历史学家。1949年，从北京大学中文系毕业。先后在津沽大学、燕京大学、北京大学中文系、北京大学中国中古史研究中心任教。

烬，连只字片纸也靡有孑遗了。80年代初，我在阔别20多年后专程去拜望了从文师，畅谈40分钟，辞去时心情久久不能平静。为此还写了一篇题为《我又见到了沈从文先生》的短文，发表在香港《文汇报》上。后来美国《华侨日报》转载了，朋友从海外把剪报寄给从文先生，先生随即写信告诉了太原的常风先生。看来先生对我并未忘记。而我却从那次以后，再没有见到先生，只从萧离同志和荒芜先生那里不时打听先生的健康情况。我主观上总怕人去多了会影响先生病体休息，终于一拖再拖，实际是一误再误，没有去看他。直到前年先生病逝的次日，吕德申兄匆遽来知这猝然发生的意外噩耗，我才感到这是又一件无可弥补的憾事。我当即赶到先生寓所，带着忏悔心情向遗像深深鞠躬行礼，心里默默自责："先生，宽恕我吧！"

远在半个世纪前，我已是沈从文先生的崇拜者。1941年我在天津工商学院会计财政系当本科生，由于对课程毫无兴趣，上课只偷看小说。当时林宰平老先生因避寇隐居天津，寓所同我的住处只有一街之隔，我乃有机会经常拜谒宰老。有一次偶然对宰老谈起，上课时因私看《湘行散记》着迷而被教师察觉，宰老立即说："原来你爱看从文的书，等将来我给你们介绍。"随后宰老便谈到从文先生初到北京时住在一家小公寓里，不时向报刊投稿，署名"休芸芸"。宰老发现文章很有才气，便千方百计找到从文先生住处，亲自看望了这位青年人。后来听从文师说，宰老对他早年的提携和支持，以及经济上的帮助，使他没齿难忘。所以从文师1946年一回北京就打听到宰老的寓所，立即前来看望，也就是我遇到从文师的那一次。从文师对宰老的尊敬爱戴，足为我们后辈楷模。而他对青年人的提携、鼓励和培养，固然出自本心，但我想，这里面也有继承宰老热爱人才、热爱青年的因素吧。

我第一次把文章寄给从文师，是一篇全面评论冯文炳先生作品的长文，题为《废名的文章》，后来发表在天津《益世报·文学副刊》上。文章发表的前夕，从文师把原稿退给了我，上面布满先生亲自用红笔增删涂改的墨迹，并有剪贴拼合处。同时附来先生的亲笔信，说明为什么要这样改，末尾还有"改动处如有不妥，由弟（先生自称）负责"的话。原稿和来信早已无存，幸好这篇文章至今保存着先生修改过的原貌。过去我曾有意模拟先生的笔调写文章，总感到貌既不合，神更不似。自从有了这份改稿，顿使我明白了许多。但真正使我受益的却是先生在同我两次闲谈中教给我写"沈从文体"的两个所谓"诀窍"。一是文句中尽量少用"的"字。先生后期写的论文，这一特点尤为明显。有时一个句子长达几十字，却只用一两个无法再省的"的"字来连接，从而使我悟出文笔朴质简练的道理。二是先生的小说中主人公往往只有一男一女，而在先生笔下却经常用全称、泛称来代替特称。如称男主角为"男人"，女主角为"女人"，而不用姓甚名谁或张先生、王太太之类。先生说："小说里一共就是两个人，你只说'男人'和'女人'，读者自然知道是张三、李四来！"果然，有一次我写散文，竟写出"女人有个妹妹"这样一句话，好几个熟人都说，这有点沈先生的味道了。

林宰老是1960年病逝的。1963年，从文师为宰老遗著《北云文集》写了跋文，开头一段略云：

宰平先生逝世3周年，他的温和亲切的声音笑貌，在熟人友好印象中，总不消失，还和生前一样，大家谈起时，感觉几乎完全相同。宰平先生并不死！他做学问极谨严、认真、踏实、虚心，涵容广大而能由博返约。处世为人则正直明朗、谦和、俭朴、淳厚、热情。在解放后，高龄已过80，精神思想犹显得健康敏锐，闪耀着青春的光辉。……这一切，不仅仅使得他的朋友、学生怀着深刻的敬爱，而且……对于有较多机会接近先生的晚辈，更形成一种长远鼓舞向前向上的力量。……

从文师离开我们倏已两年，重温先生旧文，宛如夫子自道。我在感激和悼念先生之余，抱着无限遗憾的心情，写下这篇为时已晚的小文，并且说：

"从文先生并不死！"

# 回忆联大时期的沈从文先生

严 超

1940年春，我才16岁，被骗远离家乡，到昆明当了一名防空照测兵。在这座城市里，有幸见到了很有名气的一位同乡——著名作家、联大教授沈从文先生。

沈先生见我这个穿着士兵服装的同乡来拜访，热情接待，十分关切。我见到的沈先生的印象，和自己所想象的不一样。他中等身材，穿着蓝布长衫，厚实宽大的前额，托着一头黑发，戴着一副深度近视眼镜。他说话轻言细语，面带微笑，和蔼可亲，给人一种和善、庄重之感，令我敬重和景慕。

我向他倾谈了当时难以忍受的被奴役被侮辱的军营生活，他表示十分同情。不久，得力于沈先生的帮助，我们军营中有两位年岁较大的同乡开了小差，获得了自由并谋得了职业。

我与几个同乡亦为之动心，利用一个假日便搭上火车开溜了。以后，得到了沈从文先生写信相托，几经周折，终于在五十二兵工厂厂部任秘书的曾文佑先生处当了工人。

这是1941年的事。

我在工厂做了一段时间的学徒工，日子一长，思想就开始波动起来。便写信求教于沈先生。沈先生回信叫我安心工作，不可好高骛远，应以国家民族的危亡为重，个人的前途是和国家民族的命运休戚相关的。鼓励我要自爱自重，利用工余时间多读书，求长进，应有所作为。

这年深秋，我在沈先生的影响下，报考五十四军宣传队，投入了轰轰烈烈的抗战救亡活动。

1942年春节后，我因宣传队奉命解散而失职。于是，我又去找沈先生帮助。经他介绍，一位湘西同乡保靖人左叔平将我安排在军政治部昆明办事处消费合作社工作。驻地在大西门外潘家湾，与小西门内文林街的西南联大教职员宿舍相邻。这样，我便能有较多的机会去看望沈先生，聆听他的教诲、关心和勉励。次年介绍我进到联大事务组工作。

沈先生家居昆明市郊呈贡县乡下，师母张兆和在一所中学教书，身边有两个年幼的男孩，名叫小龙、小虎，全家靠其夫妇的微薄薪水和沈先生的稿费维持，过着一种清苦的生活。沈先生每周都要从乡下乘坐火车到昆明联合大学授课和做些杂务。

沈先生居住在联大职员宿舍的一间十多平方米的楼房里，屋内陈设简朴文雅，几个被放满书籍的书架，占去了一半空间，一张简易的床安放在屋里的左角处，屋的右边窗户下放了一张旧抽屉，几条椅子经常被移动着，还有一些杂七杂八的东西。水在这里非常珍贵，须提着热水壶上茶馆去买，来客难得喝上茶水。但先生很好客，来访者纷至沓来。有慕名而来的同乡；有青年学生和爱好文学的年轻人；有同事好友——作家、学者、教授等等。先生总是热情相迎，笑脸相送。

每当我在先生处求教时，遇到上述情况我或由先生介绍与来访者相识，或静坐洗耳恭听，多数是借机走到书架前，翻阅先生的书籍。我喜欢去先生那间窄狭的小屋，总觉得是一次次幸运的享受。在他的教导下，使我懂得应该做一个堂堂正正的中国人。做人至关重要的是老实、诚挚和勤奋。"贫苦苦不倒人。不读书不求上进，没有志气，庸庸碌碌混日子才算是苦倒的人。"

这时，我刚刚19岁。

听先生说，他像我这个年龄，在家乡跟随一个地方部队，辗转于湘川黔三省边境。以后去了北平，不为贫困艰辛所动摇，勤学自励、默默地做学问。在先生的言传身教影响下，我深受教益，一扫思想上的困惑之感。沈先生介绍我看了一些中外作家的文学著作，还可以自由选择借读他的藏书，看他的著述。但也有一本很少提到的书，当时却引起我的注意，那就是他写的《记丁玲》。内容记不清了，有个情节我是记得的，写的是胡也频不幸被国民党反动派特务机关抓捕入狱，他和丁玲去探监的情形。当我阅读那本书的时候，革命作家胡也频已在上海龙华惨遭杀害，丁玲也去了延安。先生当时虽很少参与政治和社会活动，但对革命十分同情。当他向我谈起北伐战争时期，蒋介石叛变革命，残酷屠杀十数万共产党人，鲜血染红了中华大地时，先生的心情很悲愤。在谈到时局，国民党腐败无能、消极抗日，军队节节败退，大片国土沦丧，还要大喊："先安内后攘外"，坚持反共立场，镇压学生运动时，先生表示十分愤慨。

先生和一些革命者交往很深，他经常提及在延安解放区从事抗日工作的一些同乡，赞扬刘祖春是个有志青年，能投身到革命的洪流中去。先生和闻一多先生经常保持联系，当闻一多先生一家过得很清苦，靠雕刻印章的额外收入维持部分开支，沈从文就热心地为他推销。先生十分关心家乡青年，打算将我介绍到重庆新华日报社去工作，后因没有机会终不能如愿。

沈先生助人为乐的品德是感人至深的。他对同乡人关怀备至，有些同乡的年轻人流落昆明，职业受到威胁时，就去求助于先生，都得到过先生的帮助。我与同乡的两位青年，都是在先生的关照下获得自由，谋得职业和走上革命道路的。在此期间，同乡陈禄华三易工作，吴瑞之涉身联大，以后跟随先生去了北平，都是得到先生帮助的结果。

在我与先生接触的三四年间，先生的生活过得很苦，够克勤克俭的。他除了授课以外，还挤出时间专心致志地进行写作，实在令人敬仰。

随着岁月的流逝，时间推移到了1945年。一个偶然的机会，我与一位姓龙的同乡为护送先生的九妹沈岳萌回家乡，由沈先生筹集了路费，得以回到了我久别的家乡湖南省凤凰县镇筸城。以后，我在家乡和邻县辰溪等地的亲友、同学处混迹了数月，经历了一段困难，在1946年初才重返昆明。

回到联大后我开始学写文章，请教于沈先生，经他修改后，直接寄送到报刊。我仅见到的有个短篇叫《慧英》，发表在上海郑振铎先生主编的《文艺复兴》刊物上。

这一年里，正是联大北迁之时，6月份，我被校方裁员了。我舍不得离开先生，但又无法随其同去北平。在临别时，他赠给我几帧书法和一些衣物，还介绍我去昆明私立天祥中学的图书室工作，从此开始了我新的生活。

# 怀念沈从文老师

易梦虹[*]

沈从文先生是我40年代初的语文老师，虽然承教时间不长，但获益良多，至今犹令人感念不已。

40年代初，我是昆明西南联大本科学生，快毕业了，我的专业是经济学，由于个人爱好，我选习了几门中文系课程，因而与中文系的少数几位老师相识。其中，沈从文先生是我比较熟识、比较敬仰的一位。

我当时选修的，由沈先生主持的课程叫"语文习作"。选修此课的学生约20人左右，各系的都有，中文系的居多，其中有一些现在已是国内的知名作家了。这门课是不考试的，但选修者每月得交一篇习作，题目自定，字数不限，习作也不记分，但期末还是有考绩。当时西南联大对学生是不考勤的，但是这门课的学生出勤率很高，沈先生本人从不缺勤。有一次，上课时间到了，大雨如注，已经下了一个小时了，迄无停息征兆，到堂学生少了一些，我们以为沈先生不会来了，正想离去，可是沈先生还是打着一把雨伞，

---

[*] 易梦虹（1916—1991），湖南长沙人。毕业于西南联大经济系。1951年起在南开大学任教。

踏着泥泞的土路来了，衣上全是水渍，他一进教室就说："对不起，来晚了。"

沈先生身材中等，头发略长，面色有些苍白，虽然不很瘦弱，但多少显得憔悴。当时正处于抗日战争中期，联大师生的生活是很艰苦的，穿着十分简朴，沈先生也不例外，他经常穿一件洗得很旧的蓝布长衫，足蹬布鞋，相对说来，更见寒酸。但那副寒酸相却只能令人肃然起敬。沈先生来校上课，从不用皮包，连个像样的布书包也没有。他经常用一块白布包单包着几本书及讲稿来讲课，下课后又把书及讲稿包好带走。他走起路来，步伐总是很慢，脸上挂着微笑，一点架子没有。

沈先生说话声音低沉，湖南口音很重，表情含蓄稳重，性格偏于内向。但他爱憎分明，思想敏锐，虽然形之于外的却总是微微的摇头或者微微的额首。

在当时西南联大中文系教授中，论资排辈，沈先生的次第不是很高，但他的平易近人，却使他受到学生们由衷的爱戴。

沈先生书生气较重，平素很少交游，淡泊处世，不慕荣利，不知世间上最讲"关系学"，或者也知道，却不以为然。再加上他自己没有煊赫的学历，因而他在西南联大中文系里的处境，听说多少有些尴尬。虽然所根据的只是道听途说，但也不无蛛丝马迹可寻。我仿佛记得有一次在李广田先生家与李先生和闻一多先生闲谈时，他们就多少透露了一点个中情况。不用说，他们是同情沈先生的。

沈先生有一段时期迁居昆明的邻县呈贡，但在昆明他在文林街仍租了一间破旧的民房，在这间房中，除了一架板床、一张摇摇晃晃的板桌和两条木凳之外，就只有很简陋的茶具了。呈贡在滇池之滨，由昆明去，火车一个半小时可达。沈先生住在县城外一户农家的楼上，房子附近的风景很美。在一个寒假中，我曾和另外一位同学去拜访他。事前写信和他联系，说起如果他需要昆明市上出售的什么物品之类，我们可以为他带去。不久回信来了，欢迎我们去呈贡游玩，建议最好乘早班火车去，但坚决谢绝任何馈赠，写信的语气比较严峻，我们当然遵嘱空手而去。

对我们那次远道去看望他，沈先生显得十分高兴，情绪非常好。他家住房并不宽敞，但布置简洁朴素，勉强可以算是高档家庭用品的，恐怕就要算那两张藤椅和床上的一条毛毯了。我们在他房里坐了半小时左右，他就邀我们到他住房旁边的山坡草地上去晒太阳，并请我们野餐。为了招待我们，他把他家储藏的两个肉罐头都拿出来了，主食就是市上买来的烧饼，至于饮料，可是上等的普洱茶。我们一面大吃大嚼，心里总有一种歉然之感，深恐把他家的营养物资消耗了，他家也许就要淡食几天吧？

在当时，由于物价不断上涨，教授的生活是很清苦的，为了增加点收入，沈先生当时还在呈贡县立中学兼课，此外还要靠《大公报》的稿费贴补生活费用。

沈先生知道，当时我们学生的生活也很苦，因此，他往往把我们所写的语文习作寄到《大公报》去发表，让我们也能得到一点额外的生活补助。

沈先生当时审阅我们的习作是很认真的，发还时一般都附有批语，批语有时很短，有时较长。有一次，我交给他的是一篇悼念一位在晋东南抗日前线牺牲了的朋友的散文，为这篇散文，沈先生给我写了较长的批语，批评我的文章的主要缺点在于"句子太长"，"太文章化"，因而"与语言离远"。这封信也多少反映了沈先生的认真教学态度，今日的语文教师看看它，不是也可以受到一些启发吗？

沈先生的教学内容，虽然不太系统，但丰富而生动，由于年长月久，我也记不太清了。但我依稀记得，沈先生强调：行文应戒冗赘，认为拖沓散漫乃文章之大敌。我还记得，有一次闲谈时，沈先生曾半开玩笑地对我说："你不是搞经济的吗？我倒主张你来搞点作文的经济学，怎么样啦？"此外，我还记得，沈先生强调：叙事论事，要讲究点逻辑顺序，切忌事无先后，浑说一气。

接受沈先生的教导至今，已经快半个世纪了。多年来，由于工作需要，我常常要拿起笔来写点东西，在这当中，沈先生的教导一直在鞭策着我，力戒冗赘，力求写得简明一些，力求逻辑性强一些，语言化一些。有时我看到有些经济学的大块文章，写得冗赘不堪，或则条理混乱，或则佶屈聱牙，读来有如天书，我就重温沈先生的教导，引以为戒。

沈先生比我年长15岁，是我的长辈，可是，在前面提到的那封批改作业的信的开头，沈先生却称我为兄，真是令人惶恐不置，怎么当得起呢？我不禁联想到，鲁迅先生不是也时常称比他年轻得多的人为兄吗？老一辈学者待人接物的恢宏谦逊风度，在这方面所反映的，只不过是一个侧面罢了。

抗日战争结束后，生活萍漂不定，我就没有再见过沈先生了。我只听说，沈先生没在北大、清华、南开继续执教。新中国成立后，我长期不在北京，不知沈先生下落。后来辗转听说，沈先生在中国社科院历史研究所搞中国服装史的研究，经常出入天安门内的故宫博物院。我曾托北京的一位朋友去看望过他，这位朋友曾来信说，沈先生一面在潜心研究中国服装史，一面仍念念不忘文学。沈先生曾对他说："搞服装史，我没多少基础，但只要专心去搞，说不定也能多少出点成绩。"

这部饮誉中外的著作已经在1981年问世了，这是沈先生"专心去搞"的成果，这是一个不可磨灭的贡献。据1988年5月18日英文版的《中国日报》报道，这部著作本来早该出版了，只是由于在"文化大革命"中它的排版工作受到破坏，连底稿都毁弃不少，因而出版时间推迟。为了重新整理、补充劫后余稿，沈先生又花了大量精力时间，这该要多么大的毅力去从事啊！这部著作凝聚着沈先生的多少心血啊！难能的是，这时沈先生已届耄耋之年了！

据我所知，沈先生的《边城》已经拍成电影，他的文集已纳入国内几家出版社的出版计划，瑞典也在排印他的文集，澳大利亚一家出版社正组织人力翻译他的著作，这些消息，沈先生当是知道的，但他因偏瘫卧床已经几年了，他已经身心憔悴了。

据《中国日报》报道，沈先生直至离开人世间，没有向任何方面提出过任何要求。事实想来定是这样。但是，应该说，沈先生还是提了一个要求，那就是身后"不要举行任何悼念仪式"。

沈先生就这么悄悄地逝去了!

安息吧，敬爱的老师!


梦虹兄：

　　这个信好像是你当真给一个人写的，因为情感发展得真切。你做句子方式似乎与茅盾、巴金文体相近。适宜于论事，用作抒情，嫌句子长了些，近乎文章，则与语言离远，写信有时不亲切。要它亲切，文体或得改造改造。《爱眉小扎》或《翡冷翠之一夜》上有几首长诗，都极力使文字近语言，转增加生动，试去看看，一定可保留一种印象，可作参考。据我私意，你文笔宜于写带论事性质散文，有情感辞藻，将增加那文章生动。若写信，想文字亲切而贴近语言，真正可永远师法的一本书，倒是随地可得的《圣经》。新旧约给我的启示即极大，尤其是用文字造风格，有以自见。这本书有好些地方俨如在示范。譬如用比拟法，即其一例。试把它和《红楼梦》放在身边，当成学习控制语言的参考工具，我觉得有益无害。

　　　　　　　　　　　　　　　　　　　　　　　　弟从文拜


这是沈从文先生在1942年写给我的一封信，原件内多有繁体字，且系草书。现在重抄发表。

# 忆沈从文先生

王彦铭

每一想起沈从文先生，伴随往事浮上心头的，是他那令人终生难忘的话："人既必死，就当于生存时知所以生。"

## 写作课

早在中学时代就读过沈先生的一些作品，他所描绘的湘西人物、景色，他的传奇般的生活历程，使我心驰神往，思慕不已。有缘相识，是我在西南联大中文系读书的时候。那时他在系上任教，"各体文习作"是他为二年级同学开的一门必修课。我们班同学不多，一共十来个人，容易相识。

他第一次到班上来上课，是1942年秋天的早上。他的身材不高，体态匀称，穿一件灰色线呢长衫，右肩衣襟上扣着一颗小樱桃般大小的银钮子，戴一副状似平光的近视眼镜，文质彬彬，潇洒俊逸，丝毫看不出从小当兵、沅湘漂泊的生活痕迹；讲一口带湖南口音的普通话，安详和蔼，轻言细语，娓娓而谈，讲课犹如与朋友谈心，完全没有传统课堂教学严肃刻板的习气。开始他风趣地说："剃头是看得见摸得着普普通通的手艺，从烧水扫地到出师，还要学个三年五载。写作不但是技术，更是文化艺术，需要付出的时间、精力可以想见。"勉励我们要勤奋，有耐心，有韧劲。

新文学运动的历史情况，茅盾、老舍、巴金、冰心、徐志摩、丁玲等人的作品，他讲来如数家珍，引人入胜，令你想见其人。汪静之、章衣萍、吴曙天这些人的代表作，讲课中涉笔成趣，偶尔也提到过。

全课程的重点在"练"。他对我们的习作，总是仔细阅读，认真批改。我们那个时候，少年气盛，随手挥写。他认真到连标点的错误，行草字体的不规范，都要改过，作出示范。他是大作家，尽可以疏略不计，匀出时间去搞自己的创作的。这是他用行为示意我们，"艺术起于全微"，差之毫厘，就会谬以千里。他不嫌我们稚嫩浮躁，悉心教诲，令我感佩不已。

课堂讲授，重点也在结合学生写作实际，讲一些观察、体验、描写的知识。如讲人血和鸡血的气味是不同的，冬天的景色不一定是枯草，也有长绿草的时候，"十月小阳春"就长绿草。观察体验景色、生活，要仔细，有耐心。他说："文学非有独创不能存在，而独创，就要在别人没有发现的地方有发现。"新文学作家的作品，并非系统地讲，而是信手拈来，参考借鉴。他虚怀若谷，很少讲自己的作品，屡屡提到的，是萧乾的散文，废名（冯文炳）的小说。学生有了佳作，他付邮资介绍给熟识的编辑发表，到你收到稿费和印件时，才知道有这么回事。经常发稿的地方，似乎是重庆《大公报·文艺副刊》。

沈先生也常借书给我们看。他自己的作品，虽然一版再版，翻开一看，依然是圈圈点点，多番修改。有一次我在一本书的天头上看到这样的题记："×月×日（记不清了）阅毕，手足如冰，觉人生可悯。"他笔下的人物、山水，特别是《边城》摆渡老人和小孙女相依为命的亲情，有如湘沅山林弥漫着的那种似雾非雾，似雨非雨，深邃迷蒙的凄婉之情。

现在看来，沈先生这种以练为主，讲练结合的教学方式之所以取得成效，是因它符合"实践、认识，再实践、再认识"的辩证认识规律的。

在大庭广众之中作政论性之鼓动演说，非沈先生之所长。学术性的演讲，他都热心参与。国文学会1942年春举办中国文学十二讲，沈先生主讲"短篇小说"。1944年的"五四文艺晚会"，沈先生发表题为《"五四"以来小说的发展及其社会的关系》的演讲，效果很好，颇受听众的欢迎。

沈先生对爱好文艺的青年，不论系内系外，都乐于帮助，奖掖扶持。当年受先生教诲、帮助、影响的青年，后来成为知名作家，如汪曾祺，其散文小说明净简洁的风格，与先生一脉相承。所执笔的京剧《沙家浜》，人所共知，无须赘言。即如改编的《范进中举》，歌颂社区先进模范人物的《雪花飘》，也是不可多得的京剧新作。诗人穆旦，是名重一时的武侠小说家金庸之弟查良铮，译有俄罗斯文学奠基之作《叶甫盖尼·奥涅金》《青铜骑士》《波尔塔瓦》等著名诗歌作品。刘北汜的散文、袁可嘉的诗作，读书时即已经常见报的。

汪曾祺晚年谓沈先生之为人"无机心，少俗虑"。愚以为非参透人生世相者无以达此境界，非深知其人者不能有此评语。

# 桃园村

抗战期间，敌机肆虐，屡屡空袭昆明。沈先生家疏散在桃园村。那是滇池之滨、风光秀丽、物产富庶的小村庄。沈师母张兆和老师在呈贡中学教英文，步行到学校不过半个小时。滇越铁路从附近经过，离村不远有个小站，沈先生进城上课，来往也还方便。不过为了节约时间，每周总有两三天住在城里。昆明城多明清时代的建筑，"三里三分穿城过"，早已容纳不下不断发展起来的经济，南门外三市街晓东街一带扩展成为繁盛的商业区。相形之下，几所大学所在的"文化区"北门一带显得冷落。联大教师宿舍在北门街、青云街、文化巷昆北院等处，这几处沈先生都曾住过。北门城楼悬有一匾，上书"望京楼"。他曾饶有兴味地为北门街景作过文艺描绘。

他在桃园村租住的农家小院，是昆明传统的"三间两耳"民居格局。进门天井西侧为耳房。正厅三间，"堂屋"居中，靠后墙陈设一张条桌，左右两侧各放一几两椅，这些家具都是房东连屋子一并租借给他们的。"堂屋"是一家人吃饭、会客、休闲的地方。条桌左侧有小门通后院，庭院不大，干净整洁，靠后墙两侧各有一间平房，一间做厨房，一间是藏书室。一堵竹篱把正厅与厨房的空地隔开，篱上爬着牵牛花的藤蔓。藏书室四边架子上放着古今中外各种图书、杂著，还有一束贝叶佛经。这种薄如纸张形似菖蒲叶的东西，是贝多罗树的叶子，古印度人取它制成书写的材料，释迦悟道后在菩提树下讲经，弟子用作笔记的，可能就是这种东西。沈先生购得这宗文物的时候，曾带到课堂上给我们观赏，高兴得孩子似的。

这便是沈先生一家五口在昆明生活的地方。夫妇俩在这里读书、写作、批改作业和文稿，处理来往信函。沈先生抗战时期的著作，包括描绘云南山水风物的创作，大都在这农家小院里写成。他擅长书法艺术，章草行草，并皆精妙，"一二·一"死难四烈士纪念碑《自由颂》刻石即他之所书。创作、读书、写字、观赏文物，都寄托着他的生活情趣。两个小孩：龙珠、虎雏在这里成长。沈先生一个妹妹，在这里养病。

沈先生爱书，好客。村里人来借书，无不有求必应。他与房东、邻里相处融洽。直到晚年，都很怀念云南、昆明时的一切。

# 最后一面

联大复员北迁之后，几十年和沈先生没有通过音问，很是想念。1978年底我因事到北京，探访了两三个旧时同学。北大吕德申学长告诉我，沈先生现在家居两处，都是"文革"中单位分的房子。故宫博物院分给沈先生的一间，在东堂子胡同；人民出版社分给兆和师母的两间，在小羊宜宾胡同，三间房相隔两里之遥。《中国古代服饰研究》是国务院下达的任务，今年重新启动，家里搞不了，分配到西郊友谊宾馆一套房子里去工作。现在正值定稿之际，时间很紧。不过他还是为我与沈先生通了电话，约定在1979年元月10日晚上在宾馆会见我们。

我们如期到达友谊宾馆时，天色已晚。里面警卫森严，先在传达室往里通了电话，得到许可之后，警卫人员才指引着我们走过大院到达沈先生的工作间。一位白发苍苍的老人已经站在客厅门口，一看正是沈先生。多少年了，他待学生仍像往常那样谦和温厚，丝毫没有尊长的架子。敬佩、感动和喜悦的情绪激动着我，连忙和德申迎上去向他问候。到里间坐下，看到先生不仅头发、连眉毛都已雪白，身体也微微有点状似浮肿地发胖。令人感到岁月之无情。

我们谈在昆往事，提到现已卧病在床的王忠。他说："王忠毕业时曾来见我，对他的发展去向拿不定主意，征询我的意见。我建议他去跟陈寅恪先生学历史。当时许多人不理解，现在，对了吧？"一个中文系科班出身涉世不多的青年搞创作，局限自然不小。但是扬长避短，先写点诗歌小说，发展的余地还是有的。虽说自古以来文史本是一家，一旦真要改行，这个弯未免太大了，一时怎么转得过来呢？当时我也这么想。王忠听取沈先生的意见，进清华研究所勤奋学习历史，果然成为史学界的后起之秀。中科院历史研究所遴选他参与范文澜老先生《中国通史简编》的修订工作，为新中国史学事业殚精竭力。一言而改变了一个人的一生，沈先生可谓有先见之明。

我在进京之前，在昆明参加过一次全国性的外国文学学术座谈会。陈荒煤同志到会讲话，强调对人才培养要有紧迫感。沉痛地说："我一个月就参加了五六个追悼会，追念故人，不胜伤感。"接着云大在会泽院举行一次小型座谈会，陈老谈到青黄不接的严重情况时举例说："外国要求派留学生来研究沈从文的创作，我们谢绝了，因为没有指导的人。"

这些话记忆犹新，现在有幸见到沈先生，我述说了当时的情形。他听了沉默无语，之后迟缓平静地说："我的景况很奇特，台湾两度禁印我的书。新中国成立后上海开明书店来信告诉我：'你的作品已经过时，凡在开明的已印未印各书稿及纸型，已全部代为焚毁。'在一次全国政协招待会上，周总理陪毛主席来祝酒，到了我面前，总理向主席介绍说：'这位就是著名作家沈从文先生。'毛主席一手端着杯子对我说：'你仍旧可以写你的小说嘛！'可是……"他没有说下去。除了我们，室内空旷无人，显得异常沉寂。沈先生外秀内刚，处世对人温文尔雅，心里自有他的尺寸，憎恶丑恶与黑暗。他的文章，朴素、委婉而有风趣，嘲笑中蕴含憎恶与讽刺。如写乡镇妓女追逐时尚，唱军歌、党歌以使身为下级军官的客人开心。又如写客商夜宿荒村小店，数里之遥即有杀人如草不闻声之类的惨剧正在发生。他在《自传》里直言无隐地写道："六年中我眼看在脚边杀了上万无辜平民。做官的有不少聪明人，人越聪明也就越纵容愚蠢气质抬头。"对他的著作，国民党禁之唯恐不绝，自是意料中事。新中国成立之后，应是大有作为之时，以尽其未尽之业。谁想他竟被动转向考古研究，傍古佛青灯去过日子？

那天我们得知他的《中国古代服饰研究》修订工作刚好完成。十数载辛勤劳作，苦心焦虑，历经种种磨难，终于取得预期成果，心情自是十分高兴。家庭情况讲了虎虎（即上面提到的他的儿子虎雏），在四川一家工厂做支部书记。又谈到西德一个女青年来华学习中国书法，很有长进。总是像过去那样，寄希望于青年一代。不过这时他所关注的中心，已转向于历史、文化、考古和民俗的研究，谈话的兴味也在这个方面。他说他到过江陵，那里是楚国都城郢都旧址，有几百座古墓尚待发掘。楚是春秋时代文化发达、称霸一方的大国，地下文物是历史见证，对了解我国人民在那个时代、那个地区生产劳动、繁衍生息情况，有重大的科研价值。谈到这里，顺便也就说到政府给他配备的助手年轻有为，是长沙马王堆汉墓考古工作队的支部书记，能吃苦、爱学习，很有发展前途。

对于他怎样搞起服装史来，他说，他看过一些中国古代的服饰，特别是古代小说里的服饰描写，看得多了，萌发了研究的兴趣。《中国古代服饰研究》一书，最初只是他个人的专题研究。找来帮忙绘制图谱的待业女青年的工资，也是自己付给她的。1963年周总理出国访问，外国赠送的外交礼品中，有一部服装史，感触颇深，决心要加强这方面的文化建设。在会议上提出创作中国服装史的任务。当时任文化部副部长的齐燕铭同志汇报说，沈从文在搞这方面的研究，总理当即决定："就把这个任务交给沈从文。问他有什么困难，帮他解决。"在总理的亲切关怀下，配备了助手，绘图员也纳入编制，工资由国家支付。

时间晚了。我们走到客厅近门处再次向沈先生握手告别。出得门来，朔风扑面，寒气袭人。

# 沈从文和他的老师田名瑜

田光孚　张文炳[*]

　　1915年，沈从文由私塾进入了凤凰县县立第二初级小学读书，半年后转入文昌阁小学初小，1916年升入高小学习，此时教他国文的是田名瑜先生。

　　田名瑜，字个石，湖南凤凰人。1887年元月27日诞生在一个油漆匠家里。16岁时，拜本地诗人田兴奎（字星六、号辛庐）为师，读古书、学诗词，后转入凤乾永晃四厅中学就读，1910年考入长沙湖南高等学堂，1911年加入同盟会，1913年在常德办《沅湘日报》、任总经理兼编辑。1914年至1915年任凤乾永晃四厅中学教员，1916年回凤凰教书。

　　1917年以后，田个石步入政界，开始他蹒跚徘徊的艰难的仕途生涯。护国战争时期，他任过护国军总司令部秘书，护法军第二军总司令部秘书。北伐战争时期，他任国民革命军临时第十师司令部秘书长。1926年至1933年间，田个石先后任大庸县、沅陵县、黔阳县县长。1934年至1937年，任闽浙赣皖四省边区主任公署秘书。1937年至1942年，任国民党第十集团军总司令部秘书兼

　　* 田光孚系田明瑜嫡孙，凤凰县二中教师。张文炳系吉首大学化学系副教授。

一二八师驻衢州办事处主任。1942年至1948年先后任湖南永顺专署主任秘书，湖北省政府秘书，湖南省政府秘书。1948年任凤凰县县长。新中国成立前夕，田个石弃官从教，在辰溪楚屏中学任代理校长兼语文教员。几十年的仕途生涯，几十年的社会变迁，使田个石认识了"国已奇穷民亦惫"的现实，他身在政界、官场，却一心忧国忧民。1933年他写了《答友人》一诗：

> 国已奇穷民亦惫，书生饿死事寻常。
> 逼人富贵遑无择，医我娄贫恐少方。
> 自媚虞翻屯骨相，敢言梁竦善文章。
> 平生最恶钱神论，远谢殷勤慰断肠。

1921年，经醴陵傅钝安介绍，田个石和他的老师田兴奎一同加入南社，以后成为南社湘籍著名诗人，与柳亚子常有篇章往还。柳亚子回忆他们之间的交往时说："余始创南社，吴中湘楚诸贤多为桴鼓之应……当是时，数东南流辈，湘为田傅，吴则柳王，篇章酬赠，可观览焉。"其中田指田兴奎，田个石师生二人，傅指傅钝安。

沈从文读小学时，就从师于这位田先生，在他人生征途的起点上，受到良好的教育和文化熏陶。沈从文后来回忆他的这位老师曾一往情深地说："个石先生是旧南社诗人，书学黑女志，诗文习唐宋，均能去华存实，特别可敬爱处还是他的为人，素朴质实，敦厚有容，接近时使人充满泥土亲切感。"当时正作高小学生的沈从文"好事喜弄，终日和街坊邻里顽童打闹逃学，上山捉鸟，入水摸鱼，只觉得天下事再没有比这个生活方式更有意思！几乎凡是顽童所为无不有分。即平时上课，也并不安心，必想出种种办法胡闹，方称快意。……唯对个石先生，早多传闻，有些害怕，有些好奇。到后又觉得为人异常和蔼可亲，别具一种吸引力量，因之印象甚深，上课时堂上格外安静，从不捣乱，在当时实稀有少见。原来先生年轻时，还是一个比我们更典型顽童……正当十六、十七岁紧要关头……投拜本地诗人田星六门下，读古文学诗了……事情留在我们一群未成年小顽童心中，既浪漫也相当现实，因之对于先生产生了一种不易形容的好感。好些人后来由'拼命逃学'转而为'一心向学'，形成种种不同发展，有的且在大革命逆转时，任小学教员牺牲，虽有种种内外因子相互凑合，但是在成年前先生做人印象影响仍占有一定分量"。

沈从文深情地回忆反映了他和田个石先生非同一般的关系。田个石对于古文、诗词、书法造诣都相当深。在田个石先生的悉心教导下，沈从文一改过去的顽童习气，专心向学，所学古义，诗赋都能成诵，作文书法进步相当快。更为重要的是，田个石先生常向学生介绍凤凰熊希龄为"谋自立以暂富强"，积极参加变法维新的事迹，向学生"讲爱国之理，求救亡之法"，这些是沈从文过去从未听说过的。新的知识，新的理想吸引了他，激励他用功读书。虽然田个石先生只教过沈从文一年的国文，但沈从文少年时的天赋已被这位先生发现了，田个石先生曾夸他"才峻而气清，怀虚而志亢"。沈从文由顽童转变成求学上进的青年，田个石先生是起了重要作用的。后来田个石先生赴辰沅道尹公署任秘书，沈从文也结束了小学的学习生活，他们分开了。1920年，田个石任凤乾麻屯防军指挥部秘书时，因事去贵州，途经芷江，与沈从文会面，这时沈从文已成青年，在芷江当税收员，做事认真有序，又肯学习，田先生见了非常高兴。

20年代，沈从文以他别具风格的创作在文坛崭露头角，产生了一定影响。这时他多次写信给在沅陵的大哥沈云麓打听自己老师的情况，信中说田先生在校时衣一布衫，淡泊清贫。田先生常看到沈从文发表的作品，也"怿怿以喜"。

1934年春节前，沈从文从北京匆匆回到久别的家乡凤凰看望久病的母亲，因被怀疑是共产党，只在母亲床边困守三夜又匆匆返程了。过沅陵时，沈从文特地到电报街思庐看望自己的老师，当时田个石任国民党的三十四师沅陵办事处主任。师生阔别十多年，"不期邂逅，噫，幸矣，从文既归旬日，重过余北去，开襟谈日夕，穷天下乐莫逾"。田个石嘱沈从文："明顾宁人有言，君子之为学也，非利己而已也。有明道淑人之心，有拨乱反正之事，知天下之大势，何以流极而至于此。则思起而有救之，故不学则已，学必志其大者，穷居深念。吾国眹眹大乱，乱自学术，苟欲救之，亦必自正学术，以正人心始。"田先生并作诗相赠：

> 匆匆十年嗟易别，不期沅上一帆归。
>
> 君身壮健尤堪慰，吾道艰难岂竟非。
>
> 此日奚宜饮醇酒，孤心正自恋初衣。
>
> 如何又语长安去，念我空山未掩扉。

沈从文向田先生叙说了自己十几年的经历，介绍了"北京地方城大、人多、文化面广"等情况，分别后，田先生特写《送沈从文序》一文，以兹对这次相会的纪念。

1951年3月，田个石先生应柳亚子先生和朱早观将军①之邀，到了北京，任职中央文史研究馆，居住北海静心斋内。沈从文说："新中国成立后，机缘凑巧，与个石先生同寓北京，始得常相过从。先生虽久绾县事，却无丝毫官气，还是一切依旧，言行敦实如老农，心境则旷达明朗，除读书养志，日

---

① 朱早观（1903—1955），字丹坡，湖南凤凰人。田个石先生的姻弟，早年投笔从戎，参加革命。新中国成立后，任中央军委办公厅副主任，1955年病故。

常惟循湖作诗，积德聚学，益臻纯粹。每一接谈，总能给人一种亲切感应，深一层体会到古人所谓'反朴存真'意思。"沈从文对田个石先生十分尊重，两人感情日深。"隔一二月总有机会去看看他。"这一点可以从田个石先生《苦学斋日记》中看出。仅1952年4月至11月就记下了两人四次见面的情况。

> 4月29日，晴，沈从文学弟来视，赠隶碑一幅，游览馆内一周说：前系禁地，未能莅止，景色最为宜人，可爱已极。
>
> 5月3日，晴，至从文处一谈，他赠大云山房集及种松书屋藏帖八册，归时已晚。
>
> 6月14日，晴，晤沈从文谈一次，筱斋约饭，时尚早，铸史约住听魏喜奎大鼓。
>
> 11月26日，晴，沈从文到访，并约30日吃饭，其工作情绪较好，语言形态比前畅适。

1953年5月，沈从文的表侄黄永玉携妻挈子从香港回到北京。黄的父母与田个石先生夫妇是干亲家。5月24日沈从文带着黄永玉和他的夫人张梅溪女士去拜望个石先生。田先生见到家乡晚辈中人才辈出，无限欣慰。

1956年3月25日，天气晴朗，田先生到沈从文处，沈恭执弟子礼。沈从文夫人张兆和强留老师午餐。那时，沈从文虽已从文学创作转到物质文化史的研究，但面晤及老师时，他却兴致勃勃地谈道：要用最新的观点和笔法写家乡二三十年人事及其在地方上某人的贤否，并言若不写成，后人无从知道了。后因种种原因，这些计划中的创作终未实现。

1959年春节，沈从文夫妇去看望田个石先生，古稀之年的个石先生看到这对患难与共、备尝甘苦的夫妇两鬓已添白发，想起新中国成立后，他们埋头自己的工作，取得可喜的成绩，感慨万千，便欣然命笔，填词一首赠给沈从文夫妇：

### 应天长·致沈从文夫妇

京华作客滋风味，买酒看花容浅醉。君堪慰，人称瑞，月到元宵园较丽。宦游今倦骑，难得情丝胶系。最贵王昌夫婿，清才双可畏。

1962年初，沈从文游览了湖南、湖北、广东、江西四省边区，回京后即去看望田个石先生，应先生之嘱，在田个石先生的《北海寄庑图册》上题诗一首：

京华寄身久，醇朴犹老农。

作书拙愈秀，行文晚益工。

临水赋鱼乐，登高送塞鸿。

心目两明健，为近广寒宫。

沈从文说："30年来时移世易，家乡亲故无论老成少壮，秋风黄叶，凋落垂尽。惟先生年逾古稀，体力思想均尚健全，仁者必寿，百岁可期。嘱题寄庑图册，因敬书四十字于卷末，不敢说深知先生大处，若当作画相速写观，亲故中和季韬、云六、祖春或易首肯，以为能得六七分传神。"沈从文是最了解自己老师的，他对自己师长"醇朴犹老农"的评价的确是传神之笔，诗中流露出年逾花甲的沈从文对老师的无比崇敬和赞美之情。

"文化大革命"中，沈从文身遭劫难，有很长一段时间没有去看望自己的老师。

1977年春节前夕，沈从文同张兆和先生去北京福寿里看望自己的老师，方知田先生已到甘肃靖远县五大坪农场，随儿子田成上居住了。后沈从文给田先生写了封情感诚笃的长信，信中说："我浮沉大社会里半世纪，得于社会的实在太多，而对社会贡献未免太少也，对家乡则更无贡献足道。在近半世纪人事风雨倏忽中，不出大差错，不吃大亏，在千百同行扫荡殆尽后，独自还活得比较安定，只能说是幸运，并得到党的特别照顾，本人则实在无什么专长真知足道也。"沈从文虽遭"文化大革命"的劫难，但他刚刚得到工作的自由后，他想到的不是自己受到的委屈，而是感到对社会的贡献太少，得于社会的又实在太多，特别是受益于党的照顾和关怀，他把这种心曲向老师尽情倾诉了。

　　田个石先生是了解沈从文的，他时时为自己这位学生在文学上、在物质文化史研究上取得的成就感到高兴和自豪。1965年初，年近80岁的老人带着孙儿田光孚，到米市大街东堂子胡同51号来探访了沈从文。回寓后，他对孙儿谈及自己任小学教师这段往事时，情切真挚地谈到沈从文："凤凰出了个沈从文，我们引以为自豪。然而沈从文过去许多年，真正理解他的人太少，而误解他的人又多，在旧社会里，他在那如出入地狱的沉重和辛酸中，对生活充满了勇气，走自己的路，脱颖而出，成为一代著名的作家，是难能可贵的。这就是凤凰人的性格。"然而沈从文总是十分谦虚谨慎，对别人的赞誉时时感到不安。他在给田个石先生的信中写道："前不多久，曾同一位编辑民国史提纲友人谈及《新文苑传》中，似已将生名列入，与故去之闻一多、李公朴、邹韬奋及今尚存年近九十之顾颉刚先生等在一同项目中，其实过去搞创作还未到毕业程度，即因社会大变停顿。在新的形势下，近于'迫不得已'而中途改业。只是改业时间较早，机会又特别好，因此近30年学习工作，从表面看来，又变成为什么'专家'，可是事实上一切还是'假里手'。勉强像个半知识分子，一切还充分保留家乡中山民旧意识，生活习惯也不大像个城市里人。"

　　沈从文与田个石先生都非常想念自己的家乡——湘西。枝柳铁路通车以后，沈从文闻讯非常高兴，这条铁路的中段是他非常熟悉的地方。由现代文明，沈从文想到那不文明的过去，他怎么也抑制不住自己的思乡之情，他写信给田个石先生："前不久，闻同乡说自治州火车已通，惟尚未正式交给国家。常德因有几个上海纺织厂上迁，女子衣着多具海派作风，大大不同过去。怀化已改成黔阳专区所在地，有二铁路交叉，十分热闹。此地原属芷江东乡，民六（1917年）我随同杨明臣半土匪部队初次出门，不久即随军驻扎怀化，总数实不到一百家之小山村。肖选老任军法处长，不到半年即屠杀1000人左右。名为清乡，有时半夜，三四里附近发生火焚劫杀事，鸣锣打鼓，甚至于喊杀连天，所有破烂军队，都紧闭驻处大门，置之不理。留下痛苦印象极深。五四后，下决心离开家乡，自求生路，实近于受此等不合理社会教育第一课。但直到现在，总仍不免还想能返回家乡住一二月……无怪乎家乡长辈熊秉老（即熊希龄）一生总离不了家乡胡葱酸菜，以为人间第一好菜也。"沈从文很想能邀约田个石先生一同返回湘西，住上几个月，重游故地，体验家乡人感情，可是1981年夏，田个石先生在甘肃靖远县病逝，享年94岁。陪同田先生回家重游的愿望终未能实现。

1982年5月，沈从文偕同夫人张兆和先生回到湘西，游览了凤凰、吉首、张家界等地，为期20余日。故地重游，80高龄的沈从文几乎返于童年。他在家乡山水中、在乡下人情感中陶醉。但是沈从文总感到不满足，总觉得缺少什么。10月15日他给田光孚写信说："5月里我和家中人还乡，住了20日，因年老，体力已不大济事，且系在永玉家作客，上下白洋岭石坎，担心滑倒，所以很想全城走走，各处看看，却只有机会在东门大街自道门下走上西门，绕回北门。我感兴趣的南门外小街似乎还保留部分，想看看也没去成，北门标营、洪公井一带和小教场、奇峰寺一带也没有到过。走到的地方印象最好的是沙湾一带小房子和对河回龙阁濒水傍山那些小旧楼房，无机会相访，想参观一次也来不及。……保靖、花垣都是我生活过的地方，本意至少到保靖住一二天，到处走动走动，看看50年来变或不变的一切。可是因为行程中受一定限制，都不能由自己做主安排，就匆匆返回北京了，大是憾事！估计体力若还好，过一二年，一定还有机会再来各县看看，还希望能坐一次船，由龙潭到保靖，由保靖到王村，又由麻阳出辰溪，下桃源，看看一切……"尽管老师已成古人，但在沈从文心里，田先生仍然活着，这与其说是在给田光孚写信，不如说是在向田个石先生倾吐爱乡之情。

1957年5月的一天上午，在凤凰县城秀丽的南华山下，古树翠柏掩映着文昌阁小学一年级教室的后排，坐着双鬓白发的沈从文。40多年前，正是在这间教室里，沈从文聆听了田个石先生的教诲，一改顽童的旧习，走上虚心求学的正道，门前那棵古楠木树卜，曾是他当年顽童旧习未改时被罚跪的地方。沈从文此时在回忆难以忘怀的童年，在想着年轻一代美好的未来。

1982年又是5月的一天，文昌阁小学的校园内，荷池里荷叶正绿，在荷池旁一间破旧的会议室里，充满了欢声笑语，小学的全体教师正与沈从文热烈地讨论文昌阁小学的发展前景。沈从文沉浸在无比欣慰和幸福之中，他看到了这一大批已经成熟，正在成长的中青年教师，正把自己的全部精力贡献给家乡的小学教育事业，感到家乡是有希望的。如果田个石先生九泉有知，也一定会为他曾工作过的小学欣欣向荣的今天感到高兴的。沈从文回到北京之后，便给文昌阁小学寄赠10000元钱，作为修建校舍之用。这是对年幼一代人的关怀与期望，也可以说是对九泉之下的田个石先生的怀念。

人生70古来稀，师生情谊70年世上更是少有，我们所记述的正是田个石与沈从文近70年的师生情谊。一日为师，终身不忘，是我们中华民族尊师的美德，沈从文先生堪称尊师的楷模。

第三辑

眷属缅怀：天真得像个孩子

# 怀念沈二哥

张寰和<sup>*</sup>

今年5月10日，是沈从文二哥的骨灰回归故乡凤凰安葬的日子。我们一行五人（宇和四哥、孝棣、孝华和元元）千里迢迢赶来相送。虎雏、小红登上小渔船，把一些骨灰伴以鲜花轻轻地、深情地撒入晶莹清澈的沱江里，其余的安葬在沱江岸边的"听涛山"下。兆和三姐在骨灰冢上加上最后一铲土后，我们告别了山花野草缀满了的天然五彩石碑，缓缓地走下了"八十六阶石"。

沈二哥，我们离开你了！

归途中，在沱江之滨的古道上，我想起和你相处的日子里的一些往事。

50多年前，九如巷三号桂子飘香时节，你在园中给我们说故事，虽然娓娓动听，但有些情节我听不懂，你说："小五哥，你现在听不懂，我为你写些留着，等你懂事时再看吧！"于是，你为我这个"张家小五"写下了《扇陀》《慷慨的王子》和《一个农夫的故事》等几篇美丽动人的故事。

有一年，你和叶圣陶、巴金、靳以三位先生，还有萧乾兄来苏州，带

---

张寰和（1919—2014），系沈从文夫人张兆和的五弟。

261

我同游天平、灵岩。在灵岩山后，一群胸前围着一方布兜的村妇围绕着你们，要你们坐她们的轿子，抬你们上山，她们东拉西扯，你们东躲西跑，特别是你，涨红了脸，鞋子被踩脱，眼镜被碰掉，那副窘态成为我"耻笑"你的话柄。

有一次，红豆馆主（溥侗，"宣统皇帝"的兄弟）来九如巷三号同大姐元和、二姐允和、四姐充和、大哥宗和等唱昆曲，排身段。你不擅此道，但却背着她们，在我们面前模仿她们的腔调，还问我们："这个小秋香像不像？"于是"小秋香"成为我们戏谑你的绰号了。

抗日战争开始，三姐带龙朱、虎雏困居北京，你却带了我到武汉。你在武汉大学教书，我在武汉大学借读。我们寄居在珞珈山前东湖畔的一座松木小屋里，小屋凉台的松木栏杆上搭拼了不少"福"字，我们称之为"五福堂"，其实只住了4个人。你原排行老二，还称沈二哥。我原排行第五，还称"小五哥"。为了凑成一家，称不是老三的萧乾为萧三哥，在家中原是老大的杨文衡（杨今甫先生的大公子）排成杨四哥。大家尊你为一家之主，你也以"五福堂主"自居，管这管那的。

因工作需要，你又带我经长沙转移到沅水之滨的湘西古城——沅陵。我们住在大哥的家里——云麓。这是一幢横卧山腰，精致典雅的意大利式小楼，楼上有一排宽敞的走廊，面临汤汤沅水和重重远山。同住的有萧三哥、杨蔚姐（杨今甫先生的大女儿）、杨四嫂侯焕成（杨四哥夫人，革命先烈侯绍裘的侄女）、俞珊（赵太侔夫人，南国社著名演员）等。夜晚，坐在走廊的摇椅上，听你讲湘西古老的风土人情，神奇怪事。对面黑黝黝的万山丛中时时闪烁着几处星星般的火点，你告诉我们："那是山间马帮点燃的为了防范野兽的篝火。"于是，呈现在我眼前的是一伙身披兽皮袄，脸色红黑，粗犷质朴的赶马人。他们围绕着熊熊篝火，古老的单筒枪斜在岩山上。铁架上烧烤着整只狍子。一滴一滴的油珠落在柴火上发出吱吱的响声和令人馋涎欲

262

滴的香味，把我带进了你的小说中去了，多么美妙的境界啊！

之后，你又带我到春城昆明，你在西南联大教书，我在西南联大读书。那时三姐、四姐、龙朱、虎雏和宗和大哥等都来到昆明，为了避免敌机的频繁滥炸，他们住在滇池之滨的小城——呈贡附近的一座房子里。每个星期六下午，你带我乘一小段滇越铁路的窄轨火车，然后骑着又小又瘦的矮脚马（有时步行），越过满是大栗树的山冈，涉过潺潺的龙潭溪，到达他们的住所——云龙庵。在宝珠梨成熟的季节，我们在梨树间捆扎几张绳床，舒适地躺在上面摇晃，一周来紧张教学、学习的疲劳涣然而失。

北京地震的一年，你们来到苏州。那时我们住房很紧张，睡处都不周全，更谈不上供你写作、看书的地方了。只有一条"窄而霉"的走廊，是我们午睡的地方。特别使我难忘的，我的一位朋友送来一本他所珍藏你的文集（那个时期你的作品已全部消失），你如获至宝，坐在破旧的藤椅上，把书摊在膝上，专心致志地一个字一个字地修改，修改……

沈二哥，我的成长，特别是青年时代，得到你的关怀和照顾，使我忘不了。至于你如何甘愿两地分居而不趋炎附势，如何坚毅地按照周总理的嘱咐努力完成了《中国古代服饰研究》等事迹更是得到人们广泛传诵和赞美。一些善良的、正直的、为人们所尊敬的人说你是"一个极其真诚的爱国主义作家"，"一个国内外都有影响而很少露面的作家"，还说："湘山巍巍，沅水荡荡……先生之风山高水长，他会永远留在我们心中"，"唯有默祷上苍祝愿他高贵的灵魂得到永久的安息"。这些，是人们也是我们对你的坎坷经历、卓越成绩的诚挚同情和衷心慰问。你是当之无愧的。沈二哥，安息吧！我会在那么多美好、亲切的回忆中永远怀念你。

# 沈二哥在美国东部的琐琐

张充和[*]

　　1980年10月27日下午7时，沈二哥同三姐到达纽约甘乃迪机场。我们兴奋得无可言喻，好容易盼到乘客鱼贯而出，好容易他们出来了，汉思一句话也说不出，我只说：

　　"累吧，累吧？"

　　"还好，不累，不累。"三姐答。两人气色很好，不像过分疲劳，这会子我们才定下心来，因他们是生平第一次出国，第一次高空长途旅行，尤其担心的是沈二哥的心脏病。中国社会科学院领导人也极其关心他的健康问题。

　　当晚到家已近午夜。汉思这天日记只这么一句：

　　"等了30年的一个梦，今天终于实现了。"

　　把他们安排住我们的卧室，因为里间是我的小书房，他们可用，笔墨齐全，好让沈二哥还些字债。在他来前已有个请他写字的长长名单。

　　28日休息一天，此后就开始忙了。29日去耶鲁大学外事处登记，兼参观善本图书馆。那全用一寸来厚大理石建成的，不通风日，用人工控制温湿度，所

---

　　*　张充和（1914—2015），系沈从文夫人张兆和女士的四妹。

以其中一尘不染。中为书库，四周是展览厅同休息室。晴天的阳光透过半透明的部分大理石，可不用灯光。他们上台阶走了一圈，参观些珍本展览。

沈二哥即着手整理演讲材料，写讲稿。其实他已准备得相当周到，但还坐在桌边写。第一次讲演是11月7日，在哥伦比亚，介绍人是哥大小说史教授夏志清，翻译是汉思，还有沈从文研究专家金介甫共同讨论。听众百余人。外国人中有同金隄翻译他小说的潘彼得；中国人中有个70以上的老学生，是从老远地方来的，讲后，他站起来向沈二哥报名报到，报他是哪一年的学生。以后见围绕的人太多，没有近前握手谈话便走了。听众中有不少读者都鬓须双白，无怪沈二哥常说：

"我同我的读者都已老去。"

讲后在全家福晚餐，夏志清是主人。在座有台湾两位女记者，一是从甦，一是朱婉清。朱坐近沈二哥，二哥手边有一卷讲稿，讲时始终没有打开来看（以后演讲也是如此，写也要写，带也要带，像是个护身符）。那些朱女士借去马上影印寄台湾，岂知那稿子题目虽同，可不是当天的语言同组织。

以下我要略谈他在此演讲的情形。至于时间、地点，另有记录。

在美国东部几个大学，除在普林斯顿大学的演讲没有翻译，在哈佛大学一次是朱虹翻译外，其余都是汉思翻译的。朱虹听惯了她湘西丈夫的口音，英文又好，谈的又是文学本行，所以翻译得斟字酌句，丝丝入扣。

最初，汉思还看讲稿，我怕他也看不懂沈二哥章而简、简而章的字。不过他听湘西话的本领比我强，还一本正经同沈二哥事先谈谈内容及细节。但沈二哥一上讲台，第一不看稿子，第二全是在谈话。谈话同读稿子自有差别，谈话又是流动的，更不与汉思所谈相同。所以汉思以后索性不去看稿子，也不同他谈内容细节了，但知所讲题目便得。沈二哥讲开了头，愈来愈引人入胜，也将他自己引入胜地，大有点滔滔乎其来，或是大海不择细流，或是黄河有泛滥情势，此时也，汉思必采取水利工程法纳入正流。一次我坐近讲台，听汉思低低地说：

"你现在讲的是文学。"原来这天讲的是古代服饰。每次无论讲文学或考古，总离不了琉璃厂，古文物。在文学上间接受到古文物的熏陶与修养，在考古上是直接接收同研究。这个同源异派，共树分条的宝藏，永远占他生活中一部分，他永远忘不了，所以有时忘了所讲题目。一经汉思提醒，他若无其事，不慌不忙归还原题，其时听众已入胜境，亦不觉有什么痕迹，比起当年在中国公学第一次上课时，大有天壤之别了。

他最喜引用的是辜鸿铭的两句话，并学着辜鸿铭用手空挽着辫子甩圈子的姿态说："你们虽是剪了辫子，精神上的辫子想剪掉可不容易！"原来哄堂大笑的听众，不得不沉默了。

汉思译了几次后，也就了解他的习惯，在他忘乎其形，江河直下，不让出翻译时间时，也只好总译其大意了。但整个说起来还算忠实。有一回沈二哥提起当小兵时最得意为上司炖狗肉吃。只此一事，汉思可不能忠实译出了，糊糊涂涂地混过去没有翻，中国人吃狗肉不稀奇，可不能让外国人听到，因为他们把狗当成最亲爱的好朋友。怎么可以炖好朋友的肉吃呢？

他在麻省大学演讲文学时，提起早年写小说时的情景，很谦虚地说：

"我那时写小说，不过是一个哨兵。"汉思译成："我那时写小说，不过是一块烧饼。"还加了一些注，说是中国一种烧饼。洋人听了并不觉得可笑，除饿了3天，烧饼当然是不重要的。不是湘西话的问题，也不是他不懂"哨兵"二字，实在他太爱吃中国的烧饼。

在美国各图书馆中，凡有东方部门，都藏有沈二哥的书，学近代小说的教授与学生更不用说都读过。一般人即使中国人也有看不懂的，有的看了后即上瘾。联合国教中文的陈安娜有一次带有一本沈二哥的"古本"《湘行散记》，书纸成了焦黄色，却没有卷角折角，说是一个人藏了此书数十年，十分宝贵，不但不借与人，还在书后写："版权所有，摸者必究。"藏书人要求作者在书上签名。沈二哥见了，在扉页上题了一段，可惜我没抄下。

沈二哥的一个老朋友，是哥伦比亚大学退休教授王际真，他译了很多书，如古今小说选译，红楼梦节译等等。王一个人住纽约，是个大都市中的大隐者。沈二哥两次去看他。他那年已80多岁，他俩谈起话来，像个哥儿俩，快乐天真无比。有的话我们还不懂，我想也许是不大雅致的话吧，因为王际真的说话是没遮拦的。说话间王忽然找出两本沈二哥20年代的旧作，初版的《鸭子》和《神巫之爱》。《神巫之爱》扉页上是沈二哥的大手笔——画——大有山洞中原始初民的风格。

第一次看王际真是在哥大演讲之前，他提了演讲材料，其中是幻灯片的盒子，步履十分轻快，把我们送到讲堂，却不听演讲，也不握别，便回去了。看来他是个不重形式的人。最近同他通过电话，想请他写点文章谈谈沈二哥，因为他是沈二哥海外最老的朋友。他说他从没有写过这类文章。我说随便你，他又说要写。他又报个喜讯给我，他在5个月前结婚了。他虚岁90岁，夫人小他28岁。可惜我已无法转告沈二哥了。

12月23日，上午有一伙沈二哥的新旧朋友，其中有远从南部来的林蒲，他是南部大学文学教授，沈二哥联大时代的学生，满头灰发，精神抖擞。一到之后，还没坐下就打开录音机说："四十多年不见，几千里路飞来——大概指华里——这个下午我要占有老师。"此后便疲劳轰炸，无了无休的谈话录音。我想这谈话一定有意思，有价值。另外朋友只好互相低声谈话，怕搅乱录音。我因忙着午餐茶水，也没有录音。

晚间这伙朋友在黄伯飞陈葆真家中用膳。黄伯飞是耶鲁中文讲师，也是新诗作家。30年代前后，他父亲在北京沙滩开汉园公寓，那时他才十二三岁。记得清清楚楚，丁玲胡也频住的哪两间，沈从文住的哪一间。他说从那时起，他就深深种下了文学种子，走向新文学道路，没有继父志做公寓老板。现在成了个诗人，而且多产。他退休时我在纪念册上写了两句："一任天荒地老，依然人疲诗肥。"

沈二哥在美国15个学校23次演讲，从不问今天到哪个学校，见什么人，是什么人介绍。记得在哈佛演讲"古代服饰"，满口贵校美术馆中商代玉人如何如何，及至归途中问："今天去的是什么学校？"这还是第一次问呢。以后便不听到再问了。一次在勃朗大学勒大卫教授家中晚餐，大卫穿着裙，自己掌厨做涮羊肉，忙着加汤加火。他不善于交际，那天的演讲是他主办的。过后我们谈到主人如何如何，沈二哥说："我没见到主人。"

汉思说："请我们到家中吃涮羊肉的就是他。"

沈二哥说："我以为他是大司务呢。"我这才相信王子猷看竹不问主人的故事不是谎造的。他同主人并未交谈。

他们在我处饮食非常简单，早饭是鸡蛋咖啡面包，中晚饭只两三个菜的中餐，按照他喜欢而医生许可吃的东西做。中国人请客仍是满桌菜。一次耶礼学会请在一个考究的俱乐部晚餐，屋子旧旧，桌椅破破，灯光暗暗的，美国人认为如此才有古老情趣。因为是会员才可进去请客，价钱又贵，所以没有什么人，倒是安静异常。在还没有坐定时，沈二哥说："菜不要多，两三个就够。"

我虎了他一眼说："快别说！我连主食副食才一盘呢。"事后在座洋人问我他说什么，听后他们大笑，传为美谈，因为他们都吃过满桌中国菜的。

沈二哥的口味，喜甜，怕辣。前者为人所知，后者知道的可不多。在纽约湖南同乡尹梦龙请他在一个地道湖南馆子吃饭，事先知道他不吃辣，把所有菜中辣子全去掉，他食后说，味道好极了。

偶然他尝到美国的冰淇淋，便每饭后都希望有得吃。因是严冬腊月，谁也不需要。一次我忘了给他，他说："饭吃完了，我走了。"

我没理会，他又说："我真上楼了。"这个"真"字使我奇怪，但仍不解，他站起来作要走姿态，说："我真走了，那我就不吃冰淇淋了。"大家哄然大笑，便拿给他吃。

除耶鲁外，每次演讲都在另一州，回来总是午夜，我同三姐在车子后已经熟睡，他同汉思还在前座说东说西，没有倦意，这对于开车人是有益的，因为黑夜长途，容易倦困。到华盛顿那回，因交通有阻碍，车子一到就上讲堂，堂已满座，没休息就开讲。又一回，第一天在剑桥哈佛讲，第二天就到新泽西罗格斯去讲，两处距离我家都是要开3个多小时汽车。两天内来回就是十四五小时，不要说还要演讲，讨论，招待会，就是雨点般的热情也可以累倒人。一个78岁的人有如此精力，现在想起来都不相信。我抱怨汉思把时间排得太多太紧。至于请客，我还婉辞了多处。

沈二哥在此不论大小新旧事都有兴趣，小的如机器中换钱、买物，大的如太空博物馆，他总是不声不响地良久观察。往往考古学家，只重视古器物而忽略新器物。岂不知今之新物，亦犹将来的古物，今之古物，亦犹古之新物。他可算是兼厚古今了。

他在此往往一个人独看电视，我怕他听英文有阻碍，自以为能来帮他解释，谁知他已知底细，反来告诉我故事的原委。因为他看尽人事，写惯小说，不必言语已知来龙去脉了。

我独自送他到芝加哥。因汉思已上课，他课比我繁重。幸而钱存训、夫人许文锦盛情招待，妥为安排演讲、翻译，又引导参观自然博物馆、远东图书馆等，许文锦是我乐益女中初中同学。他们送沈二哥三姐上飞机西去旧金山，在握别时，我同三姐互相亲了一下，也亲了沈二哥一下，他硬挺挺地毫无反应，像个木雕的大阿福。

存训文锦送过他们，又送我上飞机东回康州。这回真就又各分东西了。归途中什么滋味也说不出，但并没有空虚的感觉。因为他们这次来美，给我们的快乐，充实了在异乡的无聊与寂寞，即使他们永不再来，这美好的三个月，已足够我们回味了。

269

# 半个字的电报

张允和[*]

1988年4月6日上午10点多钟，我陪同台湾的青年作家张大春到北京崇文门东大街22号，访问我的三妹夫沈从文，虽然大门上贴着"免进牌"，我们还是破门而入。

我向沈从文和三妹兆和介绍了张大春。三妹沏上一壶湖南绿茶。咱们坐下聊天，聊上一大堆旧事和笑话。前三朝，后五代，谈文章，扯家常。不知为什么，一扯就扯到了我那"半个字"的电报。沈从文笑了，指着我轻轻地说："你是三姑六婆中的媒婆。"我提出抗议："你说什么？"他用浓重的湖南腔重说一遍："媒婆！"我说："我做了你们的大媒，不感谢我，反而说我是媒婆？"话未落音，三妹抢着说："你不仅做过媒婆，还做过收生婆呢！"

三妹说得没错。我自幼好管闲事。抗战时期，逃难到四川乡下，到处缺医少药。我凭一点卫生常识，常常施医给药、替孩子种牛痘、开刀挤疖子、给人打针，什么都干，像一个免费的"赤脚医生"。我又在江安，给戏剧家蔡松

---

＊ 张允和（1909—2002），系沈从文夫人张兆和的二姐。

龄的夫人接生，难产变成顺产，生下一个大胖儿子，我给起名"安安"，做了我的干儿子。直到一个做护士的表妹骂我："瞧你不要命！你又不是医生或护士，一针把人戳死了怎么办？"这才洗手不干这些三姑六婆的营生。

为什么说到"半个字"的电报，沈从文就要说我是"媒婆"呢？这件事，四妹充和在她写的《我的三姐夫沈从文》文章里首先提到。后来凌宇先生在他的《都市中的乡下人》一书里也谈到。可是都谈得太简单。看来我不得不再给他们二人做个注解。下面我把可笑的历史往事从头说起。

那是1932年一个夏天的早晨，约莫10点钟左右。太阳照在苏州九如巷的半边街道上。石库门框黑漆大门外，来了一个文文绉绉、秀秀气气的身穿灰色长衫的青年人，脸上戴一副近视眼镜。他说姓沈，从青岛来的，要找张兆和。我家看门的吉老头儿说："三小姐不在家，请您进来等她吧。"这个客人一听，不但不进门，反而倒退到大门对面的墙边，站住在太阳下面发愣。吉老头儿抱歉地说："您莫走，我去找二小姐。"

我家有个大小姐，常常不在家。我这二小姐成了八个妹妹和弟弟的头儿。一听呼唤，我"得、得"地下了"绣楼"，走到大门口。认出是沈从文先生，我说："沈先生，三妹到公园图书馆看书去了，一会儿回来。请进来，屋里坐。"他一听我这样说，现出不知所措的样子，吞吞吐吐地说出一个三个字的句子："我走吧！"他这话好像对我说，又好像对他自己说。我很快把话儿转个弯："太阳下面怪热的，请到这边阴凉地方来。"可是他岿然不动。我无可奈何，只好说："那么，请把您的住处留下吧。"他结结巴巴地告诉了他的住处是个旅馆。天哪，我想这完了！三妹怎么会到旅馆里去看他呢？他转过身，低着头，沿着墙，在半条有太阳的街上走着。灰色长衫的影子在墙上移动。

三妹回来吃午饭。我怪她："明明知道沈从文今天来，你上图书馆，躲他，装用功！"三妹不服气："谁知道他这个时候来？我不是天天上午去图书馆的吗？"我说："别说了，吃完饭，马上去。他是老师么！"我告诉她旅馆名称和房间号数。三妹吃了一惊："旅馆？我才不去呢！"沈从文以前在上海中国公学教书，我和三妹都是他的学生。那时候，女学生决计不肯到旅馆去看男老师的。

"老师远道来看学生，学生不去回访，这也不对呀。"我说。

"可是怎么到旅馆去回访？"三妹只是摇头。

我为她左思右想，也想不出好办法。就说："还是要去，大大方方地去。来而不往，非礼也。究竟是远道来的老师呀！"

三妹不得不同意。她问我："怎样开口讲第一句话呢？"我说："你可以说，我家有好多个小弟弟，很好坑，请到我家去。"三妹说："好，听你的。"她终于去了。

去了不到一个小时，三妹同沈从文来到我家做客人。三妹让五个弟弟轮流陪伴沈先生。沈从文善于讲故事，孩子们听得入迷。听得最起劲的是最小的小五弟。故事一直讲到小主人们被叫去睡觉为止。我呢，不做臭萝卜干，早托词走开了。

这样，沈从文在我家做客几天，然后回到当时在青岛的山东大学。隔了不久，由于沈从文的介绍，三妹也到青岛的山东大学图书馆去工作了。

那年在苏州的旅馆，他们俩见面时候是怎样开腔谈话的呢？几十年后，我才知道。

1969年9月，沈从文和三妹已经结婚36年，住在北京。沈从文在故宫博物院工作。三妹在《人民文学》杂志社工作。"文化大革命"中，他们俩先后下放丹江的文化部五七干校。三妹先走，沈从文晚了好几天才去。沈从文下放前一天，我去送行。闲谈中，他告诉我36年前的情景：

"那年我从苏州九如巷闷闷地回到旅馆，一下躺倒在床上，也无心吃中饭。正在纳闷的时候，忽然听到两下轻轻的敲门声。我在苏州没有亲戚和朋友。准是她！我从床上跳了起来，心也跳了起来！开了门，看见兆和站在门外，双手放在身背后。我请她进来，她却往后退了一步，涨红了脸，低低地说：'我家有好多个小弟弟，很好玩，请到我家去'。"三妹把我教她讲的话，一字不差，背了出来！

1933年初春，我和三妹一同住在苏州。一天，三妹给我看沈从文给她的信。信中婉转地说，要请我为他向爸爸妈妈提亲。并且说，如果爸爸妈妈同意，求三妹早日打电报通知他，让他"乡下人喝杯甜酒吧"。我向爸爸妈妈说了，一说即成。

那时打电报，讲究用文言，不用大白话。电报要字少、意达、省钱。苏州只有一处电报局，远在阊门外。我家住在城中心，坐人力车要拐拐弯弯走好长的路。我在人力车上想，电报怎么打。想到电报末尾要具名。我的名字"允"字不就是"同意"的意思吗？

进了电报局，我递上电报稿："青岛山东大学沈从文允。"我准备了一番话给报务员做解释，想不到报务员匆匆一看，就收下了电报稿，没有问什么。我得意扬扬地转回家门，告诉三妹：这一个"允"字，一当两用，既表示婚事"允"了，也署了我的名字"允"。这就是"半个字"的电报。当时，三妹听了不作声，她心中有些不放心，万一沈从文看不明白呢？

她悄悄地一人坐人力车再到阊门电报局，递上了她的用白话写的电报稿："乡下人喝杯甜酒吧兆。"报务员看了电报稿，觉得很奇怪！密码？不收！报务员要三妹改写文言，三妹不肯。三妹涨红了脸，哀求苦恼地说："这是喜事电报，对方会明白的！"说了半天好话，报务员才勉强收下电报稿。三妹的白话电报里，居然有一个"吧"字。这在当时真是别开生面。可惜电文还不完整，还缺少一个感叹号。这甜酒多么甜！真是"蜜"电。

天长地久有时尽，这"半个字"的电报，以及这个白话文的"蜜"电，在三妹和沈从文的心中将是天长地久永无尽的甜蜜记忆。

# 初识沈从文

傅汉思<sup>*</sup>

1948年3月，我第一次见到沈从文，那时他是北京大学中文系一位教授，我却是半年前来到中国在北大教授拉丁文、德文和西洋学的年轻人。我听许多人谈起过这位著名的小说家。西语系一个青年同事把我介绍给他，下面是从我那时写给加州史丹福我父母信中摘录的：

> 北平，1948年3月30日……还有个可爱的人，我以前没提到过——沈从文教授。他是目前北京的一位最知名的作家和教授。他不像是个写了那么多有关士兵故事的人，他的仪表、谈吐、举止非常温文尔雅，但一点也不带有文人气习。他对中国艺术、中国建筑深感兴趣，欢喜谈论，欢喜给人看一些图片。介绍我给他的是一位年轻朋友金隄，沈从文有一位文静的太太和两个小男孩子……

我同沈家的两个男孩子交上了朋友，我来中国有一个目的，就是学习讲

---

\* 傅汉思，美国人，系沈从文先生夫人张兆和的四妹张充和的丈夫。

中国话，我觉得最好是跟孩子们学，因为在北平生长的孩子讲一口纯粹的北京话，他们不懂英文，比成年人讲得自然。而成年人总以为同外国人讲话，要考虑怎么适应他们的特点同习惯。我最喜爱的孩子是袁家骅教授的两个女儿（在冬天我有时同她们去溜冰）和沈从文的两个儿子。大的龙朱（小名小龙）那时13岁，是个善良、爽直的孩子，随时都准备去帮助别人。小儿子虎雏（小名小虎）同小龙一样可爱，比哥哥小两岁，淘起气来充满了诙谐和幽默。北大好些教授住在中老胡同北大宿舍，我常常到中老胡同沈家小小的院宅中去。到沈家谈天、吃茶、吃饭的客人很多，有教授，有作家，更多的是年轻人，学生和一些别的人。虽然沈从文是个大忙人，写小说，在北大教课，款待来客，我去时他总找时间同我谈天。虽然他一口湘西土音我只能听懂一部分，我却很喜欢听他谈话。沈太太对我也很亲切，有时沈从文讲的我不懂，她就用普通话复述一遍，解释解释。我还见到沈太太的四妹张充和。她们住在一起，她准备在北大教书法和昆曲。

过不久，沈从文以为我对充和比对他更感兴趣。从那以后，我到他家，他就不再多同我谈话了，马上就叫充和，让我们单独在一起。

我还要从给我父母的另一信中摘引下面一段：

北平，1948年4月14日……袁家骅明天即将赴英。……前不久，沈家设宴为袁家骅饯别，一共9个人，我也被邀请参加。吃的好极了，是用一种别致的方法在一个特制的陶罐中烹调的。我们9个人挤坐在一张桌子边上，那桌子在美国只容得下4个人。我对沈从文的文化修养知识很钦佩，他完全是自学的，他连小学都没有读完……

小虎注意到充和同我很要好了，一看到我们就嚷嚷："四姨傅伯伯。"

他故意把句子断得让人弄不清到底是"四姨，傅伯伯"还是"四姨父，伯伯"。

又过一个月，我在致我双亲的信中写道：

> 北平，1948年5月21日……上星期我同沈家全家去天坛野餐。我总是喜欢听沈先生讲解中国古代的艺术同建筑。此外，大家都玩得极尽兴……昨晚充和过生日，沈家请我去吃长寿面。饭后我们玩各种有趣的游戏，每人都得唱一个歌……

我开始阅读沈从文著作，先读英译本，然后读中文原著。在他的著作中，我看到了我过去很少了解的中国生活、文化的各个方面。也是我一生第一次结交一个作家。1948年夏天，我有机会更进一步了解了沈家。我在给我父母的信中这样描述：

> 北平，1948年7月14日……我在北平近郊著名的颐和园度一个绝妙的假期！沈家同充和，作为北大教授杨振声的客人，住进谐趣园后面幽静美丽的霁清轩。那园子不大，却有丘有壑，一脉清溪从丘壑间潺潺流过。几处精致的楼阁亭舍，高高低低，散置在小丘和地面上，错落有致。几家人分住那些房舍，各得其所。我就把我的睡囊安放在半山坡一座十八世纪的小小亭子里。生活过得非常宁静而富有诗意。充和、我同沈家一起吃饭，我也跟着充和叫沈太太三姐。我们几乎每天能吃到从附近湖里打来的鲜鱼……

充和同我在1948年11月19日结婚了。为了使婚姻在中美两国都合法，我们准备一个中西结合的仪式。有美国基督教的牧师，美国驻北平领事馆的副领事到场证婚。从文、三姐在结婚的仪式上也是重要人物，我在信中对父母这样描写：

　　北平，1948年11月21日……是的，我们前天结婚了，非常快乐……仪式虽是基督教的，但没有问答，采用中国惯例，新娘新郎在结婚证书上盖章，表示我们坚定的决心。除我俩外，在证书上盖章的，还有牧师，按照中国习俗，还有两个介绍人（从文和金隄），两个代表双方家属的，沈太太和杨振声教授（他代表我的家属）。参加婚礼的还有充和两个堂兄弟、沈家两个孩子和几个好友，连邵牧师夫妇一共十四人。邵牧师夫妇在他们西式房中为我们安排了非常好的仪式。没有入场仪式。我们俩站在小桌子前面。牧师站在桌后，面对我们。他用中国话宣讲基督教义同婚姻意义，他想那样所有在场的人才能够听得懂……

后来吃结婚蛋糕。小虎最喜欢吃，他说："四姨，我希望你们天天结婚，让我天天有蛋糕吃。"

一个月后，充和同我离开北平经由上海来到美国。一直到30年以后，我作为汉代研究团团员之一来到中国大陆，在北京和另外七个城市访问一个月期间，才又在北京看到从文、三姐和龙朱，在成都看到小虎，这以后，再同从文、三姐会面，就是1980年10月27日晚上，在纽约甘乃迪机场。从文同三姐，不仅是第一次来美国，也是第一次出国旅行。对充和同我，有这样两个亲人从万里外来到我们康州家中，正是实现了我们32年来的梦想。

# 我眼中的舅父

田纪伦[*]

今年5月，我陪同二舅妈护送二舅父沈从文先生的骨灰到凤凰沱江镇安葬。我是60年第一次回到家乡。以前，我虽然从来没有到过家乡，但是关于家乡的介绍听了不少。这些介绍有许多是从讲起我二舅父童年的趣事而引起的。

从我小时候起，父母就常常讲起家乡凤凰县沱江镇。那是个美丽的小山城，有碧碧清澈的沱江，水面上漾映着傍依江边的吊脚楼；有已斑驳陈旧的古老城楼；有花草丛生的青山。城镇很小，也挺穷，苗族、土家族、汉族等民众和睦地生活在一起。那里地灵人杰，出过很多名人。二舅小时候聪颖、顽皮，早上上学，离家后把书包往土地庙菩萨上一扔，说声："菩萨请你代我看管好书包"，然后就到处去玩，斗蟋蟀，下沱江游泳，甚至于还敢在城墙的墙垛上倒立。1916年左右，由于家境贫困，外婆不得已把大舅、二舅都陆续送出去，离家到外面去自谋生计。

二舅父约14岁离开家。离家时确实还是个孩子，只知无忧无虑地去玩。头一天还玩得很高兴，第二天朦胧清晨，天还是"黑糊糊"的，他便跨出了家

---

＊ 田纪伦系沈从文大姐沈岳鑫之子，长春第一汽车制造厂高级工程师。

门。从此他走上了永远无止境勤奋努力进取的人生道路，由一个初中程度的少年成长为国内外知名的文学家和历史学家。我曾很多次地听到我父母亲和二舅父自己讲起他离家后6年，1922年只身到北平的情形。一大早他就下了火车，到北平我爸爸妈妈当时住的地方拍门，见到我父母他说要到北平读书。对这次会面他们都终生不忘。1957年，人民文学出版社出版了《沈从文小说选集》，二舅父给妈妈送了一本。在书的扉页上，二舅父写了下面一段话：

> 大姊，这是一本新印的旧书，大部分还是廿多年前写的。想起这些作品如何完成时，总让我同时记起，初次出门时那天对我的鼓励，以及初到北京来时，住在你家中，身发高烧的情形。你对我的友爱和对家中人的关心，我想起时，就对工作有了力量和信心，即在万分困难里，并不灰心丧气！你对我的帮助，将成为我对人对事热忱的取法。盼望你健康和快乐，还能鼓励帮助更多的年轻人！
>
> 二弟57年11月

二舅父初到北京时，过的是清贫的生活。他住在湖南同乡会的西西会馆里，吃不饱穿不暖，仍顽强地坚持学习，写作。在京西图书馆里看书有时忘了一切，好多次图书馆夜晚关门，管理员不知他还在把他锁在图书馆里。

抗战前，我见过舅舅与舅妈好多次，由于年纪小，大多情景已恍惚依稀记不清楚了。我记得较清楚的是1946年以后的事。那时我们家住在上海。抗战胜利后的1945年8月到1946年，内地的大批接收人员来到上海，来的人个个神气十足，有"气派"。到了1946年，夏秋以后，再姗姗来迟的多数是门路不广的退回原址的大学师生员工。

1946年夏天，二舅父一家从昆明西南联大经上海回北平。我见到他身穿白的夏布长袍，戴着一副老式的眼镜，可以说十分土气。舅妈很朴素。两个表弟更是典型的"乡下人"，连自行车都感到新鲜。他们极朴实，举止言谈诚恳谦和，详细地向我们一家人介绍了抗战时后方艰苦的生活和他们始终如一地默默坚守在中国文学、教育阵地上，勤奋耕耘的种种事迹。

不久，他们一家去了北平，我们家还是住在上海，经常来往通信。50年代初，我从大学毕业分配到长春的中国第一汽车制造厂，后来我因公务经常到北京，每年少则一二次，多则三四次，成了二舅家的常客。他们住在东堂子胡同51号，这是一个普通的四合院，住了好几家，二舅只住了一排两间不大的房子。一间房放满了书和一张写字桌，另一间房用柜子隔成二小间，这二小间的里面隔间就只放下一铺双人床算是"卧室"，外面隔间只能放下一张写字桌和吃饭的矮桌。没有厨房，做饭就在房门口屋檐下搭个蜂窝炉。虽然他们生活极其简朴，但二舅父的情绪很好。他告诉我，他已放弃了文学写作，不再是北京大学的中国文学教授，而是北京历史博物馆的一名普通研究人员，既给万千文物贴写标签，又在接待各地参观者时充当解说员，他生活得很充实，很愉快。我想，他都已50多岁了，为了国家的兴旺发展，毅然放弃了辛勤耕耘了几十年的文学创作和已获得的名望，重新改行，从头学起。我看到他整日里看书、整理各种文物材料，写作、工作孜孜不倦。他那间斗室里书愈来愈多，收集的图样、资料写出的材料愈堆愈高。我在想，就凭写出的这么多东西也该增加一间房间了。舅舅特别关心国家的建设和发展，关心中华民族的进步和文明，他对国家富强统一充满着希望与喜悦。每次我到他那里他都要我介绍中国的第一个汽车厂的建设，全国汽车工业和与之相关的工业的兴起发展的形势。我记得有一次我向他说起轿车车身的密封是不容易的，要做到下大雨不透水，工艺要求很高。国外有种很高档的轿车，密封性极好，关车门时，若车窗全紧闭，最后一个车门就关不严实，非得把窗玻璃摇开一点点缝，才关得好车门。他听得真认真，想了一会反问我，那么人坐在车里面不开窗子，会因缺氧憋死的。在座的人都被他的憨惹得哈哈大笑。还有一次听我说起第一汽车制造厂制造出了中国自己造的第一辆"东风"牌小轿车。当时要讲有民族风格，有人提议，车头上要有一条小龙，车的后尾灯做成宫廷里的宫灯式样。他听了后，立即主动地要提供各种各样的图案，甚至于实物模型。我知道有人提的民族风格化是多种设想的一种，估计不会采纳，所以一再劝阻了他的好意。

1966年"文化大革命"，二舅父受到了冲击，也正巧是他被抄家清理"四旧"的那天我到了他们家。在红卫兵的监督下，我帮忙把他许多书和他整理的大堆大堆资料当废纸扔到地上。后来听说这些宝贵的书籍、资料当废纸七分钱一斤卖掉，卖了300多元钱。在那次冲击中，他对这样多的资料毁于一旦很伤心，对冲击了的人倒没有丝毫怨言。更使我感到不能忘却的是在那种情况下，他想到了我，担心我被株连。红卫兵问我是什么人，与他是什么关系，为什么这时候来，还看了我的工作证，记下了姓名、工作单位。他不顾自己处境的艰危，一再向红卫兵解释，说是他找我来帮忙的，责任在他，不是我"界限不清"。"文化大革命"期间在工作单位他怎么受到体罚我没有问，但在那个四合院，我看到他被罚扫男女厕所。他做得非常认真。

1969年，我再去他们家时，他们只剩下一间房子了。剩下的这间房，是原来两间房里差的那间。这时家里生活更清苦，每次去，舅妈仍然和原来一样没有忘记过给我妈妈带些什么可口的食品，从没提及自己有什么困难。这时虎雏表弟调到四川自贡，龙朱表弟在家连住的地方都没有，只好住在北京工业大学的单身宿舍，表妹朝慧被赶回家乡。两位老人孤苦相依。他不止一次地喃喃伤感地告诉我，50多岁以后刻苦钻研，精心整理的中国古代服饰研究书稿24万多字，若加上原来各种底稿将近40万字，都被"消毒"而烧毁了。他丝毫没有想到这些材料与个人名利的关系，他感到不安的是，这是周恩来总理交给的任务，没有完成，对不起国家，对不起人民。

1969年，年近70的舅父与60多岁的舅妈都下放到干校，两个人因不同单位，所以还不在一个干校劳动，两地隔得很远。二舅父的生活自理能力较差，他从来不讲究吃的、穿的。一个人在干校生活是够艰难的。表妹朝慧说我二舅父太老实了，通知下放干校的28人中，最后到干校去的只有老弱病残三老人，他是这三个老人中年纪最大的。在干校期间，他写了好多诗词寄给我父母亲。在那种恶劣环境中，诗词全是描述湖北咸宁干校周围美丽幽静的景色、风光，绝无一句牢骚，文笔、字体都极其优美。他还是那样乐观，对大自然、对生活充满着热爱与激情。1972年初，我出差到北京，恰逢舅妈送舅父从干校回北京，龙朱表弟和我到火车站去接他们，我看到身穿厚厚的显得臃肿的黑布棉大衣的舅舅、舅妈，他们从武汉回北京坐的是硬座，一路辛苦、疲劳。三年不见面，他们变得苍老了许多，舅舅、舅妈仍回到东堂子胡同的那个只有一间的住房里。在这个小小的天地里二舅父又无休无止地开始了他的工作。凭他那惊人的记忆力，又重新整理被烧毁的著作。70年代中期，我多次去他们家，看到他的桌上、床上、柜子上又愈来愈多地堆起了他写的文稿和资料书籍。我带了5岁的女儿去他家。小女儿真想睡在那有小床那么大的用书堆起的书床上过夜。二舅已70多岁了，但精神矍铄，说要尽早完成周总理交给的任务，整理出中国古代服饰的文物资料。他还是那样朴实和乐观，说话幽默令人从"心底里"感到好笑以至回味无穷。他告诉我又写成了5万字，8万字……后来有一次很高兴地告诉我已写成了12万字。

80年代初，我去他们家，他兴致勃勃给我讲他去美国讲学的情况，在美国有那么多中国学者。外国学者与中国文学爱好者对他以往的作品是那样爱慕，他受到很多学者的热忱接待与欢迎。其实，我是清楚的，那些文学作品都是他在20年代至40年代的创作。从50年代起，他又在另一领域培育出灿烂的花朵，那就是收集提炼了许多中国历史文物的遗产，如实地反映了中华民族悠久的瑰丽的文化、艺术、劳动的精华。他还特别高兴地给我讲1982年回到家乡凤凰的所见所闻和在湘西土家族苗族自治州有了州里的第一所大学——吉首大学。他告诉我，家乡若与他当年出来时相比，真是天翻地覆的变化，但是与国内大多数地方相比仍是贫穷的。我们一定不能忘记家乡，要尽自己的最大力量为家乡人民做些事情。

他一生生活简朴，他感谢中国社会科学院给他解决了住房困难和给予的多方面照顾。他觉得满足了，我每次去看他，他总是说他唯一的忧虑是时间太可贵了，他在历史文物研究中有那么多宝贵的有用的东西来不及全奉献出来，来不及全部传授给后人。他对任何来请教的总是有求必应，克服病痛缠身的困难，耐心仔细地讲解。1986年以后，他身体愈来愈差，我去他们家，见到门上贴有字条，大意是他宜多静养盼访问者谅解。后来他对我说："门口禁条对你例外，我很喜欢和你谈。"其实也并不是仅仅对我例外。我有一位年轻的内女，大学刚毕业，慕他的盛名，想去看看他并请教一点小问题，没想到他们一谈就谈了两个多钟头。曾经有过不少的登门求教的人仍去敲门，舅妈和表弟开门解说，但他却在房里叫喊起来，"行，行，我能见，我能见"。弄得舅妈与表弟们十分尴尬。多少人爱慕他的书法，到他家请他写字，他也是有求必应。我到他家时总是看到桌边沿、窗台到处挂着放着他写的字幅。

1986年以后，他已经数次住医院抢救，身体难以恢复到前几年那种状况，说话口音也不清楚，但从他那几个简单的字音里可以理解他想到的仍然是国家，是人民，是他酷爱的事业，他还想做很多事，把自己的全部心血都奉献出来。

附　录

# 沈从文生平简表

糜华菱

**1902年**

沈从文，原名沈岳焕，曾用名休芸芸、甲辰、上官碧等，12月28日，出生于湖南省凤凰县。

**1908年，6岁**

入私塾。

**1911年，9岁**

辛亥凤凰起事失败，亲见官府大肆捕杀乡民，印象极深。

**1915年，13岁**

转入新式凤凰第二小学，半年后再转入凤凰文昌阁小学。

## 1917年，15岁

秋天，高小毕业后辍学当兵，参加了隶属于湘西靖国联军第二军的一支本地部队。头一年驻扎辰州（沅陵），当护兵；后移防芷江（沅州），升任司书，在芷江"清乡""剿匪"一年多，眼见滥杀无辜以千计，"留下痛苦印象极深"。再后，部队开赴川东"就食"，他留守辰州，直到1920年末，部队在湖北来凤遭神兵突袭全军覆没，他从留守处被遣散回家。

## 1921年，19岁

年初，从凤凰去芷江投亲，在县警察所和团防局任办事员和税收员。亲戚中有娘舅和姨父二人常在一起吟诗唱和，他代为抄写，遂也学会了作旧体诗和临小楷帖。姨父是熊希龄的胞弟，他在熊府有机会读到许多林（纾）译小说，其中狄更斯的作品对他后来从事创作产生久远影响。这时他母亲已来芷江同住，并把卖掉凤凰老屋所得钱款交他保管。但他后因恋爱被骗，短少了1000多块，因感害怕，无颜见母，便悄悄出走。

秋后，到常德，遇表兄黄玉书同在旅店休闲。

## 1922年，20岁

2月，去保靖谋职，在湘西巡防军统领部任司书。夏，随援川部队驻龙潭约半年。回保靖后，留在统领官陈渠珍身边作书记。因代陈保管大量古书和文物，就便涉猎，遂也获得许多知识。

## 1923年，21岁

上半年，因陈渠珍推行湘西乡自治，被派到印刷厂去校对各种文件，从一进步工人处读到许多宣传"五四"新思想的报刊。时值陈致力办学育人，他提出外出求学，陈应允。8月，遂在"五四"余波影响下，从湘西去了北京。

## 1924年，22岁

一边去北大旁听，一边学习写作。12月22日，《晨报副刊》首次刊出他的散文《一封未曾付邮的信》。从此，他成为这个刊物的经常撰稿人，到1928年6月终刊，共在该刊发表各种体裁作品100余篇。

## 1925年，23岁

3月9日，散文《遥夜——五》在《晨报副刊》发表，引起北大教授林宰平注意，约他相见，多方给以鼓励和帮助。

3—5月，又在《民众文艺》周刊连续发表多篇《狂人书简》及散文《市集》，由此结识了编辑胡崇轩（即胡也频）及其女友丁玲。

8月，由于林宰平帮助，就任香山慈幼院图书管理员。但并未放弃写作，又有作品发表于《现代评论》，从此成为这个刊物经常撰稿人，并与主编陈源和文艺编辑杨振声相识。

秋，经林宰平介绍，参加新月社诵诗会，从而认识徐志摩、闻一多等人。后徐接编《晨报副刊》，将他列入公布的约稿对象名单中，在转载《市集》时，还特意加写了一篇《志摩的欣赏》。

中秋，新婚夫妇胡也频、丁玲来访。由于同住在西山，从此三人常相过从，成为密友。

这一年，是他开始显露创作才华的一年，有60多篇作品发表，包括小说、散文、诗歌、戏剧等多种体裁。从此以卖文为生，自称"最先的职业作家"。

## 1926年，24岁

四五月间，第一部中篇小说《在别一个国度里》在《现代评论》连载。以后改名《押寨夫人》，由商务印书馆出版单行本，再后改为《男子须知》，由红黑出版社出版。

8月，在上海《小说月报》首次发表作品《炉边》。以后由于主编叶圣陶的关爱，又成为这个刊物的经常撰稿人，代表作《柏子》《雨后》《菜园》《萧萧》《丈夫》《虎雏》等均相继发表于此。

秋，辞去香山慈幼院职务，重新住进北大附近的公寓，与胡也频夫妇一起从事文学活动。

11月，第一个作品集《鸭子》由北新书店出版。

12月下旬，在《晨报副刊》连载采风之作《筸人谣曲》，并在次年8月连续刊出《筸人谣曲选》。


## 1927年，25岁

7、8两月，在《晨报副刊》和《现代评论》接连推出中篇小说《篁君日记》《山鬼》《长夏》，次年均出版单行本。

9月，第一个小说专集《蜜柑》由新月书店出版，收当年发表的作品8篇。

12月，鉴于上海出版业的发展以及在北京的《现代评论》和北新书店相继南迁，他也从北京移住上海。


## 1928年，26岁

2月，以《南行杂记》为总题，在《晨报副刊》连载自上海给胡也频等人的通信5篇。

2月，开始在《现代评论》连载长篇小说《旧梦》，一边写一边交稿，连载28期。

3月，在《新月》月刊创刊号开始连载长篇童话体讽刺小说《阿丽思中国游记》，并从此为这个刊物经常撰稿人。代表作《我的教育》《牛》《阿金》《绅士的太太》等陆续发表于此。

夏，胡也频夫妇移居上海，三人商量，由胡出面为《中央日报》编副刊《红与黑》，他先后有《不死日记》《上城里来的人》等多篇作品在该刊发表。但不久他们即辞去该刊编务，决定自办红黑出版社和创办《红黑》月刊。

这一年，是他在创作上丰收的一年，除不断有作品在报刊发表外，还出版有《阿丽思中国游记》（两卷集）、《入伍后》《雨后及其他》等十多个集子和单行本。

### 1929年，27岁

元月，《红黑》和《人间》同时创刊（后者是为人间书店主编的另一月刊）。但因亏本，《人间》只出版3期，《红黑》也只出版7期。在这两刊物上，他先后发表作品10余篇，其中大部分是以湘西苗族传说和士兵生活为题材的，前者如《龙朱》《媚金·豹子和那羊》和《神巫故事》，后者如《参军》和《一只船》等。

8月，《红与黑》停刊，由胡适延聘到中国公学任讲师。在这里，他认识了张兆和女士，后来结为伉俪。

这年，是他自称"最勤快的工作的年份"，除为徐志摩协编"新文艺丛书"（中华书局版）和自办两个刊物外，还发表作品30余篇，出版集子5个。从1925年至今5年间，已累计发表作品200余篇，出版集子20多个，因而赢得了"多产作家"的称号。

### 1930年，28岁

3月，在《新月》发表作家论《郁达夫、张资平及其影响》，在以后一年里，又连续在几家报刊发表《论闻一多的〈死水〉》《论郭沫若》《论焦菊隐的诗》《论施蛰存与罗黑芷》《论汪静之的〈蕙的风〉》《论落花生》

《论朱湘的诗》和《论刘半农的〈扬鞭集〉》等多篇，形成一个写作家论的高潮。

9月，在南京《文艺月刊》发表《平凡故事》。以后一年多，几乎每期都有作品发表于此，包括连载中篇小说《凤子》9章。

秋，经胡适介绍，转到陈源任文学院长的武汉大学任教。

这年出版作品集《呆官日记》《十四夜间》《神巫之爱》《龙朱》和《男子须知》等5种。

## 1931年，29岁

元月初，因武汉大学放寒假，回上海访友。17日，胡也频被捕，他全力投入营救。后胡遇害，又帮助丁玲隐蔽，并陪同护送遗孤去湖南寄养。前后历时3月，因而失去武大教职，只好暂留上海写作。

5月，南京《创造月刊》创刊，从1至4期刊出文章9篇。有一次主编来沪组稿，请他与巴金吃饭，二人相识并相知从此开始。

5月中，离沪去北平谋职，借住燕京大学。7月在此接受《中国简报》编辑萧乾采访，除有访问记发表外，还答应写一篇胡也频传记。

8月，经徐志摩推荐，去青岛大学任教。

9月，写成《记胡也频》，交上海《时报》连载，10月初至11月末载完。

11月，应丁玲之邀，在左联刊物《北斗》发表小说《黔小景》，并代向一些非左翼作家约稿。

11月21日，惊闻徐志摩在济南遭遇灾难，连夜赶去向遗体告别。并于3年后撰文《3年前的11月22日》在《大公报·文艺》表示追念。

这年出版小说集《石子船》《从文新著》《沈从文子集》和《一个女剧员的生活》。

## 1932年，30岁

1—2月，在上海《时报》连载反映城市贫民生活的中篇小说《泥涂》，并于当年7月由北平星云堂书局出版单行本。

5月，写作批判国民党"攘外必先安内"政策的小说《战争到某市以后》，后在《微言》杂志刊出。

暑假，写成《从文自传》。同时，张兆和已从中国公学毕业，乃去其家求婚，得应允。

10月，与人合编《小说月刊》创刊，只出4期，有小说《傀之先生传》及其他文章发表。

11月，在《申报月刊》发表以革命战争为题材的试作《黑暗充满了空间的某夜》。以后又有类似题材的小说《过岭者》发表。

9—12月，在《新时代》月刊相继发表乡土小说《阿黑小史》中的《秋》《雨》《病》《婚前》四章。（另《油坊》一章于翌年元月刊出）

这年还出版集子《虎雏》《都市一妇人》《一个妇人的日记》和单行本《记胡也频》。

## 1933年，31岁

2月，在《东方杂志》发表作品《月下小景·新十日谈序曲》和《早上———堆土一个兵》。

5月14日，丁玲被国民党绑架，闻讯后连写《丁玲女士被捕》和《丁玲女士失踪》两文在平津报刊公开表示抗议，后又以丁玲死难的传闻为背景，创作小说《三个女性》，在《新社会半月刊》发表。

6月，开始撰写长篇传记《记丁玲女士》，陆续送《国闻周报》连载（7月24日至12月18日）。后改名《记丁玲》出版单行本，但后半部分均被图书审查机关删去。

暑假中，随校长杨振声辞去青岛大学职务，转到北平从事编纂中小学教科书工作。

9月9日，与张兆和结婚。

9月23日，与杨振声合编《大公报·文艺副刊》创刊，后以此团结了一大批各地作家，并扶植出一批新人。

10月18日，发表《文学者的态度》一文，引起"海派"与"京派"之争。翌年继续发表《论"海派"》和《关于"海派"》《凤子》《一个母亲》等5种外，还主编有一套语文课外读物《东方现代文选》出版。

### 1934年，32岁

元旦，中篇小说《边城》在《国闻周报》开始连载（分16次刊完），成为以后最受国内外广泛注意的代表作。

1月上旬，回乡探视母病。历时月余，就沿途见闻给夫人写信数十封，后返京整理成《湘行散记》多篇，陆续在报刊发表。

3月，发表《禁书问题》一文，抗议上海当局查禁书籍文件。

7月，在《我与文学》（纪念《文学》创刊一周年特辑）上发表《我的写作与水的关系》。

10月，与巴金、靳以等合编月刊《水星》创刊。

这年出版有小说《游目集》《如蕤集》和《边城》，传记《从文自传》和《记丁玲》以及文论《沫沫集》。

### 1935年，33岁

3月10日，在《大公报·文艺副刊》发表《消息》一文，驳斥关于丁玲自首的谣言。

5月19日，在《独立评论》发表反映共产党人遭屠杀的小说《新与旧》。

7、8月，在《文学》月刊相继发表讽刺上层人物的小说《顾问官》和《八骏图》。

9月1日，《大公报·文艺副刊》扩版，改称《文艺》，推荐萧乾接编，自己专编星期天版。

12月，短篇小说集《八骏图》由巴金编作"文学丛刊"第一集由文化生活出版社出版。


## 1936年，34岁

年初，因事路过南京，到丁玲被软禁处看望。

5月，参加北大学人发起的风谣研究会。

10月25日，在《大公报·文艺》发表论文《作家间需要一种运动》，对作品"差不多"即公式化概念现象提出批评，引起文坛争论。翌年2月，再发表《一封信》和《再谈差不多》重申这一观点。

11月，针对"国防文学"之争，相继发表《文坛的"团结"与"联合"》和《文学界联合战线所有的意义》两文。

这年出版作品集《湘行散记》《新与旧》《从文小说集》和《从文小说习作选》等。


## 1937年，35岁

元旦，在《大公报·文艺》发表评曹禺《日出》的文章《伟大的收获》。

元月，谈写作的文章和书信集《废邮存底》（与萧乾合集）由文化生活社出版。

5月，与朱光潜等合编的《文学杂志》创刊，共出4期，发表小说《贵生》《大小阮》和评论《再谈差不多》等4篇，旋因"七七事变"停刊。

8月，与朱光潜、杨振声等离北平，辗转到达武汉。听传闻，延安方面对他与巴金、曹禺等十作家表示欢迎，遂于12月与曹禺等同赴长沙八路军办事处访问徐特立。徐告知：如能去，当然欢迎；如不能去，亦可留在大后方做团结工作。于是他转往沅陵，住在"芸庐"家中，向聚集在沅陵的一批陈渠珍部队和在乡军人做团结抗日工作。

## 1938年，36岁

春，为消除外地难民对湘西的误解，着手撰写方志式长卷散文《湘西》。后连载于香港《大公报·文艺》上。

3月，缺席当选为全国文艺界抗敌协会理事。

4月，由沅陵转赴昆明，与杨振声等继续编国文教科书。但仍时有文章在香港等地发表，并着手创作长篇小说《长河》。

10月，夫人携家逃出北平，经香港、越南到达昆明团聚。

这年，日文版小说集《边城》在日本出版。

## 1939年，37岁

1月，在昆明《今日评论》发表论文《一般或特殊》，认为作家的特殊性工作比一般化的战争宣传更重要，被视为"与抗战无关"论受到左翼作家批判。

6月，受聘为西南联合大学师范学院副教授。8月间在该院国文学会发表《小说的作者和读者》讲演。

这年出版散文集《湘西》、评论集《昆明冬景》、小说集《主妇集》和传记《记丁玲续集》。

### 1940年，38岁

4月，由西南联大几个教授主编的《战国策》创刊，他常有文章发表，遂被视为"战国策派"。

5月5日，在昆明《中央日报》发表论文《文运的重建》，反对文学"与商业资本溶合为一"和"与政治溶合为一"。以后在其他文章和讲演中又多次重申这一主张，被左翼作家视为"反对作家从政论"，受到激烈批评。

6月，西南联大国文系主办的《国文月刊》创刊，连续在《学习举例》栏刊出《向徐志摩作品学习抒情》《从周作人·鲁迅作品学习抒情》和《由冰心到废名》等文。

### 1941年，39岁

5月，在西南联大国文学会发表关于短篇小说20年来的发展及今后出路的讲演。讲稿后以《短篇小说》为题发表于《国文月刊》。

8月，出版散文、评论集《烛虚》，收进到昆明后所写文论、散文各4篇。这些散文及以后"七色魇"等散文，多哲理性思考，反映了这个时期文风的转变。

这一年，主要精力用于修订历年旧作，准备桂林开明书店出版系列"沈从文著作集"。

### 1942年，40岁

5—10月，长篇小说《长河》的《秋收和社戏》等部分篇章相继在《自由中国》等杂志刊出。

10月15日，在《人世间》创刊号开始连载以战时沅陵为背景的小说《芸庐纪事》，分4期刊完。

11—12月，在《当代评论》周刊连载小说《新摘星录》。后略加修改，又以《摘星录》篇名在《新文学》杂志重新刊出。

### 1943年，41岁

1—2月，在桂林《文学创作》月刊连载哲理性散文《水云——我怎么创造故事，故事怎么创造我》。

6月，在重庆出版文论《云南看云集》。

7月，在桂林《新文学》创刊号发表小说《看虹录》，与第2期发表的《摘星录》均因两性关系的描写引起争论。

4—12月，在桂林开明书店陆续推出改订后的小说集《春灯集》《黑凤集》《阿金》《黑夜》《月下小景》《春》《边城》《神巫之爱》，评论集《废邮存底》，散文集《湘行散记》《从文自传》等，连同以后陆续推出的《湘西》和《长河》两改订本，共13种，统称"沈从文著作集"。

### 1944年，42岁

1月，在桂林《当代文艺》发表《雪晴》。这篇与以后在其他刊物发表的《赤魇》《巧秀和冬生》《传奇不奇》共同组成一个早年凤凰乡下见闻的中篇故事，统称《雪晴》。

5月上旬，出席西南联大学生举办的"五四"25周年晚会，与朱自清、闻一多、杨振声等作总题为"'五四'运动与新文艺运动"的讲演，听众达3000人。

### 1945年，43岁

年初，应邀主编昆明《观察报》副刊《新希望》，日常编务交云南大学程应谬负责。

12月，在《大公报·文艺》发表《〈看虹摘星录〉后记》，对创作中的两性关系描写提出自己的见解。

这年日本出版冈本隆三选译的《沈从文短篇集》。


## 1946年，44岁

5月，西南联大开始战后复员，他被北大续聘为教授。7月，携家飞上海，送家小去苏州暂住。

7月30日，在上海《大公报·文艺》发表评论《湘人对于新文学运动的贡献》，除肯定了田汉等一大批湘籍作家的成就外，还对湖南教育界造就出毛泽东等众多人才给予很高的评价。

8月，赴北平就任北大教职。

9月，在上海《文学月刊》发表《一种新的文学观》，对文学"成为政治的附产物和点缀品"提出异议。

10月，在《上海文化》月刊发表《北平的印象和感想》，对停在天安门前的美制坦克和在东北进行的内战感到困惑和不满。

同月，接编天津《益世报·文学周刊》；又与杨振声、冯至合编天津《大公报·星期文艺》。

11月，在《大公报·星期文艺》发表回顾自己文学道路的长文《向现实学习》。文中把国共内战双方都比作"玩火""用武力推销主义"，受到左翼作家激烈批评。

12月，为北平《平明日报》主编的《星期艺文》创刊。


## 1947年，45岁

春，夫人携家自苏州来北平定居。

3月，在津、沪《大公报》同时刊出记述湘西人事的散文《一个传奇的本事》。

5月，在《益世报·文学周刊》发表论文《五四》，反对"用集团屠杀方式"打内战，主张"用爱与合作来代替仇恨"。

6月，因"七七事变"停办的《文学杂志》复刊。

10月，为北平《益世报》主编的《诗与文》创刊，并连续发表《诗与文简稿》及《编后》等多篇。

同月，在上海《益世报》发表时评《一种新希望》，附和中间路线，因而受到左翼作家激烈批判。

11月，在北平《知识与生活》杂志发表《学鲁迅》一文，纪念鲁迅逝世11周年。


## 1948年，46岁

1月，为纪念熊希龄逝世10周年，在天津《大公报》发表回忆文章《芷江县的熊公馆》。

3月，在香港出版的《大众文艺丛刊》（第一辑）上受到左翼作家猛烈批判，除被《略评沈从文的〈熊公馆〉》说成是"地主阶级的弄臣"等之外，还在《斥反动文艺》一文中被斥为"一直是有意识的作为反动派而活动着"的作家。

9月，在《论语》发表时评《中国向何处去》，认为内战是"民族共同的挫折"，重申应将"仇恨传染改造成爱与合作"的观点。

11月，在《论语》和《大公报》相继发表《收拾残破》和《关于北平特种手工艺展览一种意见》两篇关于文物工作的论文。

12月，平津战役开始，他拒绝了随国民党南逃的引诱，决定留在北平。


## 1949年，47岁

元月，北大校园出现转抄《斥反动文艺》的大字报和"打倒新月派、现代评论派、第三条路线的沈从文"的大标语，使他感到极大惶恐。

1月31日，北平和平解放，他一方面盛赞"解放军进城威严而和气"，另一方面却又处在对新政权不理解的幻觉之中。以后发展到神经极度紊乱而自杀，幸及时发觉得救。

秋，病情好转，转到历史博物馆工作。

## 1950年，48岁

2—12月，参加中央革命大学研究班学习，对新中国成立前的政治思想和文学道路进行了反思和总结。后据此写成《我的学习》一文，发表在沪、港两地《大公报》上。

## 1951年，49岁

11月，赴四川合江参加土改3个月。

## 1952年，50岁

春，"三反""五反"运动中，抽调到北京市参加对古董店文物的清查工作。

这年，香港影业公司将他的《边城》改编成电影《翠翠》，他看后说演翠翠的太时髦了，演老船夫的也没演出湘西农民的纯朴味道来。

## 1953年，51岁

9月，以工艺美术界代表身份参加第二次全国文代会，与部分代表受到毛泽东、周恩来等国家领导人的接见。

9、10月间，在《新建设》与《新观察》杂志上分别发表文物专论《中国织金锦绣的历史发展》和《中国古代陶瓷》。从此，在报刊上发表的主要是文物研究的文章，10月间累计40余篇。

下半年，被中央美术学院聘为中国染织美术史研究生课程的兼职教师。

这年接开明书店通知：旧版"沈从文著作集"内容已过时，书稿及纸型均代销毁。台湾也传出消息，他被视为"反动文人"，也禁止出版他的作品。

## 1954年，52岁

10月，在《光明日报》发表论文《略谈考证工作及须文献与实物相结合》，提出了只凭文献"倒来倒去"地考证，"得不出新的东西"的科学见解。

这年，人民美术出版社出版由他为历史博物馆主编的《长沙出土古代漆器图案选集》；日本出版《现代中国文学全集·沈从文卷》。

## 1955年，53岁

这年，与人合编文物图案集《明锦》由人民美术出版社出版。

## 1956年，54岁

1—2月间，出席全国政协二届二次会议，当选为委员。

7月9日，应《人民日报》约稿，在副刊发表《天安门前》一文。

11月，参加全国政协组织的视察团赴湖南，并到湘西。返京后，撰写《新湘行记》送《旅行家》杂志发表。

这年，受聘为故宫博物院织绣研究组的兼职顾问。

## 1957年，55岁

3月，出席全国政协二届三次会议，并就博物馆工作和少数民族文化工作发言。

8月，应《人民文学》约稿，撰写散文《一点回忆，一点感想》发表，谈论湘西今昔变化。

10月，《沈从文小说选集》出版，收代表旧作22篇。

这年，与人合编的《中国丝绸图案》由中国古典艺术出版社出版，另香港出版《沈从文小说散文选》和《沈从文选集》各一种。

### 1958年，56岁

9月，参与编辑的《装饰》杂志创刊，陆续发表《龙凤图案的应用和发展》等关于古代织物器皿图案的文章多篇。

11月，文物专著《唐宋铜镜》由中国古典艺术出版社出版。

### 1959年，57岁

这年，香港影印出版原开明书店《边城》改订本，又选编出版短篇小说集《萧萧》。

### 1960年，58岁

春，参加高等艺术院校教材编写工作，担任工艺美术史、陶瓷史等书顾问。

3月，文物论集《龙凤艺术》由作家出版社出版。

7月，出席全国第三次文代会，改以作家身份参加。

这年，香港翻印出版《长河》与《废邮存底》。

### 1961年，59岁

冬，随作家协会参观团到井冈山访问，并经庐山，赋得旧体诗《井冈山清晨》及《庐山"花径"白居易作诗处》两组，发表于翌年《人民文学》上。

### 1962年，60岁

12月，文物专著《战国漆器》由荣宝斋出版。

### 1964年，62岁

夏初，经齐燕铭向周恩来总理推荐，接受编纂《中国古代服饰研究》任务。年底，即赶出样稿，但旋因极"左"思潮抬头被搁置。

### 1966年，64岁

"文革"爆发，《中国古代服饰研究》被视为"黑书"遭批判，他也被打成"反动学术权威"遭批斗。

### 1967年，65岁

8月，台北《纯文学》月刊冲破台湾当局禁令，在出版的"近代中国作家与作品"专辑中，首次刊出《边城》，以后台湾又有《边城》《从文自传》两书影印出版。

### 1968年，66岁

澳大利亚悉尼大学研究生A.J.普林斯率先写出博士论文《沈从文的生活与创作》。

### 1969年，67岁

与夫人相继下放到文化部湖北咸宁"五七干校"。

## 1970年，68岁

在干校一边参加劳动（看菜园），一边就记忆所及继续为《中国古代服饰研究》增补内容。

## 1971年，69岁

与夫人转迁鄂西丹江采石场，在那写成"70岁生日感怀"一组《拟咏怀诗》。

## 1972年，70岁

因高血压被批准回京就医。随后，夫人也退休回到北京。他一边看病，一边修订《中国古代服饰研究》书稿。

这年，美国出版华裔作家聂华苓著《沈从文评传》一书。

## 1978年，76岁

受胡乔木关怀，调社会科学院任研究员，并给配备助手，成立专门机构进行《中国古代服饰研究》书稿的校订、增补工作。

## 1979年，77岁

1月，《中国古代服饰研究》校订、增补完成，包括从殷商到明清的珍贵图片700幅和说明文字174篇，由社科院交商务印书馆香港分馆出版。

10—11月，出席全国第四次文代会。

## 1980年，78岁

3月，丁玲在《诗刊》载文批评《记丁玲》一书的内容及作者。随后，在文坛引起一场关于两人恩怨的争论。

5月，《花城》杂志出版"沈从文专辑"。

6月，美国汉学家金介甫为撰写传记《沈从文史诗》来访。后于1987年成书，1990年被译成中文本在中国出版，一名《沈从文传》。

10月，应邀赴美讲学，横穿美国东西部并至檀香山，共在15所大学讲学23次。

12月，香港时代图书公司选编的《从文散文选》出版。

## 1981年，79岁

9月，《中国古代服饰研究》在香港精印出版，胡乔木致函祝贺："幸获此鸿篇巨制，实为对我国学术界一大贡献。"后来我国家领导人出访，还以此书作为赠送外国元首的礼物。

11—12月，湖南人民出版社相继出版以湘西为题材的《沈从文散文选》和《沈从文小说选》，江西人民出版社和人民文学出版社分别再版《边城》和《从文自传》修订本，从而掀起重新出版沈从文作品的热潮。

这年起，《中国文学》杂志社也接连推有英文译本《〈边城〉及其它》《湘行散记》，以及法文译本《沈从文小说选》。

## 1982年，80岁

1月，花城出版社与香港三联书店分店开始推出国内版和海外版两种版本的《沈从文文集》（12卷本），两年后出齐。

5月，偕夫人回湘西访问，在吉首大学发表讲演，在凤凰追寻幼时足迹。回京后，将《沈从文文集》版税悉数捐赠给幼时就读的文昌阁小学。

6月，在全国文联四届二次会议上当选为委员。

9—10月间，参加王震率领的访日代表团赴东京，参加中日邦交正常化10周年活动，并出席第一次中日民间人士会议。

10月、12月，人民文学出版社相继推出《沈从文小说选》和《沈从文散文选》。

这年，金介甫联合在美华人学者和德国汉学家推荐他为诺贝尔文学奖候选人。

## 1983年，81岁

2月，为商务印书馆版《徐志摩全集》作序。

3月，小说、散文合集《神巫之爱》由花城出版社出版。

4月，始患脑血栓，左身瘫痪。

5—6月，四川人民出版社出版《沈从文选集》5卷本。

6月，在全国政协六届一次会议上缺席当选为常务委员。

8月12日，岳阳地区文学刊物《洞庭湖》开辟专栏，就《雨后》《柏子》等作品"是色情还是爱情"展开争鸣，至翌年2月结束。

这年，在日本举行的国际服装研究学术会议上，缺席当选为国际服装学会理事；在瑞典皇家学院，被瑞典汉学家马悦然提名为诺贝尔文学奖候选人。

## 1984年，82岁

春，电视连续剧《红楼梦》开拍，被聘为顾问。在50—60年代，他曾在故宫博物院就小说《红楼梦》涉及的一些器物进行考察，并写有《瓟斝和点犀盉》与《杏犀盉质疑》两文发表。

10月，北京电影制片厂拍摄据《边城》改编的同名影片完成。公映后，获金鸡奖和蒙特利尔电影节奖。

这年，联邦德国出版德文译本《边城》。

## 1985年，83岁

1月，在全国作协第四次大会上当选为顾问。

6月，中共中央组织部发文，规定按部长级待遇解决其工资、住房等问题。

12月19日，《光明日报》以头版头条发表长篇访问记，以祝贺他从事文学创作60周年；28日，社科院领导亦登门祝贺。

## 1986年，84岁

5月，根据《萧萧》和《巧秀与冬生》改编的电影《湘女萧萧》由北京青年电影制片厂拍摄完成，后在法国和西班牙的电影节上分获金熊猫奖和堂吉诃德奖。

10月，小说、散文合集《凤凰》由文化艺术出版社出版。

## 1987年，85岁

1月，台湾《联合文学》杂志出版"沈从文专号"。

5月，黄河文艺出版社出版《沈从文代表作》。

7月，人民文学出版社出版《边城》与《一个女剧员的生活》合集。

11月，吉首大学举办有国内部分高校学者参加的沈从文研究学术讨论会。

这年，上海影印出版《沫沫集》，台北出版《当代世界小说家读本：沈从文》，瑞典出版马悦然译《边城》。

## 1988年，86岁

5月10日，心脏病猝发，于下午5时30分逝世。李先念、李铁映、王任重等党和国家领导人及有关方面负责人以不同方式表示哀悼。巴金、马悦然等国内外友人也纷纷来电或撰文表示悼念。《人民日报》以《眷念乡土多名作·饮誉中外仍寂寞——杰出作家沈从文告别亲友读者》为题发表报道。

5月18日，遗体在八宝山火化。根据他的遗愿，4年后夫人及其亲属将骨灰送回凤凰，一部分撒入沱江，一部分落葬于临水的听涛山麓。

这年，由瑞典汉学家、诺贝尔文学奖评审委员马悦然选译的《边城》和小说集《静与动》，由瑞中友协主席倪尔思等选译的小说与散文合集《孤独与水》，在瑞典相继出版。倪尔思说："如果他还在世，肯定是1988年诺贝尔文学奖的强有力的候选人！……"

**图书在版编目（ＣＩＰ）数据**

执拗的拓荒者：回忆沈从文/季羡林等著. —北京：中国文史
出版社，2017.3

（百年中国记忆·文化大家）

ISBN 978 - 7 - 5205 - 0337 - 2

Ⅰ.①执…　Ⅱ.①季…　Ⅲ.①沈从文（1902—1988）—回忆录
Ⅳ.①K825.6

中国版本图书馆 CIP 数据核字（2018）第 127391 号

---

责任编辑：高　贝

---

出版发行：**中国文史出版社**

社　　址：北京市西城区太平桥大街23号　　邮编：100811

电　　话：010 - 66173572　66168268　66192736（发行部）

传　　真：010 - 66192703

印　　装：北京新华印刷有限公司

经　　销：全国新华书店

开　　本：787×1092　1/16

印　　张：20　　　　　　　　　　　字数：330 千字

版　　次：2019 年 1 月北京第 1 版

印　　次：2019 年 1 月第 1 次印刷

定　　价：59.80 元

---